한일관계의 흐름 2013-2014

국립중앙도서관 출판시도서목록(CIP)

한일관계의 흐름 2013-2014
= Essays on Korea-Japan relati on 2013-2014
지은이: 최영호.
-- 서울 : 논형, 2015
p. ; cm. -- (논형일본학: 38)

ISBN 978-89-6357-421-9 04340 : ₩18000

한일 관계[韓日關係]

349.11013-KDC6
327.519052-DDC23 CIP2015008917

Essays on Korea-Japan Relation 2013-2014

한일관계의 흐름

2013–2014

최영호 지음

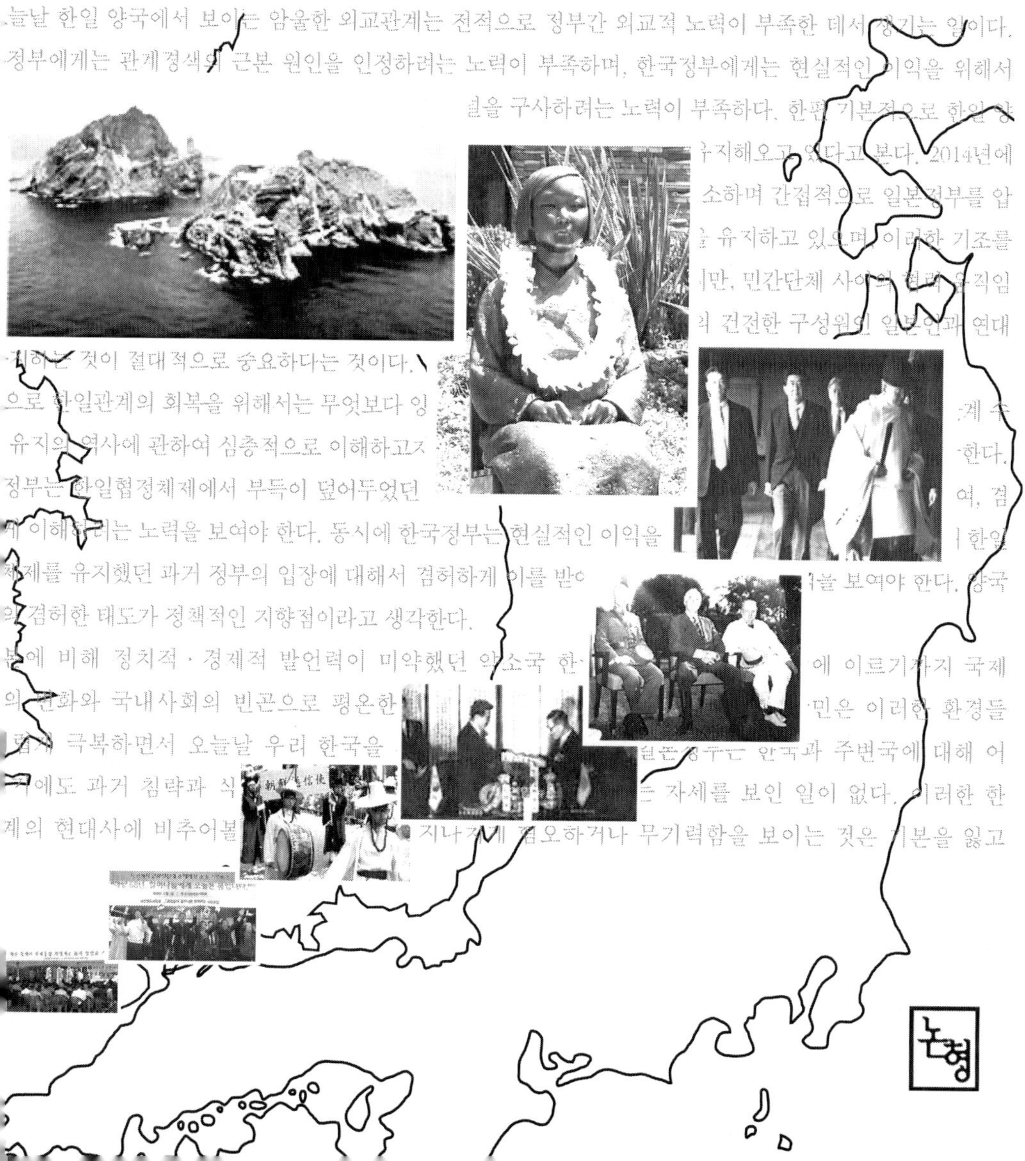

논형

한일관계의 흐름 2013-2014

초판 1쇄 인쇄 2015년 4월 10일
초판 1쇄 발행 2015년 4월 20일

지은이 최영호
펴낸곳 논형
펴낸이 소재두
등록번호 제2003-000019호
등록일자 2003년 3월 5일
주소 서울시 관악구 성현동 7-77 한립토이프라자 6층
전화 02-887-3561
팩스 02-887-6690
ISBN 978-89-6357-421-9 04340
값 18,000원

책을 펴내며

이 책은 2013년 1월부터 2014년 12월까지 2년 동안에 필자가 목격하거나 관여한 사건을 중심으로 하여 한일관계의 흐름을 정리한 것이다. 지난 2006년에 『한일관계의 흐름』 시리즈를 처음으로 내놓은 이래 이번으로 여섯 번째 단행본을 출간하게 되었다. 과거 2010년에 강제병합 100주년을 맞아 논평이 많았기 때문에 1년을 한 권으로 묶어 정리했던 것을 제외하고는 보통 2년의 기간을 한 권에 담아 시리즈 평론집 형태로 펴내오고 있다.

지난 2013년과 2014년을 회고해보면, 한국과 일본 사이에서는 좋은 의미이든 나쁜 의미이든 이렇다 할 특별한 외교적 사건이 일어나지 않은 가운데 2012년 8월 이명박 대통령의 독도 상륙 이후 악화된 양국의 외교관계가 풀리지 않고 오히려 계속 악화 일로를 걸어왔다. 이 시기에 한국 사법부는 네 차례에 걸쳐 일제강점하 강제동원 노무자 피해자에 대한 보상을 하라고 일부 승소 판결을 내렸다. 2013년 7월 서울고법의 신일본제철(新日本製鐵) 판결과 부산고법의 미쓰비시(三菱) 판결, 2013년 11월 광주지법의 미쓰비시 판결, 그리고 2014년 10월 서울지법의 후지코시(不二越) 판결이 그것이다.

한국의 사법부가 과거 일본 기업에 강제동원된 한국인 피해자에 대해 개인청구권을 인정하는 판결을 계속 내놓고 있는 가운데 일본정부나 일본기업은 이미 한일 청구권 협정으로 개인청구권 문제는 끝났다는 입장을 견지하고 있다. 이 외에도 독도 영유권 문제나 일본군위안부 등 역사인식 문제에서 양국 정부는 타협의 접점을 찾지 못하고 자국의 입장만을 주장해왔다. 여기에 일본사회의 혐한(嫌韓) 시위와 헤이트 스피치, 국내외 한국인 사회에 유행처럼 번진 일본군위안부 소녀상 건립 움직임은 양국 국민의 상호 인식을 악화시키는 데 이용되어 왔다.

2013년의 한일관계

2013년에 국한해볼 때 한 해 내내 양국이 관계회복의 의지를 보이지 않다가 연말에 들어서서 해빙을 위한 물밑 접촉이 이루어지나 싶더니 모두 물거품이 되었고 양국관계는 파국을 향해 치닫는 형국이 되었다. 12월 26일 일본의 총리가 전격적으로 야스쿠니 신사를 참배함으로써 한일관계는 가뜩이나 회복하기 어려운 상황에서 더욱 건잡을 수 없는 격랑 속으로 빠져들게 된 것이다. 이때 한국은 물론 중국과 미국이 모두 아베 신조(安部晉三) 일본 총리의 야스쿠니 참배에 대해 비판적인 공식 논평을 내놓은 가운데 역사인식을 둘러싼 동아시아 지역의 갈등은 심화되어 갔다.

2013년에 들어서 실시된 여러 여론조사를 통해 이미 한국 국민들은 일본에 대한 반감을 여실히 드러냈다. 일본의 민간 비영리 단체 '언론 NPO'는 '동아시아연구원'과 공동으로 3월과 4월에 걸쳐 양국의 19세 이상 성인 1,000명씩을 대상으로 하여 여론조사를 실시한 일이 있다. 5월 초의 여론조사 결과발표에 따르면, 한국에 대해 부정적인 인상을 가진 일본인의 비율이 37.3%였던 것에 반하여, 일본에 대해서 부정적인 인식을 가진 한국인의 비율은 76.6%였던 것으로 나타났다. 또한 '군사적 위협이 된다고 생각하는 국가'를 묻는 설문에 대해 일본인들은 북한(78.9%), 중국(60.1%), 러시아(19%)에 이어 네 번째로 한국(12.2%)을 꼽은데 대해, 한국인들은 북한(86.7%), 중국(47.8%), 일본(43.9%)을 꼽았다. 양국관계가 좋은가를 묻는 설문에 대해 일본인은 11.3%가 '좋다'고 응답했고 55.1%가 '나쁘다'고 응답했다. 한편 한국인은 3.4%만이 '좋다'고 대답했고 67.4%가 '나쁘다'고 대답했다.

일본의 산케이신문이 이 해 7월에 보도한 아시아 태평양 국가 국민들의 대일 인식 조사 결과도 이러한 일본에 대한 부정적인 인식을 잘 전달하고 있었다. 이것은 미국의 조사기관 'Pew Research Center'가 2013년 3월과 4월에 발표한 조사결과를 그대로 전한 것이다. 여기에서 "과거 전쟁에 대한 일본의 사죄는 충분하지 못하다"는 응답이 한국에서 98% 나온 것으로 나타났다. 또 아베 총리에 대해 "바람직하지 않은 인물"이라고 대답한 비율은 85%에 이르렀다. 일본의 사죄에 대해 "충분하다"라고 응답한 사람은 한국에서 1%에 불과했다. 그리고 일본에 대해 좋은 인상을 가진 사람이 22%였으며, 5년 전의 조사 결과 47%에 비해 대일감정이 악화된 것으로 나타났다.

한편 산케이신문과 후지TV가 11월 중순에 일본 국민의 한국에 대한 인식을 묻는 공동 여론조사 결과를 발표했는데, 외교와 경제활동 상대로서 한국을 '신뢰할 수 없다'는 답변이 69.3%에 달했고 '신뢰할 수 있다'는 16.8%에 그쳤다. 한국의 사법부가 강제징용 근로자 문제와 관련하여 일본 기업에 대해 내린 배상 판결에 대해서는 82.7%가 청구권 협정을 이유로 하여 '납득할 수 없다'는 답을 내놓았다. 매년 이루어지는 일본정부의 외교관계에 관한 여론조사 결과를 보아도 일본국민이 한국에 대해서 갖는 인식은 그다지 나아지지 않은 것으로 보인다. 일본 내각부가 매년 발표하는 대외관계에 관한 여론조사 결과를 보면, 일본 국민은 2013년에 한 해 전에 비해서는 미국, 러시아, 중국, 한국에 대해서 전반적으로 외교관계가 나아진 것으로 평가했다. 그러나 중국과 한국의 경우 2012년에 극도로 부정적인 평가가 내려졌기 때문에 2013년에 들어 약간 나아졌다는 것이지 관계가 호전된 것으로 본 것은 아니었다.

2014년의 한일관계

2014년에 들어서도 한일 양국의 외교관계는 경색 국면에서 빠져나오지 못했다. 몇 차례에 걸친 일본정부의 정상외교 제의가 있었지만 원칙 없는 일본정부의 화해 제스처에 대해 한국정부는 받아들이기 어렵다는 입장으로 일관했다. 갈수록 경제적 상호의존 관계에서 일본이 중국에 비해 상대적으로 중요도가 떨어지는 상황에서 미국의 중재 노력에도 불구하고 한일관계는 쉽게 좁혀지지 않았다. 한일양국이 2014년에 들어 공식적으로 처음 외교교섭을 가진 것은 1월 10일 부산에서 양국의 영사국장이 회동한 일이다. 1995년 서울에서 제1차 회의를 가졌고, 2014년에 제17차 회의를 가진 것이다. 2013년에는 3월에 도쿄에서 열렸다. 이제까지 서울과 도쿄를 번갈아가면서 열리던 회의가 지방도시 부산에서 열린 것도 냉랭한 한일관계를 상징하는 것이었다. 이 회의는 정례 모임 수준을 벗어나지 못했으며, 2006년 이후의 비자 면제 조치 후의 인적교류 상황과 불법 체류 문제, 워킹 홀리데이 활성화 문제가 주된 의제가 되었다.

한일 양국이 2014년에 마지막으로 외교교섭을 가진 것은 12월 29일 일본 외무차관의 한국 방문에 따라 한국 외교부 제1차관과 서울 외교부 청사에서 협의를 가진 일이다. 12월 중순 일본의 자민당이 중의원 선거에서 압승하고 제3차 아베 내각이 출범한 이후 처음 갖는 공식 한일 교섭이었다. 이 협의에서 일본측은 일본군위안부 문제에 관하여 법적인 책임이 없다는 기존 방침을 분명히 하는 한편, 도의적인 문제로써 검토하겠다는 입장을 나타냈다. 일본의 기본적인 입장에는 변화가 없고 다만 외교적 노력의 가능성을 내비친 회의였다. 일본이 전후 70주년을 기념하여 총리담화를 검토하고 있다고 전했고 한국측은 이를 주시하겠다고 대응했다. 이날 한국의 일부 반일단체가 일본 외무차관이 탄 차량의 회의 장소 진입을 방해하여, 일본측의 항의가 나왔고 이에 대해 한국측이 유감을 표명하는 사태가 일어났다.

2014년 연말이 되자 일본 내각부는 예년보다 조금 늦게 '외교에 관한 여론조사' 결과를 발표했다. 이 조사는 10월 중순부터 하순까지 20세 이상 일본국적자 3,000명을 대상으로 하여 실시한 것이다. 이 발표에 따르면, 2013년에 비해 미국과 러시아는 물론 중국과 한국에 대해서 전반적으로 외교관계가 나빠진 것으로 평가했다고 한다. 특히 중국과 한국의 경우, 이 조사를 시행하기 시작한 1979년 이후 2012년에 가장 친근감이 떨어졌는데 2014년에는 그보다도 떨어져 일본인이 주변국에 대해 느끼는 대외관계 악화 현상을 그대로 나타냈다.

일본의 최우방국 미국에 대한 일본인의 친근감이 82.6%로, 2013년보다는 0.5% 떨어졌지만 그런대로 우호관계를 유지해온 것을 확인할 수 있다. 이를 증명이라도 하듯 미일 외교관계에 관한 긍정적 평가가 2013년의 83.8%에서 2014년에는 82.6%로 감소했고, 반면에 부정적인 평가는 14.0%에서 15.3%로 높아졌다. 또한 러시아와 일본과의 관계에 대해서도 일본국민은 2013년에 비해서 약간 부정적인 평가를 했다. 러일관계에 대한 긍정적인 평가가 2013년 30.4%에서 21.3%로 감소했고, 반면에 부정적인 평가는 64.6%에서 67.2%로 높아졌다. 중일관계에 대한 평가에서는 긍정적인 평가가 6.8%에서 5.3%로, 부정적인 평가가 91.0%에서 84.5%로 바뀌었다.

2014년 한국과의 외교관계에 대한 일본인의 평가를 살펴보면, 긍정적인 평가는 2013년 21.1%에서 12.2%로 뚝 떨어졌고, 부정적인 평가는 76.0%에서 77.2%로 약간 올라갔다. 한일관계에 대한 긍정적인 평가가 과거 어느 때보다도 낮게 나타난 것이다. 또한 일본인의 한국에 대한 친근감 평가에 관하여 '친근감을 느낀다'(6.9%) 그리고 '비교적 친근감을 느낀다'(24.6%)라고 대답하여, 전반적인 친근감은 31.5%로 나타나, 2013년(40.7%)에 비해 9.2%나 하락한 것으로 나타났다. 한편 '친근감을 느끼지 않는다'(38.0%), 그리고 '비교적 친근감을 느끼지 않는다'(28.4%)라고 대답하여 전반적인 비호감은 66.4%로 나타났으며, 2013년(58.0%)에 비해 8.4%나 악화된 것으로 나타났다. 이처럼 1979년 이래 호감도에서 최저점을 그리고 비호감에서 최고점을 나타낸 것, 게다가 2014년의 비호감 평가가 이제까지 호감, 비호감 수치 가운데 가장 높은 수치로 나타난 것은 그만큼 일본인들이 2014년 한일관계를 최악이라고 평가한 것으로 볼 수 있다.

2014년 일본인의 한국에 대한 친근감, 한일관계에 대한 일본 여론조사

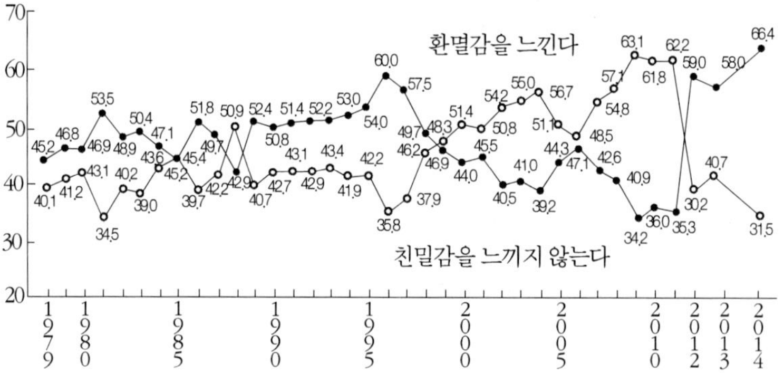

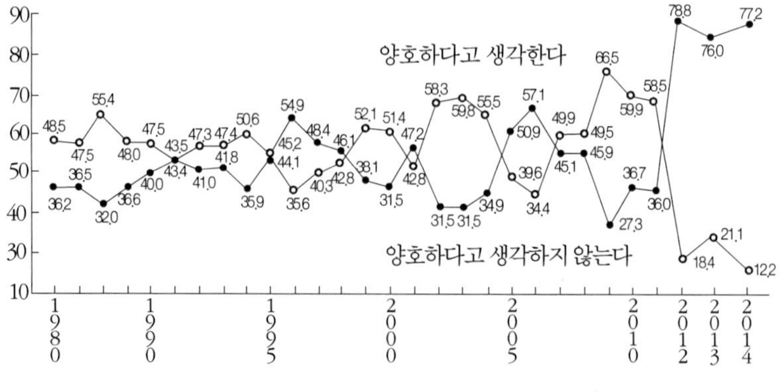

바람직한 한일관계를 위하여

2015년 연초에 한국에서 TV조선이 실시한 여론조사에 따르면, 일본에 호감이 없다고 답변한 결과가 69.5%에 달했고 호감과 관심을 표명한 답변은 13%였다고 한다. 이것은 일본과 마찬가지로 역대 최저치를 기록한 것으로 그만큼 한일관계의 경색 국면을 한국 국민들이 실감하고 있다는 것을 말해주는 것이다. 한국 정부나 국민의 입장에서는 독도영유권과 일본군위안부 문제 등에서 일본이 변화하기를 기대하고 있으며 이러한 기대가 이루어지지 않는 한 한일관계의 긍정적 회복은 어렵다고 보고 있는 것이다. 그렇다고 해서 영유권 문제나 역사인식 문제에서 일본이 전향적으로 바뀔 것으로 전망하는 한국인의 관점도 희박하다. 결과적으로 일본에 대한 기대와 현실인식 사이에서 커다란 괴리를 나타내고 있으며 그것은 현재 한국 국민들은 한일관계의 회복을 굳이 희망하지 않고 있다는 것을 의미한다. 예전에 현실적인 경제이익을 위해 일본에 대한 기대를 보류했던 것과 같은 상황이 재현되지 않는다면 한일관계의 긍정적인 회복은 어렵다고밖에 볼 수 없다.

그렇다고 하면 우리는 어떻게 일본을 극복해가야 하는가. 오늘날 우리가 경험하고 있는 한일 갈등의 근본 원인은 식민지 시기에 일본이 저지른 '민족차별 위에 강요한 동화(同化)'의 역사, 즉 우민(愚民) 정책에 있다. 반도인은 열등하기 때문에 차별을 받는 것이 마땅하다는 논리와 함께, 식민지 통치 아래에 있으니 일본제국의 전쟁수행에 따른 국가동원에 순종해야 한다는 논리를 적용하여 권력으로 강력하게 동화 정책을 추진한 결과에 따른 것이다. 특히 식민지 말기에 노동, 물자, 생명을 침략전쟁에 착취당한 것이 남북한 할 것 없이 한반도 사람에게 모두 뼈아픈 트라우마로 남아있다.

그럼에도 불구하고 전후 한일관계의 평화적 공존은 이러한 트라우마를 덮어두고 외교관계를 설정하는 데서 비롯되었고 오늘날까지 계속되고 있다. 한일협정 체제는 대표적인 평화공존 방식이다. 일본의 역사반성이 전제되지 않는 한일협정 체제는 한국이 경제성장을 위해 어쩔 수 없이 수용해야 했던 외교 방식이었던 것이다. 한국인의 트라우마가 치유되지 않는 한, 앞으로도 이러한 평화적 공존 방식을 추구할 수밖에 없다. 트라우마를 치료하는 데는 일본의 역사반성이 가장 빠른 길이지만, 이것은 쉽게 기대할 수 없다는 것을 우리는 모두가 인식하고 있다. 이런 상황에서는 한국인도 트라우마를 스스로 치유하는 방법을 찾아나서야 한다. 자신의 성장을 막는 트라우마는 조금씩 치유해 나가야 하지 않겠는가.

최근 일본에서 재특회(在特會)를 중심으로 일어나는 집단 폭력행위나 헤이트 스피치는 일본의 사회적 질환이 겉으로 나타난 증상이다. 개인적으로야 정신적으로 온전하지 않은 사람들이 많기 때문에 어느 사회에서나 이상한 말과 행동을 하는 사람이 나타나게 마련이지만, 이러한 일탈 행위가 집단화된다는 것은 사회적으로 병들었다는 것을 나타낸다. 일본의 경제적 어려움, 특히 정규직 고용의 경색과 이에 따른 불만이 사회를 우경화시키는 주범이라고 생각한다. 이러한 현상은 일본에만 있는 것은 아니고 한국에도 심각한 문제가 되고 있다. 다만 일본에서 이러한 사회적 문제가 집단화되고 '이민족 때리기'로 이어지는 것은, 과거 식민지 시기의 트라우마를 증폭시키고 있어서 한일관계를 더욱 회복하기 어려운 상황으로 내몰고 있다. 우리 사회도 일본의 혐한 움직임에 일희일비하지 않고 혐한의 소재가 되는 문제들을 의연하게 스스로 성찰하고 고쳐나가는 여유를 보였으면 하고 희망해본다. 우리 사회가 무덤덤하고 나아가 건전해진다면 일본사회에서 혐한 단체들의 주장들은 자연스럽게 무색해지지 않겠는가.

오늘날 한일 양국에서 보이는 암울한 외교관계는 전적으로 정부간 외교적 노력이 부족한 데서 생기는 일이다. 일본정부에게는 관계경색의 근본 원인을 인정하려는 노력이 부족하며, 한국정부에게는 현실적인 이익을 위해서 국민감정에 지나치게 휘둘리지 말고 다양한 외교적 채널을 구사하려는 노력이 부족하다. 한편 기본적으로 한일 양국의 민간단체 상호관계는 외교관계의 경색에도 불구하고 우호적인 분위기를 유지해오고 있다고 본다. 2014년에 재일 민단이 헤이트 스피치에 대해서 국제적인 기관에 보편적인 인권 문제로 호소하며 간접적으로 일본정부를 압박한 것 같이, 민간단체는 인권 옹호와 우호 증진에 기초한 국제적 교류와 협력을 유지하고 있으며, 이러한 기조를 지키는 것이 무엇보다 중요하다. 현재 외교관계의 큰 줄기는 막혀 있기는 하지만, 민간단체 사이의 협력 움직임을 이용한다면 소소한 줄기는 풀어나갈 수 있을 것으로 본다. 결국 일본사회의 건전한 구성원인 일본인과 연대를 유지하는 것이 절대적으로 중요하다는 것이다.

한일관계의 회복을 위해서는 무엇보다 양국 정부의 외교적 노력이 필요하다. 앞으로 한일간 외교관계 수립과 유지의 역사에 관하여 심층적으로 이해하고자 하는 움직임이 한일양국에서 많이 일어나야 한다고 생각한다. 일본정부는 한일협정체제에서 부득이 덮어두었던 역사인식 문제에 관한 한국인과 한국정부의 입장에 대하여, 겸허하게 이해하려는 노력을 보여야 한다. 동시에 한국정부는 현실적인 이익을 위해 역사인식 문제를 보류한 채 한일협정체제를 유지했던 과거 정부의 입장에 대해서 겸허하게 이를 받아들이고 이해하려는 노력을 보여야 한다. 양국 정부의 겸허한 태도가 정책적인 지향점이라고 생각한다.

일본에 비해 정치적·경제적 발언력이 미약했던 약소국 한국은 해방 이후 오늘날에 이르기까지 국제정세의 변화와 국내사회의 빈곤으로 평온한 시기를 보낸 적이 없다. 국내외 한국 국민은 이러한 환경들을 어렵게 극복하면서 오늘날 우리 한국을 건설해온 것이다. 한편 일본정부는 한국과 주변국에 대해 어느 시기에도 과거 침략과 식민지 지배를 근본적으로 반성한다고 하는 자세를 보인 일이 없다. 이러한 한일관계의 현대사에 비추어볼 때, 우리 자신을 지나치게 혐오하거나 무기력함을 보이는 것은 기본을 잃고 있는 모습이다. 또한 일본이 근본적으로 바뀌기를 지나치게 기대하는 것도 기본을 잃고 있는 모습이다. 상대방에 대한 기대를 줄일 때 상대방을 이해하기 쉽고 사이좋은 관계를 유지하기 쉽다. 비록 상대방이 근본적으로 바뀌지 않더라도, 과거에 비추어 나를 해치지 않고 약간 거들어준 것만으로도 이를 인정해주는 자세야말로, 강인하고 품격 있는 자세가 아니겠는가.

필자는 10년 전부터 '한일시평'이라고 하는 웹진을 통해 자의적 혹은 타의적으로 한일관계에 관한 논평을 작성하고 발신해왔다. 일본 총리의 야스쿠니 참배를 계기로 하여 시작한 일이다. 역사인식에 관한 일본의 입장이 어떠한 역사와 경위를 통해 전개되어 왔고 한국으로서 어떻게 대처해야 하는지 주된 시사문제를 중심으로 하여 논평해왔다. 그런데 필자의 컴퓨터 조작 능력 부족으로 인하여 대량 메일 발송이 원활해지지 못하자 웹진 발송을 중지하고 카페 활동을 통하여 관련 사건을 알리거나 평론을 발표하기에 이르렀다. 다만 글로벌 신흥시장에 대한 일본정부와 기업의 진출 노력에 대해서는 매월 평론을 작성하여 대학 직원의 손을 통해 대외적으로 발신해오고 있다. 이는 대학과 학과의 산학교육에 절대적으로 필요한 작업이며 필자가 몸담은 '국제학연구소'의 필수적인 임무라고 생각되기 때문이다.

'한일관계의 흐름' 시리즈는 필자가 담당하는 사이버 교양수업 '한일관계의 재조명'에서 교재로서 활용되고 있다. 해당 강좌는 매학기 300명 정도의 수강생으로 유지되고 있으며 1997년부터 영산대학교 일반 교양과목으로 운영되어 오다가 2009년부터 사이버 과목으로 전환되었다. 필자는 교양과목으로 특별히 애착을 가지고 이 과목을 유지해오고 있는데, 비록 사이버 상에서 이루어지고 있기는 하지만, 토론 수업에서 일본을 극복하기 위해서는 일본사회의 특징을 먼저 이해하고 우리의 경쟁력을 키워야 한다는 학생들의 주장이 많이 나오고 있다. 필자는 주로 역사인식 문제와 재일동포 문제를 중심으로 강의를 하면서도 수강 학생들의 토론으로부터 현실적인 관점을 많이 배우고 있으며 한일관계의 전망이나 우리 한국사회의 미래에 대해서도 균형잡힌 시각을 얻어내고 있다.

끝으로 이 책이 한국의 독자들에게 한일관계의 역사와 현실을 이해하는데 조금이라도 도움이 되기를 희망하며 서문을 마무리 하고자 한다. 바라기는 많은 한국인들이 지난 역사를 따뜻하게 받아들이고 냉철한 이성으로 미래를 개척해 나감으로써 대일 경쟁력을 높일 뿐 아니라 선진 한국을 이뤄가기를 기대하며 이 시리즈가 그런 방향에 보탬이 되기를 소원한다.

2015년 3월 부산 금정산 기슭에서

최영호

차례

VI. 재일동포사회의 역사와 현실

VII. 부산과 후쿠오카의 지역간 국제교류

Ⅰ. 한일관계 역사의 기억

_1_

사할린 강제동원 한국인 유골의 봉환

한국정부는 2013년과 2014년에 각각 한 차례씩 사할린에 묻힌 한인 노동자의 유골을 한국으로 봉환했다. 일찍이 1980년대부터 사할린 한인 강제동원 문제에 대해 일본정부를 상대로 전후보상 운동을 전개해온 일본인 변호사 다카기 겐이치(高木健一)는 사할린에 강제동원된 한인 노동자의 숫자가 총 6만 명 정도에 이를 것으로 보았다. 일본 패전 당시 사할린에는 40만 명 정도의 일본인과 4만 명 정도의 한인이 남아 있었다. 일본인들은 1946년 12월에 미국과 소련이 체결한 '소련지구 귀환 협정'에 따라 30만 명 정도가 본국으로 귀환할 수 있었고 1956년 6월의 '일본 · 소련 공동선언' 직후 일본인과 결혼한 한인 남성을 포함하여 2,300여 명이 집단적으로 일본으로 귀환할 수 있게 되었다. 그 후에도 개별적인 귀환을 인정받아 대부분의 일본인 가족들은 일본으로 귀환했다.

그런데 사할린에 동원되어 간 한인의 경우에는 1,000명 정도만이 귀환할 수 있었고 나머지는 해방 이후 끊임없는 귀환수송 요청에도 불구하고 일본국적자가 아니라는 이유로 사할린에 방치되었다. 이들은 대부분 경상도, 충청도, 전라도 출신자들이다. 일본인 부인을 따라 일본에 귀환한 박노학(朴魯學) 씨를 중심으로 하여 1958년 「화태귀환재일한국인회」가 결성되어 일본정부와 일본사회 그리고 한국정부에 대해 사할린 잔류 한인의 귀환 문제를 호소했지만 이들은 일본이나 한국에서 오랫동안 무관심과 냉대를 당해야 했다. 이들이 일본정부를 상대로 하여 귀환 청구재판을 제기하기 시작한 것은 1975년의 일이다. 재판 과정에서 이들의 억울한 사정이 한일 양국에 널리 알려지게 되었다. 이에 따라 소련이 붕괴되기 전인 1988년부터 일본정부와 한국정부의 지원을 받아 사할린 거주 한인들이 한국으로 영주귀국을 하기 시작했다. 1990년부터는 유즈노 사할린스크와 서울을 연결하는 직항로가 개설되어 영주귀국자의 가족 재회가 이루어지기 시작했고 일본정부에 대한 전후보상 청구소송도 진행되어 일본으로부터 영주귀국 한인에 대해 일시귀국을 위한 도항비용 등의 보조금이 지급되기에 이르렀다.[1]

사할린 한인 유골 제1차 봉환 모습

한국정부에 강제동원피해 진상규명 위원회가 만들어지고 나서 이 기구는 사할린 한인 가운데 귀환하지 못하고 현지에서 사망한 사람의 유골에 대해서도 러시아 정부와의 외교 협의를 거쳐 본국으로 송환하는 사업을 전개했다. 2008년 8월 위원회는 사할린의 한인묘지에 대해 표본조사를 시작하여 코르사코프 제2공동묘지에서 한인 유흥준(柳興俊)의 묘를 확인했다. 유흥준은 1922년 출생으로 전라북도 완주군에서 거주하는 중에 1945년 초에 사할린으로 강제동원 되어 갔다. 해방 후에 가족과 연락이 두절되었다가 사망하기 직전에 한국 가족들과 가까스로 연락이 닿았다. 그리고 그는 1977년 1월 코르사코프에서 사망했다. 2009년 11월 위원회 관련 기사를 통해 그의 가족이 사망 사실을 알게 되었고 2011년 8월에

1) 高木健一, 『전후보상의 논리』, 한울, 1995년.

처음으로 가족이 코르사코프를 방문하여 그의 묘를 찾게 되었다.

또한 한국정부는 2012년 5월 처음으로 러시아와의 실무협의를 갖고 유골봉환 사업을 타진했고 2013년 5월의 제2차 실무협의를 통해 첫 봉환 사업에 대한 합의를 얻어냈다. 이에 따라 한국정부는 2013년 8월 사할린에서 유골을 수습하여 천안의 '국립 망향의 동산'에 안치했으며 이때 영주귀국자에 의해 개별적으로 봉환되어 온 유골도 함께 안치했다. 이어 2014년 8월에 두 번째로 사할린 한인 유골 18위를 봉환하고 안치했다.[2)]

2) 대일항쟁기강제동원피해조사및국외강제동원희생자등지원위원회, 보도자료, 2013년 8월 29일; 2014년 8월 25일; 「한인소식지사할린」, 2013년 6월 15일.

_2_
한일회담 속의 민간청구권 문제

한국의 동북아시아역사재단은 2014년 11월 20일과 21일에 '일제침탈사 국제공동연구'를 주제로 하여 한국, 싱가포르, 호주, 대만, 네덜란드, 미국, 필리핀, 인도네시아, 프랑스 연구자들을 초치하여 세미나를 개최했다. 참가자들은 각자 자신의 국가에서 제2차 세계대전 이후 전쟁피해자에 대한 보상이 어떻게 이루어지고 있고, 평화 교육과 전시가 사회적으로 어떻게 이루어지고 있는지 발표하고 의견을 교환했다. 이 자리에서 필자는 「일제 강제동원 피해자에 대한 한국정부의 보상」(Korean Government's Compensations for the Korean Victims Mobilized by the Imperial Japan)에 관하여 발표했다. 필자는 지난 2005년에도 논문을 통해 한국의 1970년대 보상 과정과 결과를 정리하여 발표한 바 있다.[3)]

한국정부는 1965년 청구권 협정 체결에 이르기까지 일본과의 회담 과정에서 과거 조선인 강제동원 피해자에 대한 보상 문제를 거론했다. 특히 1961과 1962년의 제6차 회담 일반청구권 소위원회에서 한국측은 일제에 의해 강제동원된 조선인 피해자 규모를 103만 명 정도로 추산하고 일본측에 대해 이에 상응하는 보상액을 요구한 바 있다. 한국과 일본은 1950년대와 1960년대에 걸쳐 한국측이 제시한 8개 항목의 틀에 맞추어 일반청구권 소위원회에서 조선인 피해자 보상에 관한 교섭을 진행해왔다. 청구권에 관한 8개 항목은 다음과 같다.

---

3) 최영호, 「한국정부의 대일 민간청구권 보상과정」, 『한일민족문제연구』 8호, 2005년 6월.

(1) 조선은행을 통하여 반출된 지금(地金)과 지은(地銀)의 반환.
(2) 1945년 8월 9일 현재 일본정부의 대 조선총독부 채무의 변제.
(3) 1945년 8월 9일 이후 조선으로부터 이체 또는 송금된 돈의 반환.
(4) 1945년 8월 9일 현재 조선에 본사 또는 주사무소를 둔 법인의 재일 재산의 반환.
(5) 조선의 법인 또는 조선인 자연인의 일본국 또는 일본 국민에 대한 일본 국채 공채 일본은행권, 피징용 조선인의 미수금 보상금 및 기타 청구권의 변제.
(6) 조선의 법인 또는 조선인 자연인 소유의 일본 법인 주식 또는 기타 증권에 대한 법적인 인정.
(7) 앞의 여러 재산 또는 청구권에서 행한 여러 과실(果實)의 반환.
(8) 앞 사항의 반환 및 결재를 협정 성립 후 즉시 개시하여 늦어도 6개월 이내에 종료할 것.

주목해야 할 일은 1961년 5월 10일에 열린 제5차 회담의 일반청구권 소위원회 13차 회의에서 피징용 조선인의 미수금 문제가 거론되었으며, 이때 한국측이 조선인 피해자에 대해 어떻게 보상해야 하는가에 관한 기본자세를 표명했다는 점이다. 한국정부는 이때 보상 대상으로서 생존자, 부상자, 사망자, 행방불명자 그리고 군인군속을 포함한 피징용자 전반으로 범위를 확대했으며, "피징용자의 정신적 육체적 고통에 대한 보상"이 필요하다고 주장했다. 또한 "피해자 개인에 대한 일본정부의 보상을 말하는가"라는 일본측 질문에 대해서, 한국측은 "국가로서 청구하며 개인 보상에 대해서는 한국 국내에서 조치하겠다"고 답변했다. 다만 "개별적이고 구체적인 피해 보상을 위한 자료가 있는가"라는 일본측 질문에 대해서는 피해자 명부와 같은 구체적인 자료는 없고 쌍방이 관련 자료를 제시하고 상호 대조하자는 의견을 제시했다.

이렇듯 8개 항목 가운데 5번째 항목에 관한 논의가 진행되는 가운데, 한국에서 5 · 16 군사혁명이 발발했으며 이에 따라 제5차 회담이 일시 중단되었다. 군사정부는 경제개발 자금의 재원 확보를 위해 한일회담의 조기 타결에 대한 의욕을 가지고 있었으며 일본정부도 한국과의 수교가 정치적 또는 경제적으로 필요하며 이를 위해서는 청구권협정을 신속하게 타결해야 하는 필요성을 인식하게 되었다. 따라서 물밑 접촉을 거쳐 1961년 10월에 제6차 회담을 열기 시작했고, 교섭 방식으로는 지난 제5차 회담에서의 교섭 내용을 계승하는 형태를 취하기로 했다.

제6차 회담의 일반청구권 소위원회는 10월 26일에 1차 회의를 열었으며 지속적인 회의를 거쳐 이듬해 3월 6일에 11차 회의를 열었다. 이와 함께 10차와 11차 회의 사이에는 일반청구권 소위원회 피징용 관계 전문위원회를 4차에 걸쳐 개최할 정도로 양국은 청구권협정 타결에 적극적인 자세를 보였다. 특히 1961년 12월 15일의 소위원회 7차 회의에서 한국측은 피징용 조선인의 규모와 보상 금액을 제시했다. 당시 한국측 김윤근 수석위원은 태평양전쟁 전후를 통하여 일본에 강제 징용된 조선인 노무자가 667,684명, 군인과 군속이 365,000명으로, 총 1,032,684명이라고 했으며, 그 가운데 노무자 19,603명과 군인 군속 83,000명 도합 102,603명이 부상 또는 사망했다고 말했다. 이어 이상덕 위원이 구체적인 보상액을 청구했는데, 그는 생존자에 대해 1인당 200달러로 총 1억 6천 6백만여 달러를, 사망자에 대해서는 1인당 1,650달러로 총 1억 2천 8백만 달러를, 부상자에 대해서는 1인당 2,000달러로 총 5천만 달러를 제시했다.

그러나 한일 양측이 원론적으로 협정 타결에 긍정적인 자세를 보였음에도 불구하고 각론에 있어서는 청구권의 유무에 관한 의견과 개별적인 청구권 금액에 관한 의견에서 서로 다른 입장을 보였다. 한국정부가 한일회담 문서로서 공개한 「제6차 한일회담 청구권 관계자료」에는 제6차 회담에서 드러난 한일양국의 의견차이가 상세하게 정리되어 있다. 결과적으로 한일양국은 공통적으로 개별적인 청구권 금액 산정을 통한 문제 해결이 어렵다는 것을 인식하고, 1962년 3월에 개최한 외무장관 회담을 계기로 청구권 문제를 정치적으로 해결하기 위한 교섭에 들어갔다. 한일 양측이 청구권 금액의 총액을 제시하고 조율하는 형태를 취하게 된 것이다. 이로써 이전의 개별 피해자에 대한 보상의 의미가 청구권 협상에서 퇴색하게 되고 그 대신 청구권 자금의 성격은 포괄적이고 정치적인 의미를 갖게 되었다.

반대 속에 타결된 한일회담

1962년 10월 21일과 11월 12일 두 차례에 걸쳐 한국의 김종필 중앙정보부장과 일본 오히라 마사요시(大平正芳) 외상이 회담을 갖고 무상 3억 달러, 유상 2억 달러라는 총액에 관하여 합의했다. 이에 앞서 1962년 8월 23일 일본측은 예비절충회의 첫 번째 회의부터 청구권 금액을 늘리려면 보상의 성격을 가진 '청구권' 용어 대신에 '경제협력'이라는 용어를 사용하자는 의견을 제시했으며, 또한 무상 공여를 받은 것으로 청구권이 해결되었다고 한국국민을 설득할 것을 요구했다. 이에 대해 한국측은 청구권이라는 명칭을 사용하는 것에서 절대 물러설 수 없다는 것을 누누이 강조했으며, 결과적으로 청구권이라는 명칭을 고수하는 대신에 청구권 협정 조문에 "한일 양국간 청구권 문제가 완전히 그리고 최종적으로 해결되었음을 확인한다"는 문구를 넣는 데 합의했다. 이로써 제6차 회담에서 청구권 협정의 기본 틀이 합의되었고 제7차 회담에서 양국의 기본관계에 관한 조약문이 합의되어 1965년 6월 22일 한국과 일본은 기본조약과 함께 청구권협정을 조인하기에 이르렀다.

_3_
1970년대 한국정부의 보상

1970년대 한국정부의 보상에 대해서는 재무부가 1978년 5월에 정리한 보고서 「대일민간청구권보상 종결보고서」 속에 비교적 상세하게 기록되어 있다. 청구권 자금 금액이 타결되고 일본과의 청구권 협정 체결을 눈앞에 둔 시점인 1964년, 한국정부는 협정 체결을 대비하여 한국인 개인청구권자에 대한 보상을 준비하기 시작했다. 그 해 외무부 동북아과에서 기안하여 경제기획원에 발신한 기안문 「민간인 보유 대일 재산청구권에 대한 보상조치」에 따르면 정확한 내용은 알 수 없지만 한국정부 내부에서 보상대상에 관하여 미리 논의한 것을 알 수 있다.[4)]

청구권협정이 체결되자 한국 내 민간청구권 피해자 단체들은 잇달아 보상법 제정을 요구하는 운동을 전개했다. 이에 따라 한국정부는 보상을 위한 정확한 증거자료 수집을 위한 목적으로 우선 1970년 12월에 「대일민간청구권 신고에 관한 법률」(신고법) 법안을 국회에 상정했다. 어느 정도 경제개발의 효과가 나타났다고 판단한 정부가 청구권협정 체결 후 5년이 지나서 민간청구권에 대한 보상을 현실적으로 고려하기 시작한 것이다.

신고법은 제2조에서 1947년 8월 15일부터 1965년 6월 22일까지 일본국에 거주한 일이 있는 자를 제외한다고 하여 재일한인을 신고대상에서 제외시켰다. 그리고 법인이 보유하는 청구권 가운데 정부의 지분에 해당하는 것도 신고대상에서 제외시켰다. 신고대상 범위에 포함된 것은 한국국

---

4) 「속개 제6차 한일회담 청구권위원회회의록 및 경제협력문제」(동북아주과, 1964년), [분류번호 723.1JA, 청1964, 등록번호 762].

민과 한국법인으로서 1945년 8월 15일 이전에 일본국 혹은 일본국민에 대해 가졌던 청구권이다. 다음 (1)항에서 (8)항까지는 재산피해에 대한 청구권이며 (9)항은 인명피해에 대한 청구권이다.

(1) 군정법령 57호에 의한 예입금으로, 일본은행권, 대만은행권 등 금융기관에 예입된 예입금
(2) 유가증권으로서 일본국 정부 국공채 및 공법인 사채
(3) 일본에 본점이 있고 일본에 있는 일본 금융기관에 예입된 예금
(4) 일본국에 본점을 두고 일본국에 소재한 일본금융기관에 송금되어온 해외송금
(5) 해방 후 2년까지 일본에서 귀국하면서 일본 정부기관에 기탁한 금액
(6) 일본에 본점을 둔 일본생명보험회사 및 우정성에 납입한 보험료 및 수취하게 된 보험금
(7) 한국에 본점을 둔 법인의 일본지점이 재산정리하면서 생긴 잉여금 중 한국인 주주가 가진 몫
(8) 일본에서 정부에 납입한 우편저금, 진체저금, 우편연금
(9) 군인 군속 또는 노무자로 소집 또는 징용되어 1945년 8월 15일 이전에 사망한 자

이 가운데 피징용 사망자의 기준과 사망자 유족의 범위는 1971년 4월에 제정된 시행령에 규정되었다. 시행령 제3조에는 피징용 사망자의 기준으로, (1) 군인 군속으로서 전투 또는 직무수행 중 사망한 자, (2) 노무자로서 노무에 종사하다가 사망한 자, (3) 군인 군속 또는 노무자로서 전투 직무수행 또는 노무종사 중에 사망한 자로 규정되었다. 그리고 시행령 제4조에는 유족으로 범위로 (1) 처, (2) 자녀, (3) 부모, (4) 성년남자인 직계비속이 없게 된 조부모로 규정되었다.

신고기간은 1971년 5월 21일부터 이듬해 3월 20일까지 10개월로 했다. 그리고 신고업무 취급기관으로는 서울지역에서는 재무부 산하의 대일민간청구권신고관리사무국이 담당했으며 서울을 제외한 지역에서는 지방세무서가 이를 담당하게 했다. 경기도(수원 세무서), 강원도(춘천, 강릉, 원주, 속초 세무서), 충청북도(청주, 충주 세무서), 충청남도(대전, 홍성 세무서), 전라북도(전주, 이리, 정읍, 남원 세무서), 전라남도(광주, 목포, 강진, 순천 세무서), 경상북도(대구, 중부, 경주, 안동, 김천, 상주, 영주 세무서), 경상남도(마산, 충무, 진주, 거창, 밀양 세무서), 부산직할시(부산세무서), 제주도(제주세무서) 등이다. 한국정부는 신고 유도를 위한 행정조치로서 1971년 4월 17일에 신문과 방송을 통하여 청구권 신고에 관한 공고와 홍보활동을 전개했으며, 1972년 3월 20일의 마감일에 즈음하여 몰려드는 신고자들에게 야간통행증을 발행하여 신고누락을 방지하도록 했다. 또한 국내에서 증거를 수집할 수 없거나 증빙서류가 미비한 경우에는 일단 임시로 접수하고 나중에 미비 서류를 보완하도록 조치했다.

그러나 정보 통신설비가 미비했던 당시의 상황에서 신문 공고 위주의 신고 안내 정보는 민간청구권자들에게 충분하게 전달되기 어려웠다. 아울러 신문에 지속적으로 공고하지 않고 일과성으로 공고한 것도 전달 효과에서 한계를 가져왔다. 더욱이 피징용 사망자 유가족의 경우에는 대다수가 대중언론 매체 보급이 적은 지방에서 거주하고 있었을 뿐 아니라 문맹률이 높아서 이러한 정보를 인지하는 데 어려움이 많았다. 이런 상황에서 10개월이라는 신고기간도 신고 누락을 방지하기에는 결코 충분한 기간이 되지 못했다.

여기에다가 '신고법'에 10개월간의 신고기간을 불변기간으로 한다고 못 박은 것은 법정기간 동안에 신고하지 못한 사람들에게 구제의 길을 막아버린 매우 가혹한 입법 조치였다. 또한 확실한 증거서류를 구비한 신고만을 접수한 까닭에, 청구권자이면서도 한국전쟁 등으로 증거서류를 소실한 사람이나 피징용 사망자 가운데 호적 기록이 불분명한 사람들은 신고접수에서 기각을 당했다. 이는 당시 한국정부가 과거 식민지 지배로 인한 피해자들의 실태를 철저하게 조사하려는 의지를 가지고 있지 않았으며 단기일에 대충 조사를 마무리하려는 태도를 취했음을 잘 나타내고 있다.

10개월간에 걸친 신고접수 결과, 재산관계 신고건수가 131,033건, 인명관계(사망자) 신고건수가 11,787건에 달했다. 한국정부는 신고 접수 결과를 근거로 하여 1974년 12월에 「대일민간청구권 보상에 관한 법률」을 제정하고 1975년 7월부터 보상작업을 실시하기 시작했다. '보상법'의 골자는 다음 세 가지로 요약할 수 있다. 첫째, 보상대상을 민간청구권 신고 접수가 결정된 것으로 한정하고, 금융기관과 현존하지 않는 법인 등이 신고한 금액은 보상대상에서 제외시켰다. 둘째, 보상금 지급방법으로서 현금과 청구권 보상증권을 지급하기로 하고, 피징용 사망자에 대한 보상금과 재산권 가운데 30만 원까지의 금액은 현금으로 지급하기로 했다. 셋째, 보상금액 및 보상비율로 피징용사망자 1인당 30만 원을 보상하기로 하고, 재산권으로는 일본국 통화 1엔 당 한국 통화 30원의 비율로 보상하기로 했다. 다만 100엔 미만의 재산청구권은 100엔으로 신고한 것으로 간주하여 3,000원씩 보상하기로 했다.

이때 보상비율이 30배로 결정된 것에 대해 피해자 단체들은 강력하게 항의했다. 대일민간청구권협회 등은 실질적인 구매가치 변화 및 물가상승률을 감안하여 보상비율을 500배 이상 1,000배의 비율로 할 것을 주장했다. 이에 대해 한국정부는 보상비율을 객관 타당성 있게 산출할 수 있는 근거가 없는데다가 민간청구권의 성격이 다른 국가에 유래가 없는 시혜적인 성격을 가지고 있다고 주장했다. 피징용 사망자에 대한 보상금이

1인당 30만 원으로 결정된 것에 대해서도 피해자 단체가 1,000만 원 이상의 보상을 요구하며 반발했다. 하지만 한국정부는 피징용 사망자(유족)에 대해 국군 사병 및 대간첩작전 지원 중 사망한 향토예비군에 준하여 그들에게 지급되는 일시금 30만 원과 같은 금액을 보상금액으로 책정했다고 답변했다. 그러나 정부가 유사한 사례로 언급한 국군사병 및 대간첩 작전시 사망한 향토예비군의 경우 일시금 30만 원 이외에도 그때까지 유족들에게 월 4,200원의 연금을 추가 지급하고 있었던 점에 비추어 보면 강제동원 희생자에 대한 보상금을 지극히 인색하게 책정했다는 데 이견을 제시하기 힘들다.

'보상법'에 따라 1975년 7월 1일부터 1977년 6월 30일까지 2년에 걸쳐서 보상금이 지급되었다. 이 기간 동안에 지급 청구를 하지 않은 경우에는 청구권이 자동 소멸되었다. 재무부장관이 청구권 보상금의 지급액을 해당 청구권자 또는 청구권 신고인에게 통지하고, 청구권자가 통지서를 가지고 보상금 지급을 청구하는 절차를 밟았다. 한국은행 및 지역별로 지정된 금융기관은 청구권자가 보상금지급통지서와 청구권 증서 원본을 제시하면 지급대장과 대조한 후 현금 또는 증권을 지급했다. 그런데 민간청구권 신고수리 마감 후 3년 4개월이 경과하는 사이에 지급청구 구비서류인 원증서를 분실한 청구권자가 다수 발생했다. 이들을 구제하기 위한 조치로 재무부장관이 직권으로 사실여부를 조사 확인하는 절차를 추가했으며, 이러한 조사확인에 소요되는 시간을 감안하여 이들에게는 당초 보상금 지급 마감일을 철폐하고 일반국가채무 소멸시효를 적용하여 1977년 6월 30일 이후에도 보상금을 수령할 수 있게 했다.

1978년 5월 시점에 한국의 재무부가 집계한 민간청구권 보상결과는 다음 표와 같다.

1970년대 민간청구권 보상결과(1978년 재무부 집계)

단위: 건/천원

		총신고	신고접수	제외	지급결정	지급결과	청구권소멸
계	건수	109,540	103,324	46	103,278	83,515	19,743
	보상액				9,519,645	9,182,551	334,615
재산피해	건수		94,414	46	94,368	74,963	19,391
	보상액				6,846,645	6,616,951	227,215
인명피해	건수		8,910	-	8,910	8,552	352
	보상액				2,673,000	2,565,600	107,400

1974년 12월에 제정된 '보상법'은 1982년 12월에 공식폐지 되었다. 법률 제3615호는 '보상법'의 폐지를 선언하면서, '보상법' 시행 당시 상황이 종료되지 않은 청구권 보상금 또는 청구권 보상증권의 원리금에 대해서는 공탁법이 정하는 바에 따라서 이를 공탁한다고 명시했다.

_4_
2000년대 한국정부의 지원

2000년대 한국정부의 피해자 지원 문제에 대해서는 하승연의 2011년 논문에 비교적 상세하게 기록되어 있다.[5] 과거 1970년대 보상에서는 인적 피해자 가운데 부상자와 생존자가 제외되었고 강제동원 피해자의 미수금도 보상 대상에서 제외되었다. 이에 비하여 민주화 운동의 영향을 받아 2000년대에 들어서 한국정부는 과거 1970년대에 보상대상이 되지 못한 피해자들을 찾아내어 보상에 준하는 지원을 실시하게 됐다. 2005년 12월부터 한국정부가 일본정부와 함께 사할린에 동원된 조선인의 본국 귀환과 정착을 지원해 오는 가운데, 이때 한국의 중앙정부와 지방정부는 이들에게 생계급여 · 주거급여 · 의료급여 · 장제급여 · 특별생계비 등을 지원해 왔다. 또한 일본군위안부 피해자들에 대해서 한국정부는 2006년 2월부터 일시금 · 생활비 · 의료비 · 생계비 등을 지급해 왔다. 그리고 원폭 피해자들에 대해서 2006년 8월부터 대한적십자사를 통하여 진료비 · 진료보조비 · 장제비 등을 지원해 왔다.

뿐만 아니라 1970년대 보상의 미흡함을 보완할 목적으로 한국정부는 2000년대에 들어 다시 강제동원 인적 피해자에 대한 지원에 나섰다. 피해자 단체 등의 부단한 소송 투쟁에 따라 한국정부는 2005년 1월에 한일회담에 관한 외교문서를 공개하기에 이르렀고 이듬해 3월에는 강제동원 피해에 대한 위로금 등 지원 대책을 발표하기에 이르렀다. 이윽고 2007년

5) 하승현, 「한국정부의 일제강제동원 피해 지원에 대한 비판적 고찰과 해결모색」, 『한일민족문제연구』 21호, 2011년 12월.

11월 「태평양전쟁전후국외강제동원희생자지원법」(지원법)이 한국의 국회를 통과했고 다음 달 12월에 공포되었다. (법률 제8669호) 이 법률의 제정 목적은 1975년 정부보상의 미흡함을 보완하고 국가가 도의적 · 인도적 차원에서 지원책을 마련하여 태평양전쟁 전후 국외 강제동원 피해자와 그 유족 등에게 위로금을 지원하고자 하는 것이었다.

이때 한국정부는 법적으로 피해자 보상의 의무가 있는 것은 아니며 다만 인도적인 차원에서 보상에 준하는 업무를 실시한다는 이유로 '보상'이라는 용어 대신에 '지원'이라는 용어를 사용했다. 지원법에 따라 2008년 6월에 국무총리 산하에 지원을 위한 위원회가 설립되었고 그 후 몇 차례에 걸쳐 사업 기한이 연장되었으며 담당 기구의 명칭도 바뀌었다. 오늘날의 '대일항쟁기강제동원피해조사및국외강제동원희생자등지원위원회'는 조선인 강제동원 피해자를 위한 보상 업무를 주관해 오고 있으며 2015년 6월 30일까지 존속할 예정이다.

2007년의 지원법 내용을 간략하게 설명하면 다음과 같다. 1938년 4월 1일부터 1945년 8월 15일 사이에 일제에 의해 국외로 강제동원되었다가 숨지거나 행방불명된 희생자를 대상으로 하여 그 유족에게 위로금 2,000만 원씩을 지원한다. 이때 1970년대 한국정부로부터 보상을 받은 경우는 234만 원을 공제하고 나머지 금액을 지급한다. 또한 장해 판정을 받은 피해자에게도 2,000만 원까지의 위로금을 지급하며 생환하여 현재까지 생존하는 피해자에게는 연간 80만 원의 의료비를 지급한다. 그리고 강제동원 피해자 가운데 미수금이 공탁된 사실이 판명된 사람에게도 공탁 금액의 2,000배에 해당하는 지원금을 지급한다.[6]

한국정부는 위로금 금액을 2,000만 원으로 결정한 근거로서 일본정부

6) 태평양전쟁전후국외강제동원희생자지원위원회, 『위로금 등 지급업무처리 매뉴얼』, 2008년.

가 식민지 대만의 피해자에 대해 지급한 지원금을 기준으로 했다고 설명했다. 즉 1988년부터 1995년까지 일본정부가 대만인 군인 군속 사망자에 대해 1인당 200만 엔을 지급했던 것을 감안하여 결정했다는 것이다. 또한 1975년에 한국정부로부터 보상을 받은 자에 대한 234만 원의 차감 결정은 1975년부터 2005년까지의 소비자물가상승률 7.8배를 기준으로 하여 결정했다고 한다. 그리고 생존자에게 위로금이 아닌 의료비를 지급하게 된 이유로는, 일본과의 청구권 교섭에서 생환자 부분이 포함되었다고 하는 정황이 미약하며, 정부 재정 형편상 지원(보상)에서 국내동원 피해자를 제외하거나 다른 과거사 지원에서도 생환자에 대한 지원을 하지 않고 있는 상황을 고려했다고 한다. 그리고 미수금 지원금 배율을 1엔당 2,000원으로 결정한 근거로 한국정부는 청구권 보상을 실시한 1975년을 기준으로 하여 한국과 일본의 소비자 물가상승률을 제시했다.

1970년대 인명 피해 보상에서 유족(신고권자)의 범위를 강제동원 사망자의 배우자, 자녀, 부모, 조부모까지로 했는데, 2000년대 지원법에서는 피해자의 손자녀와 형제자매까지 그 범위를 확대하여 적용하고 있다. 또한 1970년대 보상법에서는 2년간의 지급 기간을 설정했는데, 2000년대에는 지급 기간을 명시하지 않음으로써 몇 차례 기한을 연장할 수 있도록 했다. 결과적으로 2008년 9월 1일부터 지원 신청을 접수하기 시작했으며 2014년 6월 30일에 마감했다. 각 시 · 군 · 구청의 민원실에서 '위로금 등 지급' 신청 접수 업무를 담당해 왔다.

다만 2000년대 지원에서도 기본적으로 한일청구권협정에서 논의된 범위에 한정하여 국외동원 피해자만을 대상으로 하고 있으며 국내동원 피해자는 제외시키고 있다. 국내동원 피해자를 지원 대상에서 제외시킨 근거로서, 한국정부는 일본과의 청구권협정 교섭과정에서도 국내동원 피해자를 포함시키지 않았다는 것을 들었다. 하지만 한국정부는 국내동원 피해자를 포함시킬 경우 일제강점기 한반도 거주 조선인 대부분이 이에 해당하여 지원 예산이 막대하게 소요될 것을 현실적으로 고려한 조치였다. 또한 재일한인을 지원 대상에서 제외한 이유로서는 한일 청구권협정 조문에 이들을 포함하지 않기로 명시하고 있다는 점을 들었고, 일본정부가 재일한인 군인·군속에 대해서도 2000년에 사망 피해자 260만 엔, 부상생존자 400만 엔을 각각 지급한 사례가 있다는 점을 꼽았다.

2000년대 민간청구권 지급신청 심의결과(2014년 8월까지)

단위: 건

구분	계	위로금			미수금피해	생존자
		사망자	행방불명자	부상장해자		
총계	95,736	14,603	4,661	25,323	25,962	25,187
서울	10,751	2,002	604	2,570	3,512	2,063
부산	5,292	928	325	1,238	1,821	980
대구	3,256	621	235	514	1,079	807
인천	2,949	548	144	673	749	835
광주	2,686	418	95	953	706	514
대전	2,483	316	104	589	849	625
울산	1,298	165	76	342	461	254
경기	13,224	2,237	599	3,111	3,980	3,297
강원	3,452	418	154	882	737	1,261
충북	4,226	655	220	844	1,005	1,502
충남	7,702	1,004	352	2,105	1,458	2,783
전북	9,048	1,210	296	2,744	2,306	2,492
전남	10,133	1,412	377	3,998	1,728	2,618
경북	9,906	1,258	447	2,351	3,046	2,804
경남	8,331	1,153	583	2,168	2,211	2,216
제주	999	258	50	241	314	136

2014년 8월 말까지 지원위원회에 접수된 피해 신고 건수는 모두 120,344건에 달하며, 이 가운데 심사대상이 된 것은 102,875건이었다. 2014년 12월 30일 현재 지원위원회가 기관 홈페이지를 통해 공개하고 있는 통계 자료를 보면, 2014년 8월 25일 시점에 각 지역별 피해유형별로 어느 정도 민간청구권 지급신청이 이루어지고 있고, 이에 대해 어느 정도 지원위원회가 심의를 하고 있는지 파악할 수 있다. 8월 25일까지의 심의결과는 다음 표와 같다. 지역별로는 경기도 · 서울 · 전남 순으로 신청 건수가 많았으며, 반면에 제주도 · 울산 · 대전 순으로 신청 건수가 적었다. 또한 피해 유형별로는 미수금 피해를 신청한 것이 가장 많았으며, 반면에 행방불명 피해를 신청한 것이 가장 적었다.

2000년대 민간청구권 지급처리 결과(2014. 8. 27 현재)

단위 : 건/ 백만 원

구분		계	위로금		미수금피해	생존자
			사망 · 행방불명자	부상장해자		
신청접수	건수	120,344	22,523	36,936	35,379	25,506
심사결과	건수	102,875	20,834	28,831	27,911	25,299
지급결정	건수	69,741	18,257	11,787	15,215	24,482
	금액	567,498	342,838	80,201	48,485	95,974

한국정부는 2007년 '희생자 지원법' 제정에 앞서 관련 예산으로 약 5천억 원 정도가 소요될 것으로 예측한 바 있다. 구체적으로는 사망 희생자로서 지원대상자 수가 17,000명으로 지원금 3,200억 원, 행방불명 희생자는 700명으로 140억 원, 부상장해 피해자는 1,500명으로 94억 원, 피해 생존자는 30,000명으로 1,250억 원, 그리고 미수금 피해 인원과 금액은 그 전체 윤곽을 파악하기조차 곤란한 상황에서 대략 240억 원이 지원될 것으로 추산했다. 2014년 8월까지 사망자와 행방불명 희생자에 대한 지원

액이 총 3,429억 원, 부상장해 피해자에 대한 지원액이 802억 원, 미수금 피해자에 대한 지원액이 485억 원, 생존자 의료비가 960억 원, 이렇게 하여 도합 5,675억 원이 지급된 것으로 나타나고 있다. 이렇게 보면, 애초의 예측에 비해 전체 예산 지출은 14% 정도 초과한 것으로 나타나고 있으며 앞으로 심사하여 지급해야 하는 신청 건수를 감안하면 애초 예산에 비해 20% 초과된 6,000억 원 정도가 지원금으로 지출될 것으로 보인다.

_5_
한국의 원폭피해자에 대한 의료금 지급

1945년 8월, 2차 대전의 막바지에 미군은 인류 사상 최초로 히로시마(廣島)와 나가사키(長崎)에 원자폭탄을 투하하여 10만 명이 넘는 사망자와 함께 헤아릴 수 없는 수많은 부상자를 발생시켰다. 이때 피폭을 당한 사람들이 전쟁 후 세계 각국으로 이주해 갔다. 특히 조국의 해방에 따라 140만 명에 달하는 조선인들이 일본에서 한반도로 건너온 가운데 피폭자들도 섞여 있었다. 이 외에도 중국이나 동남아시아 국가들로부터 일본에 유학왔다가 피폭을 당하고 돌아간 외국인도 있으며 전후에 일본에서 세계 각국으로 이민 나간 사람들도 있다. 1957년에 일본정부가 피폭자 치료에 나서게 되면서 이들에게도 의료 혜택을 받도록 해야 한다는 여론이 일본 내외에서 폭 넓게 꾸준히 일어났다. 이에 따라 1970년대에 들어 일본인 의사들로 구성된 파견단이 서울과 부산을 방문하여 한국인 피폭자들을 대상으로 집단 검진을 실시한 것을 필두로 하여 미국에서도 피폭자에 대한 집단 검진이 이루어졌다.

한일 국교정상화 이후 1967년 7월에 서울에서 「한국원폭피해자협회」가 결성되어 이듬해 8월 조계사에서 처음으로 원폭피해자 위령제를 거행하는 한편 한국인 피폭자들의 원호와 보상 요구를 위한 목소리를 내기 시작했다. 이와 함께 1968년 10월에는 한국인 피폭자가 일본에서 치료를 받기 위해 일본에 밀입국을 했다가 체포된 일을 계기로 하여, 일본인과 재일동포들이 '피폭자 구원 협의회'를 구성하고 한국인 피폭자 지원과 도일 치료를 위한 운동을 전개하기 시작했다. 1957년에 발효된 일본의 원폭의료

법은 일본 국내에 체재한다면 일본인뿐 아니라 외국인에게도 의료 원호를 받을 수 있도록 하는 법률이었다. 다만 치료를 받기 위해서는 피폭자 건강수첩을 소지해야 했으며 이 때문에 한국의 피폭자가 일본에서 치료를 받기가 어려웠다. 1964년에 비로소 개별적으로 일본에 건너간 피폭자에게 건강수첩이 교부되었고 한일 양국의 외교 합의에 따라 도일 치료가 가능하게 된 것은 1980년의 일이다.

한국인 피폭자 단체의 보상 요구

한편 한국인 피폭자 단체는 한국에서도 한국인 의료 수당을 받을 수 있도록 하자고 하는 운동을 전개했다. 1998년 10월 원폭피해자협회 곽귀훈 회장은 일본정부와 오사카부 지사를 상대로 하여 한국인의 피폭자 자격 확인 소송을 제기하기 시작했다. 비록 일본정부의 배상 의무를 확인하는 데에는 패소했지만, 오사카 지방자치단체로부터 의료 수당을 지원받는 것에 있어서는 2000년 6월의 제1심과 2002년 12월의 제2심에서 각각 승소했다. 이에 따라 한국의 피폭자도 일본정부로부터 매월 의료비와 수당을 지급받고 사망시에 장례비를 지급받기에 이르렀다. 다만 이때 일본에서 치료를 받은 경우에 한하여 의료비와 수당을 지급하기로 했다.

갑작스런 사유로 부득이 한국에서 치료를 받은 경우, 이를 일본 지방자치단체가 인정하지 않게 되자, 이를 부당하다고 여긴 한국의 원폭피해자들은 2013년과 2014년에 또 다시 소송을 제기했다. 원고는 히로시마에서 태어나 태아로서 피폭당한 한국 거주의 이홍현(李洪鉉) 씨와 같은 곳에서 피폭을 당한 후 귀국한 한국 국적의 남성 2명의 유족이었다. 이들은 오사카에서 피폭자 건강수첩을 교부받았으나 2006년에서 2010년까지 기간에 갑작스런 심장 마비 등으로 한국의 병원에서 치료를 받을 수밖에 없었고 이에 따라 자신들이 도합 약 120 만 엔 상당의 의료비를 부담했다고 했다. 이에 따라서 2011년 1월 오사카 부에 한국에서 부담한 의료비의 지급을 신청했지만 "원호법에 재외 피폭자에 대한 지급을 인정하는 규정이 없다"고 하며 거부당하자 이에 소송을 제기한 것이다.

2013년 10월에 이뤄진 제1심에서는 의료비 등에 관한 법 규정이 외국의 피폭자에게도 동일하게 적용된다고 하는 판결이 나왔다. 거주국에서 받는 진찰은 이 법이 지급 대상으로 하는 "긴급 시 등으로 어쩔 수 없이 지정 의료기관 이외에서 치료를 받은 경우"에 해당한다고 하면서 외국 거주 피폭자에게도 의료비 지급을 처음으로 인정한 것이다. 또한 2014년 6월에 오사카 고등법원에서 열린 제2심 판결에서도 의료금 전액 지급을 인정한 제1심 판결을 지지하고, 지방자치체 측의 항소를 기각했다. 그러나 이때 제1심에서와 같이 원고측의 국가 배상 청구는 인정하지 않았다.

_6_
부산 2013년 조선통신사 축제

필자는 2013년 5월 4일 오후 화창한 날씨 속에 부산 시내를 산책하며 광복로와 용두산 공원 일대에서 열리는 조선통신사 축제를 참관했다. 이날 저녁에는 서면의 호텔에서 20년 전 유학생 시절부터 친분을 쌓아온 추광호(秋光浩) JOA KORE 사장과 부산 일본 총영사관의 구니타 다쓰오(國田達夫) 영사를 만나서 환담을 나누기도 했다. 또한 밤늦게는 부산에 단기 유학 중인 딸을 만나기 위해 오이타에서 찾아 온 학부모와 함께 부평동 족발골목에서 맥주를 마시기도 했다.

필자는 조선통신사 축제 현장을 돌아보며 날로 경색해지는 한일 양국의 외교관계에도 불구하고 지방 차원에서 한일간 민간교류 행사가 지속되고 있다는 것을 참으로 다행스럽게 생각했다. 그러나 전반적인 축제 분위기는 2012년 6월에 여수 엑스포에서 목격한 것과 같이 활기가 줄어든 것을 확인할 수 있었다. 정치적 입장 때문에 지역 유지들이 대거 참여하지 않은데다가 관련 예산까지 삭감되었는지 화려한 모습은 발견하기 어려웠다. 후쿠오카에서 온 일본인 기타 연주자는 담담하게 몇 곡만을 부르고 나더니 쓸쓸하게 무대 뒤로 사라져 갔다.

그럼에도 불구하고 주말을 즐기기 위하여 시내에 나온 수많은 인파들은 축제 분위기를 맘껏 즐기고 있었다. 한일 양국의 갈등 속에서도 선린 민간외교의 상징인 축제 행렬은 계속 환영을 받은 것이다. 조선통신사는 1607년부터 1811년까지 200여 년간에 걸쳐 조선과 일본을 잇는 공식 교류 채널이었다. 부산광역시는 2002년 한일 월드컵 공동개최를 기념하여 축제를 열기 시작했으며 그 후 매년 부산과 일본 16개 조선통신사 연고 지역이 조선통신사 행렬 재현과 축제를 열어오고 있다.

2013년 부산의 조선통신사 축제

2013년에는 특히 조선통신사 이벤트를 유네스코 문화재로 등재하려는 움직임도 있어서 비교적 프로그램을 알차게 꾸몄다고 한다. 부산시는 처음으로 시민공모를 통해 조선통신사행렬 재현에 참여하는 정사, 부사, 종사관을 뽑았다. 첫 민간 정사에는 김동호 전 부산국제영화제집행위원장, 부사에는 충숙공 이예의 17대 후손 이학락 씨, 종사관에는 부산시민 최영애 씨가 각각 선정되었다. 행렬 재현에는 1500여 명의 부산시민들이 참여해 조선통신사 축제 하이라이트를 연출하기도 했다. 일본에서는 사세보(佐世保) 시를 비롯해 7개 도시 8개 공연단체 300여 명이 축제에 참가하여 일본 전통춤인 '요사코이' 공연을 펼치기도 했다. 시모노세키(下關) 시 초등학생으로 구성된 공연팀과 기타큐슈(北九州) 시의 고등학생 마칭밴드 무대도 열렸다. 시모노세키 시의 시민공연단체는 부산 기병대 학생들과 함께 교류공연을 벌이기도 했다. 그런데 일본 쓰시마(對馬) 시는 민간단체와 함께 1980년부터 해마다 여름 축제 때 열어온 조선통신사 행렬 재현 행사를 2013년에 중단했다. 한국인 절도단이 대마도에서 훔쳐간 불상을 한국정부가 반환하지 않는다는 이유에서였다. 그리고 쓰시마 시가 해마다 개최하는 여름 축제 명칭에서 '아리랑'이라는 단어를 사용하지 않기로 했다. 쓰시마 시는 1964년부터 민간단체와 함께 이즈하라 항구 주변에서 축제를 개최해 왔다. 1980년부터는 한국인 관광객 유치와 국경도시로서 한일 양국의 우호 증진을 내세워 조선통신사 행렬을 재현하는 행사를 열어왔다. 그리고 1988년부터는 이즈하라 축제 이름에 '아리랑' 이라는 단어를 추가해서 사용하기 시작했다.

그런데 아리랑 축제를 중단한데 이어 쓰시마 시는 2014년에 조선통신사 행렬 재현을 하지 않았다. 평화와 우호를 상징하는 행사를 하지 않게 된 이유로 쓰시마 시는 태풍이 올 수도 있기 때문이었다고 밝혔지만 실제로는 양국 외교관계의 악화와 도난당한 불상 문제 때문이었던 것이 분명하다. 마침 부산에서도 2014년 조선통신사 축제는 열리지 않았다. 부산시는 5월 2일에 개최할 것을 목표로 하여 준비해 왔으나 4월에 발생한 세월호 여객선 사고로 인한 전 국민적인 추모 분위기에 맞추기 위해 부득이 전면 취소하지 않을 수 없었다고 그 이유를 밝혔다.

_7_
2013년 가라쓰 나고야 여행기

필자는 2013년 5월 25일 뜻하지 않게 가라쓰(唐津) 여행을 하게 됐다. 그 전날 학교 일로 후쿠오카에 출장을 다녀오기로 되어 있어 이 날 아침 일찍 비행기를 타고 귀국할 예정이었는데 귀국 비행기가 수리를 마치지 않아 승객들에게 다른 여행 수단을 선택하도록 했다. 그래서 필자는 하루 종일 가라쓰에서 시간을 보내기로 했고 저녁 늦은 시간에 후쿠오카에서 부산으로 돌아가겠다고 했다. 결국 비행기회사로부터 일당 여비를 제공받는 가운데 언젠가는 한번 다녀오겠다고 생각해 오던 가라쓰에 혼자서 경제적 여유를 가지고 여행할 수 있게 된 것이다.

가라쓰에서도 꼭 방문해 보고 싶었던 곳은 한일해저터널 공사장과 나고야(名護屋)박물관이었다. 쾌속 열차로 가라쓰에 도착하여 곧 바로 역 안에 있는 관광안내소에 문의한 결과, 한일해저터널 공사장은 사유지이기 때문에 사전 허가 없이는 들어가 볼 수 없다고 했다. 그래서 나고야성 주변만을 둘러보기로 했다. 초여름 날씨로 한 낮에 무더위가 기승을 부리고 있었다. 시골에 위치한 박물관 치고는 내용이 풍부하여 박물관 돌아보는데 시간을 많이 사용했다. 시간이 그다지 넉넉하지 않았기 때문에 나고야 성터는 직접 돌아보지 못하고 멀리서 사진을 찍는 것으로 만족해야 했다.

그 대신 관광안내소에 문의하여 임진왜란을 앞두고 고니시 유키나가(小西行長) 군대가 진을 친 곳을 알려달라고 하여 진지를 내려다 볼 수 있는 언덕에 올라갔다. 이제는 흔적이 전혀 없고 수풀만 무성하게 자라나 있는 지역이다. 나고야 지역에서 굳이 고니시 진지를 찾으려 했던 것은

2012년과 2013년에 두 차례에 걸쳐 쓰시마에서 고니시 진지를 찾아 헤매던 일과 관련이 있기 때문이다. 나고야에서 고니시의 흔적을 찾기는 어려워졌고 다만 관광안내 지도 속에 나타난 고니시 군대의 위치를 통해 과거를 상상해야 했다.

나고야성 박물관은 슬로건으로 한일우호를 여기저기 내걸고 있었다. 그러나 전시물에서는 임진왜란의 원인으로서, 고려와 몽고에 의한 일본 내습을 강조한 것이 눈에 띄었다. 박물관의 한계이겠지만, 오늘날 일본정치권의 보수화 경향에 대해서는 아무런 언급이 없었다. 박물관이 제공하는 정보자료 가운데는 조선 '침략'이라는 용어를 사용하는 자료도 있고 '진출'이라는 용어를 사용하는 자료도 있었다. 박물관 견학을 통해서 한일 양국의 관계가 '우호평화'와 '상호존중'이라는 기조를 굳게 지켜야 한다는 것을 새삼 느끼면서도, 이러한 평화를 유지하기 위해서는 상대방의 변화를 인지하는 노력과 자국의 국력을 강화하는 노력이 수반되어야 한다는 자명한 역사적 교훈을 되새기게 되었다.

나고야성 박물관 사진과 고니시 진지 지도

나고야에서 가라쓰로 돌아가는 길에 택시를 타고 요부코(呼子)에 들렀다. 거기서 가라쓰로 가는 버스가 많기 때문이다. 택시를 타고 시골 길을 지나면서 고니시 진지가 있었다고 하는 해변을 바라보기도 하고 잠시 택시를 세워 사진을 찍기도 했다. 지긋하게 나이가 든 시골 택시 운전사는 외국인 방문객에게 나고야 지역을 홍보하기 위해 온갖 지식을 동원하여 설명해 주었고 친절하게 관광지를 안내해 주었다. 요부코 포구에서 가라쓰행 버스 출발 시간을 기다리며 오징어 구이와 아이스크림을 하나씩 사서 허기를 채웠다.

_8_
2014년 다치아라이 평화기념관 여행기

필자는 2014년 11월 28일 후쿠오카현에 있는 다치아라이(大刀洗) 평화기념관에 다녀왔다. 작가 차인숙이 영화 '빨간 마후라'의 주인공으로 알려진 유치곤 장군의 일대기를 조사하는 가운데, 다치아라이 훈련소에서 소년비행단에 소속되어 있었다는 것을 발견하고 직접 방문하자는 제의로 이번 여행이 이루어졌다. 차인숙 작가는 2009년에 출간한 다큐멘터리 소설 『리턴 투 베이스』에서 부자(父子) 조종사의 열정과 헌신으로 가득찬 인생을 감동적으로 묘사하여 일약 유명해졌다. 그녀의 작품은 2012년에 영화화되기도 했고 그녀를 '2012년 공군을 빛낸 인물'로 선정되도록 했다. 다치아라이 여행에는 차인숙 작가 이외에도 논형 출판사 소재두 사장이 함께 했고 규슈대학의 신호(申鎬) 연구원이 운전과 안내를 담당했다. 후쿠오카 공항에서 기념관이 있는 치쿠젠쵸(筑前町)까지 자동차로 한 시간 반 정도가 걸렸다.

우리가 방문했을 때 마침 평화기념관은 개관 5주년 기념 행사로 「미래에 전하고 싶다, 다치아라이 비행장의 기억」을 주제로 하는 사진전을 개최하고 있었다. 날씨도 화창한 금요일 오후라서 그런지 시골 마을의 박물관에 비교적 많은 관람객이 찾아왔고 어느 초등학교 학생들은 수업의 일환으로 단체를 이루어 기념관 견학을 하고 있었다. 향토사학자와 같은 노인들이 적극 자원봉사에 나서 관람객들에게 자료와 전시물들을 일일이 설명하고 있었다. 기념관 외관은 비행기 격납고를 모방하여 반원형으로 되어 있고 내부 중앙 홀에는 「후쿠오카 항공우주협회」가 소유하고 있던 옛 일본해군 함상전투기 32형이 기증되어 전시되고 있었다. 97식 전투기나 제로센 32형은 현존하는 세계 유일의 실제 비행기라고 했다. 이 기념관의 홈페이지와 안내 팜플렛에는 다음과 같이 기념행사를 안내하고 있었다.

> 과거 이 땅에는 옛 육군이 동양 제일이라고 자랑하던 다치아라이 비행장을 중심으로 하는 커다란 군대 도시가 있었습니다. 광대한 풀밭의 비행장에 군사시설이 줄지어 서 있었고 비행학교 학생들이나 비행부대에 의한 항공기가 연일 미노산(耳納山)보다 훨씬 높은 상공을 날고 있었습니다. 또한 주변에는 상점들이 많았고 비행장 안에서는 한 때 민간항공회사가 운영되는 등 대단한 활기를 보인 듯합니다. 그러나 이처럼 활기로 가득했던 항공 거점은 1945년 3월의 대공습에 의해 괴멸되었고 군대 도시로서의 기능을 상실하고 전쟁 종결까지 특공대의 중계기지로서 수많은 대원들을 내보낸 슬픈 기억을 남겼습니다. 이 기념관은 이 군대 도시 터에 비행장의 역사를 전하고 평화를 계속 전하는 시설로서 2009년 10월에 개관했으며 이제 5주년을 맞게 되었습니다. 이번 전시에서는 지난 5년간 새롭게 기증된 다치아라이 비행장에 관한 전시자료를 중심으로 하여 사람들의 기억을 더듬어 보고 그 모습을 재현하고자 합니다.

위키피디아 백과사전의 설명에 따르면 다치아라이 육군 비행학교는 1940년 10월에 설립된 육군교육시설의 하나로서 비행기 조종사로 종사할 소년비행병 지망생, 소년비행병, 또는 특별간부 후보생 등을 교육하는 시설이었다고 한다. 이 시설은 비행기의 기본조종 교육을 담당한 곳이었다는 것이다. 비행학교 본부는 다치아라이에 위치하고 있었고 일본과 한반도 각지에 지부 또는 교육대가 있었다고 한다. 1945년 2월 육군 비행학교는 제51항공사단의 일부로 개편되면서 폐쇄되었다고 한다.

다치아라이는 4년 반이라고 하는 짧은 기간에 반짝 융성했던 군대 도시에 지나지 않는다. 그렇지만 이 기간 동안 일본제국은 사상 최대의 군사

다치아라이 평화기념관 외관과 내부

력을 보유하고 있었고 역사상 가장 넓은 전역에서 전투 중이었으며 동남아시아 지역과 태평양 도서들을 장악하고 있었다. 전시품 설명을 통하여 필자가 받은 인상은 기념관이 과거의 영광과 피해의 역사를 강조하고 있는데 비해 일본제국의 광대한 대외 침략으로 얼마나 많은 국내외 민중들이 피해를 입었는지에 대해서는 그다지 언급을 하고 있지 않는 것처럼 보였다. 비행학교에서 배출한 일본 조종사들에 의해 전역이 확대되고 애꿎은 민중들이 희생을 당했다고 하는 부분은 그다지 언급하고 있지 않은 것이다. 이 기념관에서는 옛 일본제국의 비행기와 함께 1945년 3월에 미군에 의한 다치아라이 대공습과 그 희생자 자료, 일본군에 의해 격추된 B-29 폭격기 탑승원 자료도 볼 수 있었다.

_9_
후쿠오카현의 1945년 업무인계서

필자는 2014년 11월 29일 후쿠오카현 후쓰카이치(二日市)에 있는 합동공문서관을 방문했다. 이때 1945년 현지사 교체에 따른 「업무인계서」자료를 열람했으며 나아가 자료의 대부분을 복사해서 얻어내는 행운을 얻었다. 이러한 결과에 이르기까지는 약간 순탄치 않은 과정이 있었지만 결과적으로 공문서관 관장을 비롯한 관계자 여러분의 협력이 있었기에 가능한 일이다. 자료의 입수에 적극 협력해준 분들에게 감사를 드리는 마음으로 그 과정을 회고하고자 한다.

필자는 일한문화교류기금의 펠로우로서 2014년 4월부터 6월까지 규슈대학 한국연구센터에 몸을 두고 일본패전 직후 하카타(博多) 항구에 정비되어 가는 귀환자 원호체제를 규명하는 작업에 열중하고 있었다. 종래의 하카타 귀환에 관한 연구 실적을 토대로 하면서 1945년 8월 15일부터 같은 해 11월 15일 '하카타 임시 인양민사무소' 설립에 이르는, 3개월간에 걸친 일본인 그리고 조선인 민간인 귀환자들의 원호 환경을 관련 자료를 통해 밝혀내고자 했다. 그러다보니 자연스럽게 일본정부, 조선총독부, 후쿠오카현, 점령군, 사회단체가 하카타 항구에서 각각 민간인 귀환자 원호를 위해 어떻게 활동했는지 관련 자료를 찾아내어 분석하는 작업에 돌입한 것이다.

필자는 처음에는 센자키(仙崎) 항구의 귀환자 동향에 관하여 연구를 해오다가 2006년 경부터는 하카타 항구로 관심을 넓히기 시작했다. 그때 관련 분야에서 유일한 연구자라고 할 수 있는 규슈대학의 이즈미 가오루(出

水薰) 교수의 협력을 얻어 40일 정도 후쿠오카에 머물면서 이 지역의 귀환자 원호 체제와 재일조선인 단체 활동을 조사한 일이 있다. 하카타 항은 일본인이나 조선인 귀환자 규모에 있어서 가장 큰 항구였다. 일본패전으로부터 1946년 말까지 해외에서 하카타 항구에 들어온 일본인 귀환자가 통계상 총 140만 명에 이르고 하카타 항구에서 한반도로 귀환해 간 조선인은 약 50만 명에 달한다. 하카타 항구의 귀환자 원호에 관한 일차적 자료로서는 하카타인양원호국이 1947년에 출간한 『국사(局史)』가 가장 중요하다는 데 이견이 없다. 특히 이 자료의 부록에 기록되어 있는 「개국전을 이야기하는 좌담회」는 이곳의 원호체제 정비과정을 이해하는 데 가장 중요한 실마리를 제공하고 있다. 이즈미 교수는 일찍이 『국사』의 내용을 분석하고 1993년에 선구적인 논문을 발표했다.

그런데 필자는 2014년 후쿠오카에 들어오기 전에 인터넷 자료를 통하여 하카타 항구의 귀환자 원호체제 정비과정을 이해하기 위한 일차적 자료로 『국사』와 함께 1945년 10월의 후쿠오카현 지사 교체에 따른 『사무인계서』도 있다고 하는 것을 알게 되었다. 따라서 후쿠오카 생활이 시작되자마자 후쿠오카 현립도서관을 찾아 이 자료의 열람을 신청했다. 그러나 도서관측으로부터 얼마 전에 합동공문서관으로 해당 자료가 이관되었다고 하는 소식을 전해 들었다. 이에 따라 발걸음을 후쓰카이치로 옮겨 공문서관을 찾았으나 해당 자료를 정리하고 있는 중이라고 하여 일반 열람이 곤란하다는 답변을 듣게 되었다. 따라서 2014년 6월 후쿠오카를 떠날 때까지 이 자료를 열람하지 못했고 이처럼 석연치 않은 마음으로 일한문화교류기금에 조사보고서를 보내야 했다.

부산에 돌아와서도 『사무인계서』 일반 열람을 기다리고 있던 중에 11월에 들어 공문서관에 연락을 해 본 결과 일반 열람이 가능해졌다는 통보를 받았다. 가랑비가 간간이 내리는 날이었다. 전화로 약속한 바와 같이

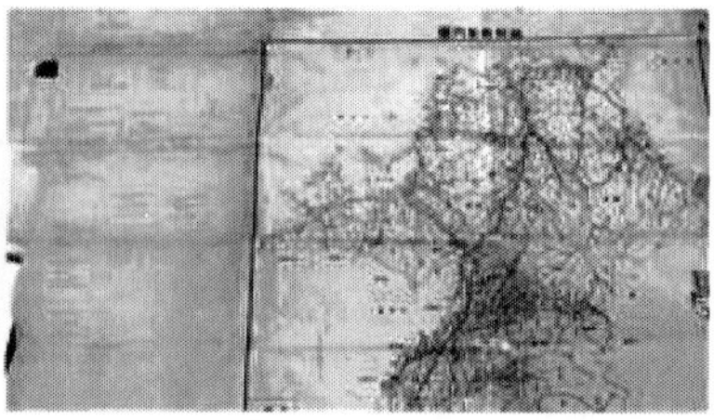

후쿠오카현 합동공문서관과 『업무인계서』 일부

11월 29일 오전에 공문서관을 다시 찾았다. 관계자가 소중하게 해당 자료를 들고 나오는 것을 보고 눈물이 핑 도는 것을 느꼈다. 한적한 공문서관 로비 책상에 홀로 앉아 낡고 구겨진 종이들을 넘기면서 또 다시 감격과 기쁨을 느꼈다. 후쿠오카 현청의 하부 기관들이 각 부서별로 업무를 정리한 내용들을 보면서 타임머신을 타고 70년 전으로 되돌아가는 기분을 실감했다. 특히 일본인 귀환자 업무를 담당했던 후생과와 조선인 귀환자 업무를 담당했던 민생과의 보고 내용을 비교하면서 현청이 귀환 업무에서 일본인과 조선인에 대해 차별적으로 취급하고 있었다고 하는 것을 재확인하게 되었고, 외사과가 정리한 점령군 배치 상황을 확인하면서 감탄에 감탄을 연발하지 않을 수 없었다.

자료를 열람하는 가운데 공문서관 관장이 나타나 인사말을 전했다. 직원들은 친절하게도 저렴한 복사 비용으로 복사 서비스를 직접 하겠다고 나섰다. 자료의 5분의 4정도를 복사해 달라고 부탁하고 복사하는 동안 필자는 지난 번에 가보지 못한 후쓰카이치의 온천 관광촌에 들러 대중탕을 찾아 따뜻한 물에 몸을 담갔다.

II. 한국 정치사회의 변화

_1_
박근혜 대통령의 3 · 1절 기념사

박근혜 대통령은 2013년과 2014년 3 · 1절 기념사를 통해 일본정부에 대해 올바른 역사인식을 촉구했다. 2013년 3월 1일 세종문화회관에서 열린 3 · 1절 기념식에서 대통령은 "일본이 우리와 동반자가 되어 21세기 동아시아 시대를 함께 이끌어가기 위해서는 역사를 올바르게 직시하고 책임지는 자세를 가져야 한다"고 말했다. 또한 "역사는 자기 성찰의 거울이자 희망의 미래를 여는 열쇠"라고 말하고 "한국과 일본, 양국간의 역사도 마찬가지다, 지난 역사에 대한 정직한 성찰이 이뤄질 때 공동 번영의 미래도 함께 열어갈 수 있다"고 강조했다. 특히 "가해자와 피해자라는 역사적 입장은 천 년의 역사가 흘러도 변할 수 없는 것"이라고 지적했다.

마찬가지로 서울 세종문화회관에서 열린 2014년 3 · 1절 기념식에서도 박 대통령은 기념사를 통해 보다 강도 있게 일본정부에 대한 역사인식 전환을 촉구했다. 일본정부가 더 이상 과거사를 부정하지 말고 전후 독일의 선례를 따를 것을 촉구한 것이다. 특히 2014년 3 · 1절을 앞두고 일본정부 내에서 일본군위안부 동원의 강제성을 인정한 1993년의 '고노 담화'를 무력화하려는 움직임을 보인 것에 대한 경고를 담고 있었다. 이에 따라 박 대통령은 2014년 기념사에서 일본의 역사인식을 거론하면서 특별히 일본군위안부의 상처 치유를 강조했다. 박 대통령은 "한 나라의 역사인식은 그 나라가 나아갈 미래를 가리키는 나침반"이라면서 "과거의 잘못을 돌아보지 못하면 새로운 시대를 열 수 없고, 과오를 인정하지 못하는 지도자는 새로운 미래를 열어갈 수 없다는 것은 당연한 이치일 것"이라고 아베 총리를 향해 직접 경고했다. 박 대통령은 이어 "진정한 용기는 과거를 부정하는 것이 아니라 역사를 있는 그대로 직시하고 자라나는 세대에게 올바른 역사를 가르치는 것"이라면서 "양국이 과거의 아픈 역사를 딛고 새로운 번영의 미래로 함께 나갈 수 있도록, 일본정부가 올바르고 용기 있는 결단을 내려한다고 생각한다"고 밝혔다.

세종문화회관의 3 · 1절 기념식 (2013년과 2014년)

박 대통령은 "이제 쉰다섯 분밖에 남지 않은 일본군위안부 피해자 할머니들의 상처는 당연히 치유받아야 한다"면서 "과거의 역사를 부정할수록 초라해지고 궁지에 몰리게 된다"고 강조했다. 이어 "역사의 진실은 살아있는 분들의 증언이며 살아있는 진술과 증인들의 소리를 듣지 않으려 하고 정치적 이해만을 위해 그것을 인정하지 않는다면 고립을 자초할 뿐"이라고 경고했다. 박 대통령은 "인류 보편의 양심과 전후 독일 등의 선례에 따라 협력과 평화, 공영의 미래로 함께 갈 수 있도록 일본 정부가 과거의 부정에서 벗어나 진실과 화해의 새로운 역사를 써나가길 기대한다"며 일본정부의 태도 변화를 촉구했다.

박 대통령 2014년 3 · 1절 기념사 전문

존경하는 국민 여러분, 700만 해외동포와 북녘 동포 여러분, 그리고 독립

유공자와 내외귀빈 여러분, 오늘 우리는 뜻 깊은 제95주년 3·1절을 맞이하였습니다. 오늘날 우리 대한민국이 존재할 수 있고, 세계 속에 우뚝 선 나라가 될 수 있었던 것은 조국의 독립을 위해 개인의 삶을 바치신 애국지사와 순국선열들의 희생이 있었기 때문입니다. 오늘 3·1절을 맞아 그분들의 영전에 고개 숙여 경의를 표합니다. 그동안 마음의 고통과 어려움을 견뎌 오신 독립 유공자와 유가족 여러분께도 진심으로 위로를 드립니다.

95년 전 오늘, 우리의 선조들은 조국의 독립과 주권을 되찾기 위해 분연히 일어섰습니다. 나라의 주권을 더 이상 빼앗길 수 없다는 신념과 애국심은 온 국민들을 일어나게 했습니다. 남녀노소, 신분과 계층, 종교와 지역의 구분도 없었고, 만주와 연해주, 동경과 필라델피아에 이르기까지 장소와 국경에도 상관없이 나라를 구하려는 애국심이 물결쳤습니다. 그 위대한 3·1정신은 상해 임시정부의 법통으로 이어졌고, 대한민국의 헌법정신으로 면면히 계승되면서 번영과 기적의 대한민국 역사를 이룩한 원천이 되었습니다.

국민 여러분, 우리의 선조들은 3·1 독립선언서에서 '남을 파괴하는 것이 아니라 자기를 건설하는 것'이 우리의 소임이며, '동양의 평화는 물론, 세계평화와 인류행복에 기여하는 나라'를 만들겠다고 선언하였습니다. 또한 '부자연스럽고 불합리한 착오상태를 바로 잡아 자연스럽고 합리적인 바른 길로 돌아오기 위함'이라고 역설했습니다. 우리 후손들에게는 선열들이 꿈꾸셨던 그 위대한 이상과 가치를 완성시켜나가야 할 책무가 있다고 생각합니다. 저는 그 시작을 오랫동안 우리 사회 곳곳에 만연해 온 부자연스럽고 불합리한 상태를 바로 잡고, 대내외의 모든 비정상을 정상화하는 일에서부터 하고자 합니다.

공공부문의 개혁을 시작으로 부조리하고 불공정한 구습을 과감하게 끊어내고, 새로운 대한민국을 만들어 나갈 것입니다. '경제혁신 3개년 계획'

을 통해 우리 경제의 체질을 근본적으로 바꿔서 지속가능한 성장의 토대를 마련하고, 국민소득 3만 불을 넘어 4만 불 시대로 가는 초석을 다질 것입니다. 그 길에는 국민 여러분의 지혜와 힘이 필요합니다. 저는 국민 여러분이 경제혁신 3개년 계획의 성공을 위해 함께 나서 주셔서 위대하고 강한 대한민국을 만들어 주실 것이라 믿습니다.

존경하는 국민 여러분, 내년이면 한국과 일본은 국교 정상화 50년을 맞게 됩니다. 그 동안 두 나라는 가치와 이해를 공유하고, 동북아의 평화와 공동번영을 위해 긴밀한 협력관계를 발전시켜왔습니다. 지난 시대의 아픈 역사에도 불구하고 양국이 이러한 관계를 발전시켜올 수 있었던 것은 평화헌법을 토대로 주변국들과 선린우호 관계를 증진하고, 무라야마 담화와 고노 담화 등을 통해 식민 지배와 침략을 반성하면서 미래로 나아가고자 했던 역사인식이 있었기 때문입니다.

한 나라의 역사인식은 그 나라가 나아갈 미래를 가리키는 나침반입니다. 과거의 잘못을 돌아보지 못하면 새로운 시대를 열 수 없고, 과오를 인정하지 못하는 지도자는 새로운 미래를 열어갈 수 없다는 것은 당연한 이치일 것입니다. 진정한 용기는 과거를 부정하는 것이 아니라 역사를 있는 그대로 직시하고 자라나는 세대에게 올바른 역사를 가르치는 것입니다. 저는 양국이 과거의 아픈 역사를 딛고 새로운 번영의 미래로 함께 나갈 수 있도록, 일본 정부가 올바르고 용기 있는 결단을 내려한다고 생각합니다. 특히, 한 평생을 한 맺힌 억울함과 비통함 속에 살아오신, 이제 쉰다섯 분밖에 남지 않은 일본군 위안부 피해자 할머니들의 상처는 당연히 치유 받아야 합니다.

과거의 역사를 부정할수록 초라해지고 궁지에 몰리게 되는 것이라 생각합니다. 역사의 진실은 살아있는 분들의 증언입니다. 살아있는 진술과 증인들의 소리를 듣지 않으려 하고 정치적 이해만을 위해 그것을 인정하지 않는다면 고립을 자초할 뿐입니다. 그동안 쌓아온 한국과 일본, 양국 국민들의 우정과 신뢰를 정치가 막아서는 안 될 것입니다. 지금도 문화를 통해 양국 국민들은 마음을 나누고 있습니다. 인류 보편의 양심과 전후 독일 등의 선례에 따라 협력과 평화, 공영의 미래로 함께 갈 수 있도록 일본 정부가 과거의 부정에서 벗어나 진실과 화해의 새로운 역사를 써나가길 기대합니다.

국민 여러분, 저는 경제적 초석을 넓히고 선진 한국을 만드는 데 있어 한반도의 평화와 통일기반 구축이 무엇보다 중요하다고 생각합니다. 그래서 저는 대통령 직속으로 통일준비위원회를 두고, 평화통일을 위한 준비를 시작할 것입니다. 얼마 전에 있었던 이산가족 상봉 행사는 분단의 아픔과 고통을 온 국민이 다시 한번 절감하는 자리였습니다. 이제 고령의 이산가족에게 남은 시간이 많지 않습니다. 흩어진 가족을 만나는 것이 더 이상 특별한 행사가 되어서는 안 됩니다.

저는 하루라도 빨리 이산의 한을 풀기 위해 이산가족 상봉을 정례화 할 것을 북한 당국에 제안합니다. 이산가족은 북한에도 있습니다. 북한도 주민들의 아픔과 고통을 풀어줘야 한다고 생각합니다. 앞으로 남북이 작은 약속부터 지키며 신뢰를 쌓아서 통일의 계단을 하나씩 밟아 올라가게 되길 기대합니다. 하나된 민족, 통일된 한반도는 민족의 독립과 자존을 외쳤던 3·1운동 정신을 완성하는 것이며, 동북아시아는 물론 세계의 평화와 번영에 기여하게 될 것입니다. 또한 통일된 한반도는 유라시아와 동북아를 연결하는 평화의 심장이 될 것이며, 동북아시아 국가들 역시 평화로운 통일 한반도에서 새로운 발전의 기회를 찾게 될 것입니다. 이러한 평화와 협력의 새 시대로 가는 길목에서 북한이 핵을 내려놓고 남북 공동 발전과 평화의 길을 선택할 것을 촉구합니다.

존경하는 국민 여러분, 우리 대한민국은 선열들의 피와 땀으로 세계 속에 자랑스러운 역사를 써왔습니다. 이제 새로운 대한민국의 역사를 우리 후손들에게 물려주기 위해 다함께 손을 맞잡아야 합니다. 선조들로부터 물려받은 강인한 정신으로 민족의 웅비와 세계의 변화를 선도하는 창의적인 도전의 여정을 함께 열어갑시다. 선조로부터 내려오는 우리 문화의 가치와 아름다움을 더욱 발전시키고, 세계인들과 함께 나누면서 보다 행복한 지구촌을 만들어 갑시다. 이제 우리 모두 서로의 손을 굳게 잡고, 국민행복의 새 시대, 희망찬 내일로 힘차게 나아갑시다. 감사합니다.

_2_
박근혜 대통령의 8 · 15 경축사

2013년 8월 15일, 서울 세종문화회관에서 열린 제68회 광복절 기념식에서 박근혜 대통령은 경축사를 통해 경제부흥과 국민행복, 문화융성과 평화통일 기반구축을 강조하고 이를 완수하는 것이야말로 통일의 초석을 다지는 길이라고 말했다. 이 경축사에서 박 대통령은 남북관계 개선을 위한 추석 전 이산가족 상봉 등 새로운 메시지를 일부 내놓았으나 국내의 정국현황에 대한 구체적인 언급은 회피했다. 개성공단 협상 타결 소식을 강조하고 한반도의 새로운 비전을 제시하는 데 주력했다. 특히 이때 박 대통령은 '한반도 신뢰 프로세스'를 강조했는데, "다소 시간이 걸리더라도 상식과 국제적 규범이 통하는 남북관계를 정립하여 진정한 평화와 신뢰를 구축해 가는 것"이라고 했다.

전반적으로 경축사의 무게는 민생 안정과 대북 메시지에 실려 있었고 3 · 1절 기념사와 비교하면 일본에 대한 메시지는 극히 절제된 내용에 그쳤다. 2013년 경축사에서 굳이 일본에 대한 메시지를 발췌하자면, 과거사를 직시해야 한다는 것, 전쟁동원 피해자에 대한 응당한 조치가 필요하다는 것, 그리고 동북아지역에서 다자간 대화의 틀이 필요하다는 것이 언급되었다. 간결한 메시지에 그쳤지만, 박 대통령은 "과거 상처를 치유하는 용기 있는 리더십"을 일본정부에 촉구했고 '사죄'나 '반성'이라는 직설적인 표현을 사용하지 않고 '과거사 직시'와 '피해자 치유'를 강조했다. 한편 고려시대의 학자 이암의 어록을 인용하여 "나라는 몸이고 역사는 혼이다. 혼에 상처주고 몸의 일부를 떼어가는 행위는 결코 용서받지 못한다"고 하여 과거 일제의 침략행위를 비판했다. 그러면서도 다자간 대화에서 일본과 대화를 재개할 가능성을 내비쳤다.

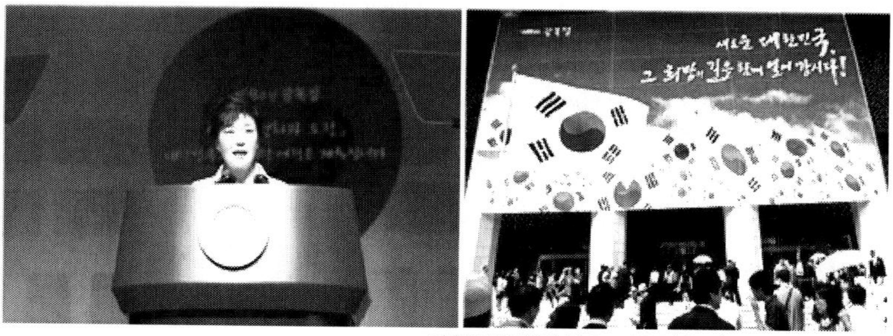

세종문화회관의 8 · 15 경축식(2013년 2014년)

2013년에 비해 2014년 경축사에서는 후반부에서 한일관계에 관한 언급이 많아졌다. 전반적으로 일본정부에 대해 역사반성을 촉구하면서도 국교정상화 50주년을 앞두고 관계 회복을 바란다는 메시지를 보냈다. 박 대통령은 한일 양국에 걸친 민간교류의 강인함을 강조하면서도 일본군위안부 문제를 비롯한 역사문제에 대해 일본 정치가들의 각성을 요구하여 국교정상화 50주년을 양국 국민들이 진심으로 축하할 수 있기를 바란다고 했다.

박 대통령 2014년 8 · 15 경축사 전문

존경하는 국민 여러분, 재외동포와 국가 유공자 여러분, 그리고 자리를 함께 하신 내외 국민 여러분, 오늘 제69주년 광복절과 대한민국 정부 수립 66주년을 맞이하여 온 국민과 함께 이 뜻 깊은 날을 경축합니다. 대한민국이 자유민주주의를 지키고 오늘날의 발전을 이룰 수 있었던 것은 나라를 되찾기 위해 희생하신 순국선열과 나라를 세우기 위해 헌신하신 애국지사들이 계셨기 때문입니다. 광복절을 맞이하여 다시 한 번 그 분들에게 감사와 경의를 드립니다. 독립유공자와 유가족 여러분께도 깊은 감사의 말씀을 드립니다.

국민 여러분, 오늘 우리가 누리고 있는 자유와 평화, 번영은 많은 분들의 숭고한 희생과 헌신이 있었기에 가능했습니다. 우리 선조들은 일본 제국주의 지배로부터 나라를 되찾고, 자유민주적 기본질서의 토대 위에 나라를 세우고, 북한의 남침에 맞서 나라를 지키고자 피와 땀과 눈물을 바쳤습니다. 선조로부터 고귀한 유산과 정신을 이어받은 우리 국민들은 어려운 세월을 딛고 한 마음으로 힘을 모아 대한민국의 기적의 역사를 만들어 왔습니다. 안팎으로 밀려오는 숱한 역경과 도전을 불굴의 의지와 단합된 정신으로 헤쳐 오면서 불과 반 세기만에 세계 10위권의 경제대국으로 일어섰습니다. 이제 대한민국은 수많은 개발도상국의 희망이 되고 있으며, 새마을운동부터 전자정부 구현에 이르기까지 우리의 성취와 경험을 세계와 나누고 있습니다. 저는 이제 위대한 역사를 개척해 온 국민들과 함께 대한민국 제2의 도약을 위한 힘찬 도전에 나서고자 합니다.

국민 여러분, 우리의 새로운 도전은 자기혁신과 변화로부터 시작해야 합니다. 지금까지는 앞선 국가들을 추격하는 발전의 길을 걸어왔다면, 이제는 지난 시절의 성과에 대한 진지한 성찰을 바탕으로 과거의 잘못된 것들을 바로 세우고 새로운 혁신과 변화의 길로 나아가야 합니다. 올해 들어 잇따라 발생한 사건 사고들은 우리 사회에 오랫동안 쌓여온 비정상적인 관행과 적폐를 낱낱이 보여주고 있습니다. 그동안 쉼 없이 잘살기 위한 길을 달려오다 보니 잘못된 것을 바로 잡을 기회를 돌아보지 못했거나 놓쳐 버렸다고 생각합니다. 어느 나라나 과거의 잘못을 묻어두고, 새로운 미래를 열어간 곳은 없습니다. 그것은 깨진 항아리를 손으로 막는 것이나 다름없습니다. 언제 어느 곳에서 문제가 발생할지 모릅니다. 앞으로 정부는 오랜 기간 쌓이고 방치되어 왔던 잘못된 관행과 적폐를 바로 잡는 대혁신을 반드시 이루어내서, 국가 재도약의 단단한 토대를 만들어 갈 것입니다. 국민안전을 획기적으로 개선하는 안전혁신을 추진해 가고, 민관

유착의 부패 고리를 끊어낼 것입니다.

자녀를 군대에 보내는 것조차 두렵게 만드는 폭력행위는 국가사회의 기반을 뒤흔드는 범죄입니다. 국가안보 차원에서 잘못된 병영문화와 관행을 바로잡아서 우리 군이 국민의 신뢰를 되찾도록 할 것입니다. 대한민국의 진정한 국가혁신은 행정부와 입법부, 그리고 여와 야가 따로 없습니다. 오로지 국민만을 바라보고 국민이 원하는 법과 정책을 제 때 만들고, 실천할 때 이루어 질 수 있을 것입니다. 부디 정치권도 국민을 위한 국가혁신에 동참해주기 바랍니다. 지금 경제 법안들이 발이 묶여서 어렵게 일궈낸 경제활성화의 불씨가 언제 꺼져버릴지 모르는 위기감에 쌓여 있습니다. 정치권이 진정 국민을 위하고, 국민의 민의를 따르는 정치로 경제를 활성화시키고 새로운 대한민국을 만드는 길에 앞장서 주시길 부탁드립니다. 무엇보다 대한민국의 혁신을 완성시키는 것은 바로 국민 여러분입니다. 혁신의 과정에서는 기득권을 버리고 익숙한 것과 결별해야하는 결단이 필요합니다. 이번 기회에 잘못을 바로 잡지 못하면 우리의 후손들의 미래가 암울해질 것입니다. 국가혁신에 국민 여러분의 적극적인 협조를 부탁드립니다. 저는 앞으로 어떤 어려움에도 굴하지 않고 국민 여러분과 함께 국가혁신을 이뤄내서 희망과 꿈을 만들어 갈 수 있는 미래를 만들겠습니다.

국민 여러분, 지금 우리 경제는 중대한 기로에 서있습니다. 우리가 어떻게 하느냐에 따라 우리 경제가 다시 한 번 제2의 한강의 기적을 이뤄내느냐 아니면, 저성장이 고착화되느냐가 결정될 것입니다. 정부는 올해 초 절박한 심정으로 우리 경제의 혁신과 재도약을 위한 '경제혁신 3개년 계획'을 발표했습니다. 공공부문의 방만 경영과 비효율 등 우리 경제의 비정상적인 적폐들을 바로잡아서 기초가 튼튼한 경제를 만들고, 창조경제를 통해 우리 경제를 역동적인 혁신경제로 탈바꿈시키고, 규제개혁을 통해 투자를 활성화하고, 내수와 수출이 함께 성장해서 국가발전의 과실이 국민의 삶

속에 골고루 퍼지도록 한다는 것이 핵심목표입니다. 이를 위해 우선, 정부는 무엇보다 경제 활성화에 국정역량을 집중해서, 그간 지속되어 온 침체와 저성장의 고리를 끊어낼 것입니다. 경제 활성화의 가장 중요한 목표는 국민 한 분 한 분의 살림살이가 나아지도록 하는 것이고, 이를 위해서는 내수경기가 살아나야 합니다. 기업 활동의 성과가 가계의 소득을 높이고, 투자로 이어지도록 정부는 재정, 세제, 금융 등 모든 정책수단을 총동원해서 내수경기를 살려낼 것입니다. 이미 발표한 41조 원 규모의 경제활성화 패키지에 더해서 내년 예산도 최대한 확대기조로 편성하여 경기회복의 불씨를 되살리겠습니다.

또한 기업들이 창의와 혁신을 통해 경제 재도약을 이끌어갈 수 있도록 규제개혁과 '경제혁신 3개년 계획' 추진에 더욱 속도를 내고, 미래 성장 동력을 이어갈 먹거리 산업을 찾아 집중 육성할 것입니다. 미래 성장 동력이라고 해서 항상 새로울 필요는 없습니다. 기존산업도 창조적 발상의 전환을 통해 신산업으로 탈바꿈시킬 수 있습니다. 중국 등 신흥국의 거센 도전을 받고 있는 조선과 철강 등 주력산업을 ICT 융합과 혁신을 통해 경쟁력을 배가하고 농업도 6차 산업화, 수출 산업화를 통해 젊은이들이 찾는 미래 성장산업으로 적극 전환할 필요가 있습니다. 이와 함께 기후변화 대응, 국민안전 부각을 계기로 에너지와 안전 산업을 미래 신산업으로 적극 육성하고 관광과 의료 등 유망서비스업도 규제개혁을 통해 성장 동력화해야 합니다. 경제 불씨를 살리고 성장동력을 찾는 데에는 정부의 노력만으로 부족합니다. 대기업과 중소기업, 기업과 근로자가 서로 좀 더 배려하는 상생의 자세와 노력이 절실합니다. 이번에 한국노총의 복귀에 따라 노사정위원회가 정상화된 것은 그 분들이 많은 고심을 한 결과라 생각합니다. 앞으로 근로시간 단축과 임금체계 개편, 비정규직 문제 등 산적한 노사현안에 대해 노사정간 대타협이 이뤄질 수 있도록 최선의 노력을 다해야 할 것입니다.

국민 여러분, 이제 이런 힘을 모아 우리 모두 상생의 지혜를 짜내서 한국 경제의 힘찬 재도약을 이루어 냅시다! 존경하는 국민 여러분, 올해는 광복 69주년이자 동시에 분단 69주년이기도 합니다. 분단된 상태로 지속되어 온 69년의 비정상적 역사를 이제는 바로잡아야 합니다. 통일을 준비하는 일은 더 이상 미룰 수 없는 시대적 소명입니다. 분단의 고뇌가 한 세대를 지나 다음 세대로 이어지면서 점차 무뎌지고, 비정상적 현실이 당연한 것으로 받아들여지고 있습니다. 무엇보다 핵을 머리에 이고 살아가는 대한민국은 너무나 위험하고 비정상적입니다. 우리 후손들에게 이런 위험을 물려 줄 수는 없습니다.

이제 북한은 분단과 대결의 타성에서 벗어나 핵을 버리고 국제사회로 나와야 합니다. 스스로 핵을 포기한 카자흐스탄과 개혁과 개방을 선택한 베트남, 미얀마 등은 이웃나라들과 협력하며 평화와 번영을 누리고 있습니다. 북한도 한반도의 평화와 동북아시아의 공동번영을 위해 고립에서 벗어나 국제사회의 책임 있는 일원이 되어야 합니다. 남북이 실천 가능한 사업부터 행동으로 옮겨서 서로의 장단점을 융합해 나가는 시작을 해 나가는 것이 시급한 과제입니다. 이를 위해 남과 북은 서로 만나고 소통할 수 있는 작은 통로부터 열어가고, 이 통로를 통해 서로를 이해해 가면서, 사고방식과 생활양식부터 하나로 융합해 가는 것이 필요합니다. 저는 우선적으로 한반도의 생태계를 연결하고 복원하기 위한 환경협력의 통로를 만들어야 한다고 생각합니다. 남북을 가로지르는 하천과 산림을 공동으로 관리하는 일부터 시작하여, 서로에게 도움을 줄 수 있는 협력 사업을 확대해 가야 합니다. 저는 이러한 협력의 시동을 위해 오는 10월 평창에서 개최되는 유엔 '생물다양성협약 당사국총회'에 북측 대표단이 참여하기를 희망합니다. 여기에서 남북한과 국제사회 전문가들이 심도 있는 논의를 통해 환경 공동체 형성의 길을 찾을 수 있을 것입니다. 민생의 통로도 열어가야 합니다.

이산가족들이 서로 만나고, 인도적 지원을 더욱 활발하게 펼쳐 서로의 고통을 덜어가고, 작은 마을에서부터 남북한이 함께 생활환경을 개선해 나가는 민생인프라 협력을 본격적으로 시작해야 합니다. 장기적으로 우리의 경제개발 노하우를 북한과 공유하고, 북한의 풍부한 지하자원과 노동력을 성장동력으로 활용한다면 남북한 주민의 삶이 모두 향상될 수 있고, 국제사회에 새로운 성장모델을 제시할 수 있을 것입니다. 남북한 주민들의 삶이 진정으로 융합되기 위해서는 문화의 통로를 통해 서로를 이해할 수 있도록 해야 합니다. 이를 위해 통일미래 세대에게 물려줄 소중한 우리의 문화유산을 남북이 함께 발굴 · 보존할 것을 제안하고자 합니다. 아울러 내년의 광복 70주년을 맞아 남북한이 함께 광복을 기념할 수 있는 문화 사업을 준비한다면 그 의미가 매우 클 것입니다.

앞으로 남북한 주민들이 작은 것부터 소통하며 동질성을 회복하고, 공동발전을 위한 작은 통로들이 모인다면 생활공동체를 형성해 갈수 있다고 생각합니다, 정부는 남북한이 지금 시작할 수 있는 작은 사업부터 하나하나 추진해 나갈 것입니다. 이제 남북한은 대화를 통해 대립과 고통의 역사를 극복하고 평화와 행복의 미래를 향해 나가야 합니다. 지금같이 계속되는 미사일 발사와 핵개발로 대한민국에 위협을 가하고 우리 국민들의 안전을 위협한다면, 이는 결코 용납되지 않을 것이며 국제사회에서의 고립이 계속되고 스스로의 손발을 묶는 결과가 될 것입니다. 북한이 과거에 대한 성찰을 바탕으로 평화 구축에 대한 진정한 의지를 보여준다면, 우리 국민들은 안심하고 남북교류협력을 환영할 것이며, 남북은 공동발전을 위한 노력에 박차를 가할 수 있을 것입니다. 우리 정부가 제안한 남북 고위급 접촉에 응해서 새로운 한반도를 위한 건설적 대화의 계기를 만들 수 있길 바랍니다.

존경하는 국민 여러분, 내년이면 한국과 일본은 국교정상화 50주년을 맞게 됩니다. 한일 양국은 이제 새로운 50년을 내다보면서 미래지향적인 우호 협력관계로 나아가야 하고, 이를 위해서는 양국 간에 남아 있는 과거사의 상처를 치유하려는 노력이 필요합니다. 양국은 오래전부터 문화적, 정서적 교류의 전통을 이어왔습니다. 지금 양국 국민들은 문화를 통해 서로를 이해하며 교류의 폭을 더욱 확대하면서 양국 관계의 저변을 견고히 지탱해 주고 있습니다. 정치는 국민의 마음을 읽고 올바른 방향을 선택해야 하는데 일본의 일부 정치인들은 오히려 양 국민의 마음을 갈라놓고 상처 주는 일을 하고 있습니다. 그동안 우리 정부는 일본 지도자들의 올바른 역사인식을 촉구해 왔고, 특히 군대위안부 피해자 할머니들이 살아계시는 동안 그 분들이 납득할 수 있는 전향적 조치를 요구해 왔습니다. 이런 문제를 올바르게 해결할 때 한일관계가 건실하게 발전할 것이며, 내년의 한일 수교 50주년도 양국 국민들이 진심으로 함께 축하할 수 있을 것입니다. 그것이 일본 정부도 후손들에게 떳떳하고 바른 길이라 생각합니다, 역사의 진실은 마음대로 가릴 수도 없고, 부정할 수도 없는 것입니다. 후손들이 앞으로도 역사의 진실을 찾아나갈 것이고 역사의 증인들이 존재하기 때문입니다. 저는 내년이 양국 국민들 간의 우의를 바탕으로 양국이 새로운 미래를 향해 함께 출발하는 원년이 될 수 있기를 바라며, 이를 위한 일본 정치지도자들의 지혜와 결단을 기대합니다.

지금 동북아 지역에는 냉전 종식 후 그 어느 때보다 갈등과 대립의 구조가 심화되고 있습니다. 역사와 영토 문제를 둘러싼 역내 국가간 긴장이 고조되고 있고, 정치, 경제, 군사 등 여러 분야에서 새로운 불신의 씨앗이 배태되고 있습니다. 그러나 우리가 어떻게 대처하느냐에 따라 도전은 기회가 될 수 있습니다. 동북아는 원자력 발전소가 밀집한 지역입니다. 원자력 안전문제가 지역주민들에게 큰 위협이 되고 있습니다. 저는 EU가 석탄철강분야의 협력을 통해 다자협력을 이루고 유럽 원자력 공동체(EURATOM)를 만들었듯이, 동북아 지역에서 한국과 중국, 일본이 중심이 되어 원자력 안전협의체를 만들어 나갈 것을 제안합니다. 여기에는 미국과 러시아는 물론 북한과 몽골도 참여할 수 있을 것입니다. 또한 재난

구조 협력과 기후변화 대응, 마약문제 등 다른 분야에서도 공동의 협력을 확대하며 항구적 평화와 번영의 틀을 구축해 나가야 할 것입니다. 이웃 국가들이 이런 동북아 평화협력 구상에 적극적으로 참여하여 동북아의 새 시대를 함께 만들어 나가기를 기대합니다.

존경하는 국민 여러분, 저의 꿈은 모든 국민이 행복한 희망의 새 시대를 여는 것입니다. 나아가 남북 공동번영과 한반도 통일시대를 열어서, 세계 평화와 발전에 기여하는 부강한 나라를 만드는 것입니다. 그것이 조국의 광복과 건국을 위해 헌신한 선조들의 꿈이었고, 산업화와 민주화를 위해 애쓴 앞선 세대들의 꿈이었다고 생각합니다. 또한 그것이 대한민국 제2 광복의 길을 여는 것이라 생각합니다. 이제 그 희망의 길을 국민 여러분과 함께 만들어 가고자 합니다. 비록 나라 안팎으로 많은 어려움이 있지만, 저력이 있는 우리 대한민국과 국민들은 더욱 강해질 것입니다. 우리 모두가 마음을 모으고 힘을 합쳐서, 청사에 길이 남을 위대한 대한민국의 역사를 써 갑시다. 감사합니다.

_3_
서울고법의 신일철 징용피해자 판결

2013년 7월 10일 서울고법 민사 19부 (부장판사 윤성근)는 조선인 피징용 노무자 피해자들이 신일본제철(옛 일본제철)을 상대로 낸 손해배상 소송 파기 환송심에서 "각각 1억원 씩을 지급하라"고 하며 원고 일부승소 판결을 내렸다. 1995년 일본에서 처음 관련 소송이 제기된 지 18년, 한국 법원에 관련 소송이 제기된 지 8년 만의 일이다. 2012년 5월에도 한국 대법원은 원심을 파기하고 일본기업에게 배상 책임이 있다고 판시한 바 있다. 한국 사법부가 계속하여 강제동원 피해자의 손을 들어주고 있는 것이다. 그런데 주지하는 바와 같이 일본정부와 일본의 사법부, 나아가 일본 기업들이 1965년의 한일 청구권 협정을 이유로 하여 양 국민간의 청구권에 관한 사항이 완전히 최종적으로 끝났다고 주장하며 배상 책임을 부정하고 있다. 이러한 상황에서 한국 사법부의 배상 판결은 일본정부나 기업에 대한 선언적인 의미를 가지고 있을 뿐이며 실질적으로 피해자에 대한 보상으로 이어지기는 어렵다는 평가가 지배적이다.

이렇게 되면 앞으로도 한국의 사법부는 강제동원 피해자의 개인청구권을 인정하는 판결을 계속 내놓을 것이고 반면에 관련 일본 기업으로서는 이에 대한 수용불가 입장을 밝힐 것이 불 보듯 뻔하다. 1965년 한일청구권 협정에 따라 재산청구권 문제는 이미 해결되었다는 논리를 내세우며 자발적으로 피해자 배상에 나설 가능성은 거의 없기 때문이다. 또한 한국 사법부의 판결은 기본적으로 한국 국내에만 효력을 지니고 있다는 한계를 가지고 있다. 결과적으로 한국 사법부의 판결은 노동력의 강제동원이라는 비인도적인 행위를 둘러싸고 일본정부나 기업에 대해 역사적 반성을 촉구하는 데 그치는 것이다. 독일의 '기억, 책임 그리고 미래' 재단의 경우와 같이 일본정부와 일본기업이 손을 잡고 피해자와 화해하려는 움직임을 보이라는 메시지인 것이다. 그러나 보수 우경화 하고 있는 일본정부나 기업이 이러한 목소리에 귀를 기울일 것으로 기대하기는 어렵다.

결국 한국 사법부의 판결은 가뜩이나 경색되어 있는 한일관계에 부정적인 영향을 가중시키는 일이었다. 1965년 체결된 협정에는 강제징용 피해자의 보상 및 미수금 문제 등이 협정 체결로 해결된 것으로 본다고 되어있다. 일본정부는 이 협정으로 개인청구권도 모두 소멸됐다는 강경한 입장을 고수하고 있다. 한국정부도 그동안 청구권 협정에 일본군 위안부, 원폭 피해자, 사할린 동포 문제만 포함되지 않았다는 입장을 견지해왔다. 그런데 2012년 5월에 청구권 협정으로 개인청구권까지 소멸됐다고 보기 어렵다고 하는 한국 대법원의 판결이 나왔고 그 뒤를 이어 2013년 7월 강제징용 피해자에 대한 손해배상 소송에서 일부 승소 판결이 나오게 된 것이다. 결국 한국정부로서는 일본정부에 대한 외교적 입장에서 진퇴양난의 난감한 상황을 맞게 되었다. 한국의 외교당국으로서는 과거 청구권 협정을 어겨가면서까지 강제동원 노무자의 보상 문제를 둘러싸고 외교적으로 일본정부에 대해 구상권을 행사할 수는 없기 때문이다.

대부분의 사람들이 전망한 것과 같이 신일본제철은 서울고법 판결이 나온 직후 "징용자 등 문제를 완전하고 최종적으로 해결한 청구권 협정을 부정하는 부당한 판결"이라는 입장을 보이고 상고할 뜻을 밝혔다. 만약 대법원에서도 배상 판결이 확정될 경우 신일본제철의 한국 안에 있는 자산을 강제 집행하는 등의 절차가 진행될 가능성이 있는 것으로 보인다. 문제는 이때부터 일본 회사와 개인 사이의 민사 소송이 외교문제로 비화될 것이라는 점이다. 일본정부가 자국 기업의 한국 투자에 대한 보호 문제를 제기할 수 있기 때문이다. 나아가 신일본제철의 보상 문제가 해결되지 않을 경우 피해자들이 이번에는 한국정부에 대해 외교적 노력을 요청할 가능성도 많다. 이런 이유로 한국의 외교부는 다른 부처와 협의를 통해 청구권 협정 문제와 관련한 법률적인 검토를 계속하고 있는 것으로 알려졌다.

신일철 피해자(한국)와 이들을 지원하는 시민단체(일본)

2013년 서울고법의 판결이 나온 후 조태영 외교부 대변인은 7월 11일의 정례브리핑에서 "정부 차원의 조치에 대해서는 범정부 차원의 대응이 필요한 사항으로 관련 부처와 함께 검토해 나가겠다"고 하면서도 "현재로서는 확정되지 않은 민사소송에 입장을 표명하는 것은 적절하지 않다"고 언급을 회피했다. 그는 청구권 문제는 청구권협정으로 완전히 해결됐다는 스가 요시히데(菅義偉) 일본 관방장관의 전날 발언에 대한 입장을 묻는 질문에도 "해결 여부에 대해 정부가 입장 표명하는 것은 적절치 않다"며 즉답을 피해갔다.

한국인 강제동원 피해자 가운데 생존자가 조금밖에 남아있지 않은 상황에서 한국정부는 과거 청구권 협정의 당사자로서 이들에게 보상에 준하는 지원금을 지급해 오고 있다. 만약 이들에게 보상이 더 필요하다고 하면 한국정부도 일본에게만 책임을 전가하는 자세에서 벗어나 '비상한'

각오로 추가 보상을 포함한 대책에 나서야 한다. 한국정부는 1965년 무상 3억 달러의 자금을 댓가로 하여 일본과의 청구권 협정에 합의한 당사자이기 때문이다. 강제징용 피해보상은 단순한 개인 차원의 문제가 아니라 외교적 차원의 문제다. 한국의 헌법재판소는 이미 일본군위안부 피해자의 배상청구권 문제에 대해 정부가 해결 노력을 보이지 않는 것은 위헌이라는 결정을 내린 바 있다. 민감한 사안인 만큼 조심스러운 점이 없지 않겠지만 보다 적극적인 외교적 대응과 함께 자구적인 노력도 수반되어야 한다. 기약 없는 소송의 세월을 보낸 징용 피해자들은 "패소보다 무서운 것이 사회적 무관심"이라고 증언하고 있다. 한국정부도 시민사회도 강제징용 과거사 해법에 지혜를 모아야 한다.

_4_
부산고법의 미쓰비시 징용피해자 판결

2013년 7월 30일 부산고법 민사5부(박종훈 부장판사)는 제2차 대전 중 히로시마(廣島)의 군수공장에 동원됐다가 피폭당한 한국인 징용 노동자의 유족 5명이 미쓰비시(三菱)중공업을 상대로 제기한 소송의 파기 환송심에서 원고측에게 1인당 8천만 원씩을 지급하라고 하며 원고 일부 승소 판결을 내렸다. 재판부는 "옛 미쓰비시는 원고 등을 히로시마로 강제로 연행한 다음 열악한 환경에서 힘든 노동에 종사하게 하면서 급여를 지급하지 않았고 원자폭탄이 투하됐음에도 적당한 피난장소나 식량을 제공하는 등 구호조치를 취하지 않았기 때문에 이를 배상할 책임이 있다"고 판시했다.

이날 재판부는 옛 미쓰비시와 현재 미쓰비시 중공업은 별개 회사이고 1965년 한일청구권협정으로 피고에 대한 청구권이 소멸됐다고 하는 피고측 변호인의 주장에 대해서 '이유없다'고 하며 이를 받아들이지 않았다. 피고의 손해배상 책임 범위에 대해서는 "강제노동에 종사한 기간, 노동의 강도, 근로환경과 자유 억압의 정도, 임금 미지급, 불법행위 이후 60년이 넘는 기간 원고 등의 피해회복이 전혀 이루어지지 않은 점 등을 고려해 피징용자 1인당 8천만 원으로 정한다"고 했다.

이날 부산지방변호사회관에서 대한변호사협회 소속 변호사와 강제징용 유족 피해자들이 기자회견을 열었다. 대한변호사협회는 "이번 판결을 계기로 피해자들이 살아 있는 동안 역사적 화해가 이루어지기를 강력히 촉구하며 미쓰비시 중공업은 한일 양국 정부와 강제동원 책임 일본기업이 참여하는 (가칭)한일강제징용피해자 구제재단 설립에 앞장서라"고 주장했다. 강제징용 피해자 박창환 씨의 아들은 "늦었지만 우리 법원이 강제징용자에 대해 손해배상을 인정한 것에 고맙다"며 "아버지가 살아계실 때 보상금을 받지 못해 아쉽다"고 소감을 말하기도 했다. 또 다른 원고 이병목 씨의 아들도 "2년 전에 돌아가신 아버지가 오늘 판결을 보셨으면 기뻐하셨을 것"이라며 아쉬움을 표현했다.

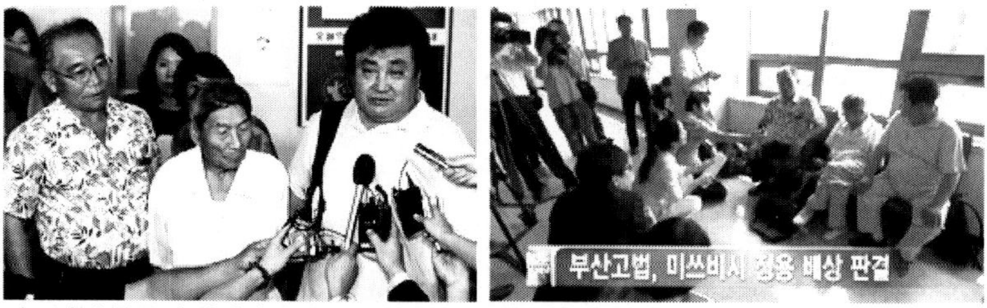

미쓰비시 중공업 피해자 소송에 관한 한국 언론 보도

이 사건의 원고 5명은 2000년 5월 1일 미쓰비시 중공업 부산사무소가 있는 부산지법에 손해배상 소송을 제기했다. 2007년과 2009년에 열린 제1심과 제2심 재판에서 한국 사법부는 이미 청구권 시효가 지났다고 판단하고 일본 사법부의 판결을 인용하면서 원고 패소 판결을 내린 바 있다. 그런데 2012년 5월 한국 대법원은 원심을 파기하고 "한일청구권협정을 이유로 개인청구원이 소멸했다고 볼 수 없다"고 판시하고 사건을 부산고법으로 다시 내려 보냈다. 이에 따라 이번 환송심에서 과거의 판결을 뒤집는 판결이 나온 것이다.

이날 부산고법의 판결에서는 당시 미쓰비시 중공업이 "식민지 지배에 적극 협력하고 징용 노동자들을 히로시마로 강제 연행해 열악한 환경에서 강제 노동을 시켰다"고 인정했다. 또한 1945년 8월 6일 원폭이 투하된 이후에 피폭당한 징용 노동자들을 방치했다는 점도 지적했다. "사용자로서

안전배려의 의무를 다하지 않은 불법행위도 있었다"고 지적하기도 했다. 또한 "일본의 국가권력이 관여한 반인도적 불법행위와 식민지 지배에 직결된 불법행위에 대한 청구권이 한일청구권협정의 대상에 포함된다고 보기 어렵고 원고들의 개인청구권은 소멸하지 않았다고 본다"고 판시했다.

부산고법의 판결에 대해 스가 요시히데 일본 관방장관은 이날 기자회견에서 "한일간 청구권문제는 청구권협정을 통해 완전하고도 최종적으로 해결됐다, 만약 이에 반하는 판결이라면 이를 용인할 수 없다"고 말했다. 미쓰비시 중공업 측도 '부당한 판결'에 대한 유감의 뜻과 함께 대법원에 재상고할 뜻을 밝혔다.

_5_
광주지법의 미쓰비시 근로정신대 판결

2013년 11월 1일 광주지법 민사 12부(이종광 부장판사)는 양금덕 할머니 등 원고 5명이 미쓰비시를 상대로 낸 손해배상 소송에서 총 6억 8천만 원의 위자료를 지급하라는 원고 일부 승소 판결을 내렸다. 7월 말의 부산고법 판결에 비해 배상액이 늘어난 이유에 대해서, 광주지법 재판부는 부산고법 사건의 경우 원고들이 징용 당시 만 18~22세의 남성이었고 강제노동 기간도 11개월이었던 것에 비해 광주소송의 원고들은 강제연행 당시 만 13~14세 여성으로 당시 일본이 비준 등록한 조약에도 강제노동이 절대 금지된 대상이었고 노동 기간도 1년 5개월이었던 점을 고려했다고 말했다.

이 부장판사는 선고에 앞서 원고들에게 위로의 말을 전한 뒤 "정부가 피해를 외면하는 동안 15년 가까이 소송을 하고 이 자리까지 온 데는 시민단체와 일본의 양심 있는 이들의 힘이 컸다"고 말하고 "일본정부와 기업들은 강제징용 피해에 관심을 두고 적극적으로 나서야 시민과 양국정부 사이의 응어리진 감정문제도 해결될 것"이라고 강조했다. 원고들은 지난 1999년 3월 일본에서 일본정부와 미쓰비시 중공업을 상대로 손해배상 청구 소송을 제기했다가 패소한 바 있다. 그 후 14년이 지나서 한국 국내의 법원에서 비로소 승소 판결을 받게 되었다.

「근로정신대 할머니와 함께하는 시민모임」은 이날 기자회견을 열고 "이번 판결을 겸허히 받아들이지 않고 다시 피할 곳을 찾는다면 더 큰 범죄행위가 될 것"이라고 주장했다. 그리고 만약 헌법을 고치지 않는 한 이제는 대한민국에서 일본의 전범기업이 활동하지 못할 것이라고 말했다.

기자회견에 함께 참석한 대한변호사협회도 "왜곡된 역사를 바로 세우고 실질적 법치주의를 구현하는 법원 판결을 환영한다"고 말했으며, "미쓰비시는 판결에 승복하고 자발적인 배상에 나서 여생이 얼마 남지 않은 피해자들에게 진정으로 사죄하는 모습을 보이라"고 촉구했다. 시민모임은 기자회견을 마치고 일본 소송의 원고였다가 2009년 숨진 김혜옥 할머니의 묘소가 있는 국립 5 · 18 민주묘지를 참배했으며 전남대 용봉문화관에서 시민 보고대회를 열었다.

미쓰비시 피해자(한국)와 이들을 지원하는 시민단체(일본)

근로정신대 할머니의 승소 판결을 환영하는 사람 중에는 일본의 시민단체 멤버들도 끼어있었다. 지난 20년 동안 일본에서부터 근로정신대 할머니들을 위한 법적 소송을 돕고 미쓰비시의 사죄와 배상을 요구해 온 「나고야 미쓰비시 · 조선여자근로정신대 소송을 지원하는 모임」 멤버들이었다. 이들은 광주지법 판결에 앞서 일본에 들어온 「근로정신대 할머니와 함께하는 시민모임」 멤버들과 함께 10월 24일 오전 미쓰비시 주주 총회장에서 시위를 열고 미쓰비시의 사죄와 보상을 촉구했다. 나고야 지원모임은 미쓰비시 주주 총회에 참석하기 위해 5명의 회원에게 각각 1,000주씩 미쓰비시 주식을 구입하게 하여 주주로서의 발언권을 행사하게 했다. 주주 총회에서 이들은 의사진행 발언을 통해 조선여자근로정신대 할머니들에게 진심어린 사죄와 정당한 배상을 하라고 촉구했다.

_6_
서울지법의 후지코시 근로정신대 판결

2014년 10월 30일 서울중앙지법 민사합의 47부(홍동기 부장판사)는 근로정신대 피해자 13명과 사망한 피해자의 유족 18명이 일본의 기계제조업체 후지코시(不二越)를 상대로 낸 손해배상 소송에서 "피해자 1인당 8천만 원에서 1억 원까지를 배상하라"고 하며 원고 일부 승소를 선고했다. 이때 한국 사법부가 제시한 배상액은 총 15억 원이다. 재판부는 이때 국내 후지코시의 재산에 대해 "배상액을 가집행할 수 있다"고 판결하기도 했다.

도야마시(富山市) 소재의 후지코시 공장에 여자근로정신대로 징용되어 노동을 착취당한 원고측 주장을 받아들여, 서울지법 재판부는 "피고가 거짓말로 나이 어린 여학생들을 속여 근로정신대에 지원하도록 하거나 강제 징용하여 위험한 노동에 종사하게 한 것은 일본의 불법 식민지배 및 침략전쟁 수행과 직결된 반인도적 불법행위"라고 주장하고 "이로 인해 원고들이 받았을 고통을 배상할 의무가 있다"고 판시했다.

또한 재판부는 "피해자들은 일요일을 제외하고 매일 10~12시간씩 엄격한 감시 속에서 위험한 노동에 종사했고 열악한 환경에서 식사를 제대로 하지 못한 것은 물론 임금도 제대로 받지 못했다"고 지적했다. 그리고 "귀국 후에는 한국사회에서 일본군위안부로 오인돼 주변 사람들에게도 말하지 못했고 일부는 배우자로부터 폭언과 폭행을 당하거나 이혼의 고통을 겪기도 했다"고 덧붙였다.

한편 후지코시 측은 재판 과정에서 피해자들이 일본에서 동일한 소송

후지코시 피해자(한국)와 이들을 지원하는 시민단체(일본)

을 내 패소한 바 있기 때문에 같은 소송을 두 번 할 수 없고, 한일 청구권 협정에 따라 개인의 청구권이 소멸되었으며, 소멸시효도 완성됐다고 주장했다. 하지만 서울지법 재판부는 이러한 주장을 받아들이지 않았다. 1928년 설립된 후지코시는 태평양전쟁 당시 한반도에서 12살에서 18살 정도의 여성 1,000명 이상을 일본 도야마 공장에 강제로 동원하고 노역을 강요했다. 피해자들은 2003년에 후지코시를 상대로 도야마 지방재판소에 손해배상 소송을 냈지만, 일본 재판부는 "1965년 한일 청구권 협정으로 개인의 청구권은 모두 끝났다"고 하며 원고 패소 판결을 내렸다. 이어 일본 최고재판소도 2011년에 원고의 상고를 기각하는 판결을 내린 바 있다.

_7_
서울시 노무라 목사에게 명예시민증 수여

2013년 10월 28일 박원순 서울특별시 시장은 종로구 세종문화회관 세종홀에서 열린 '서울시 명예시민의 날' 기념식에서 일본인 노무라 모토유키(野村基之) 목사에게 명예시민증을 수여했다. 이와 함께 서울시청은 「노무라 할아버지의 서울 사랑」이라는 제목으로 사진 전시회도 열었다. 노무라는 1931년 일본 교토에서 태어나 미국에서 목사가 된 뒤 일본으로 돌아와 목회 활동을 하던 중 1968년 8월에 처음으로 한국 땅을 밟았다. 그때만 해도 일제강점기의 신사 등이 한국에 많이 남아 있었는데 이것들을 돌아보면서 그는 목회의 일환으로 한국에 대해 속죄하는 생활을 하기로 결심했다. 1970년대 빈민구제운동의 대부로 불렸던 고 제정구 국회의원과 함께 서울 동대문구 답십리를 중심으로 청계천 일대에서 열성적으로 구호활동을 벌였다. 이에 따라 그는 한국사회에 '청계천 빈민의 성자'로 알려지게 되었다.

그는 1974년에 청계천 빈민촌에 발을 들여놓기 시작했고, 빈민구제활동 중에도 틈틈이 청계천 주변을 비롯한 서울 도심의 모습을 카메라에 담았다. 2007년에 그는 청계천 문화관에 자신이 찍은 사진과 청계천 관련 자료 2만여 점을 기증하였다. 이 가운데 일부가 2013년 10월에 눈빛출판사에서 출간된 『노무라 리포트』에 실려 일반인에게도 널리 알려지게 되었다. 그가 1973년부터 1976년까지 청계천 빈민촌에서 생활하면서 이곳 서민들의 모습들을 촬영해 놓은 것이 사진집으로 다시 태어나게 된 것이다.

노무라 모토유키 목사

그와 친분을 가지고 있는 한국인들은 그의 선행을 세상에 여러 가지 방법으로 알렸다. 노무라는 한국인 지인에게 다음과 같이 청계천 빈민과의 만남에 관한 기록을 남기기도 했다고 한다.

> 청계천에는 수십만이나 되는 빈민들이 거주하고 있었습니다. 어떤 날은 한국인 목사와 함께 이느 집을 방문했습니다. 창문도 없는 어두컴컴한 방에 10살 정도의 소녀가 누워 있었습니다. 한국인 목사가 소녀의 치마를 걷어 올리자 그녀의 넓적다리 주변에서 하얀 뼈가 보였습니다. 파리 떼가 윙윙 소리를 내며 소녀의 뼈 위를 날아다니고 있었습니다. 소녀의 다리에 파리 떼가 수천 개의 알을 낳아 구더기가 바글거리고 있었습니다. 구더기들이 남아있는 살을 파먹고 있었습니다.

노무라 목사는 소녀에게 인사를 건넸다. 소녀는 눈만 굴리며 쳐다볼 뿐이었다. 노무라는 이때 "예수가 나를 쳐다보는 것 같았다"고 회고했다. 소녀는 두 달 뒤 숨졌고 노무라가 찍은 사진 속에 모습이 남아 있다. 노무라 목사는 한국인 빈민 문제에 대해 방관하지 않고 구제 사업에 직접 뛰어들었다. 한국사회가 온통 경제개발에 쏠려있을 때 송정동 활빈교회를 거점으로 하여 개발정책에 소외를 당하고 있던 청계천 빈민들을 구제하는 데 적극 나서게 된 것이다. 그는 독일, 호주 등 외국의 구호단체로부터 지원을 얻어내는 데 주력하여 1980년대 말까지 2,000여 명의 청계천 아동을 위해 급식을 제공하고, 자활공동체, 탁아소 등을 건립하고 운영하는데 헌신했다. 그는 도쿄에 소재한 자신의 가옥을 팔아 빈민촌에 탁아소를 세우는데 헌납했고 남양만으로 쫓겨나간 빈민들의 재활을 돕기 위해 뉴질랜드의 종자 소 600마리를 수입하여 기증하기도 했다. 그는 "일제 침략이 없었다면 6·25도 청계천 빈민도 없었을 것이다"라고 하는 말을 주문처럼 자주 이야기했다고 한다. 그에게 한국은 자신의 신앙을 실천하는 소명의 땅이 되었고 20여 년간 가난과 역경을 함께 한 한국인은 그의 동지가 되었다.

노무라 목사는 2012년 2월 서울의 일본대사관 앞에서 한국인에 대해 사죄하는 퍼포먼스를 행했다. 그는 일본군위안부 소녀상 앞에서 플룻으로 「봉선화」를 연주하고 소녀상에 무릎을 꿇고 눈물을 흘렸다. 이 사건으로 인하여 그는 오늘날까지 일본의 우익으로부터 계속 전화와 메일을 통해 협박을 받고 있으며 '매국노' 취급을 당하고 있다. 그는 뒤늦게 서울특별시를 비롯하여 한국사회로부터 널리 인정과 존경을 받게 되었지만 반면에 일본사회로부터는 그다지 환영을 받지 못하는 존재가 된 것이다. 그는 오늘날 야마나시현(山梨縣) 시골에서 작은 가정 교회를 운영하면서 여생을 보내고 있다.

Ⅲ. 일본 정치사회의 변화

_1_
2013년 일본 참의원 선거 결과

2013년 7월 21일 일본에서는 제23회 참의원 선거에 따른 국민 투표가 실시되었다. 참의원 가운데 2007년에 당선된 의원들이 7월 28일로 임기가 끝나게 됨에 따라 행하여지는 통상 선거였다. 임기 6년의 일본 참의원 의원은 총 242명으로 그 가운데 절반씩 3년마다 보통선거를 통해 교체되고 있다. 지난 2012년 12월 자민당이 중의원 선거를 통해 압승을 거두고 정권을 탈환한 이후 처음으로 실시되는 대형 국정선거였다. 대체로 일본의 참의원 선거는 6월에 치러지고 있는데 2013년 6월에는 도쿄도 의회 의원 선거와 겹치는 것을 방지하기 위해 한 달 늦추어 7월에 치르게 된 것이다. 그리고 공직선거법 개정에 따라 이 선거 때부터 인터넷에 의한 선거운동이 공식 인정을 받게 되었다.

2007년 참의원 선거에서는 마침 아베 총리가 제1차 내각을 이끌고 있었는데 그때의 선거 결과 자민당이 민주당에 크게 패하는 치욕을 겪었다. 당시 자민당은 국민들이 이반되어가는 표심을 되돌리지 못하고 2009년에 치러진 중의원 선거에서도 민주당에 크게 패함으로써 결국 3년 동안 정권을 내어주어야 했다. 이에 따라 2013년 참의원 선거 운동 내내 아베는 민주당에 대한 설욕을 강조했고 자민당 정권에 대한 국민들의 신임을 묻는 선거로 자리매김 했다. 과연 여당 자민당이 과반수를 획득하여 안정적으로 정권을 유지할 것인가가 참의원 선거 과정에서 가장 중요한 관전 포인트가 되었다.

투표 개표 결과 여당 자민당이 압승을 거둔 것으로 나타났다. 비록 자민당이 참의원에서 단독 과반수를 확보하는 데 실패했지만 연립정부의 한 축인 공명당이 선전하면서 과반수를 채웠다. 자민당은 이 선거에서 전체 의석수 121석 가운데 65석을 차지하여 선거 전 34석에서 두 배 가까운 증가를 보였다. 이로써 이번에 선거 대상이 되지 않았던 비개선(非改選) 의석 50석을 합치면 115석이 되어 참의원 내 제1당 자리를 석권하게 되었다. 여당 자민당이 이 선거에 큰 승리를 거두면서 선거 이전에 중의원과 참의원의 다수당이 달라 '트위스트 정국'으로 불리던 불안정한 정국을 해소하게 되었다. 반면에 선거 이전에 참의원 제1당이었던 민주당은 이 선거에서 17석을 얻는 데 그쳐 전체 의석수에서 59석을 유지하는 데 그쳤다. 그리고 여러분의 당이 8석을 얻으면서 전체 의석수를 18석으로 늘렸고, 공산당도 8석을 획득하여 전체 11 의석으로 야당의 중요한 축이 되었다.

2013년 일본 참의원 선거전과 선거후

당파	선거전 세력	후보자	당선자	선거후 세력
자유민주당	84	78	65	115
민주당	86	55	17	59
공명당	19	21	11	20
여러분의당	13	34	8	18
일본공산당	6	63	8	11
일본유신회	3	44	8	9
사회민주당	4	9	1	3
생활당	8	11	0	2
기타	8	91	1	2
무소속	6	27	2	3
결원	5	-	0	0
合計	242	433	121	242

_2_
2014년 일본 중의원 선거 결과

2014년 12월 14일에 실시된 일본의 제47회 중의원 선거에서 연립여당이 2012년에 이어 압도적인 승리를 거두고 아베 정권에 대한 일본국민의 신임을 확인하는 결과를 낳았다. 2012년 공직 선거법의 개정에 따라 5개 선거구가 줄어들게 되어 2012년까지 의석 총수가 480개였는데 2014년에는 475개가 되었다. 개표 결과 전체 475석 가운데 자민당이 291석, 공명당이 35석을 획득하여 연립여당은 개헌 발의 정족수인 3분의 2인 317석을 또 다시 넘기게 되었다. 자민당은 종전의 295석에서 291석으로 4석 줄어들었지만 공명당은 종전 31석에서 35석으로 4석을 늘렸다. 정원의 3분의 2라고 하는 숫자는 중의원을 통과한 뒤 참의원에서 부결된 법안을 중의원에서 다시 의결하여 성립시킬 수 있는 의석수이기도 하다. 결과적으로 이번 선거 결과로 아베 정권은 훨씬 더 원활하게 국회 운영을 할 수 있게 되었다.

2014년 중의원 선거는 절박한 정책적인 이유나 중대한 쟁점이 없는 가운데 내각이 중의원 해산을 갑자기 선포하고 속행한 것으로 오로지 아베 정권에 대한 국민 신임을 확인하기 위한 선거였다는 데 이견이 없다. 2012년 정권 탈환 이후 아베 내각이 매우 안정적으로 운영되고 있는 상황에서 2014년 10월까지만 해도 중의원 해산을 전망하는 의견은 거의 나오지 않았다. 그런데 10월 하순에 들어 내각에서 소비세의 증세 시기를 늦추자고 하는 의견이 대세를 이루는 가운데 이러한 호재(好材)를 대의명분으로 삼아 국민들의 호감을 확인하는 방법으로 아베 내각은 중의원 해산이라는 카드를 꺼내든 것이다.

2015년 10월에 8%에서 10%로 올리기로 했던 소비세를 2017년 4월로 늦추기로 하고 선거를 통해 이러한 정책적 판단을 홍보하고 아베노믹스에 대한 국민적인 지지를 호소한 것이다. 대항마로서의 야당이 이렇다 할 정책적 대안을 마련하지 못하는 가운데 자민당은 유리한 고지를 확보한 상황에서 중의원을 해산하고 선거를 밀어부쳤다. 누가 보아도 선거 결과가 자민당에 유리할 것으로 보이는 분위기 속에서 조금이라도 안정 정국을 더 연장해 보겠다고 하는 아베 내각의 '꼼수'가 작용했다고 보는 것이 마땅하다.

2014년 중의원 선거의 투표율은 52%로 전후 최저를 기록했다. 이것은 과거 최저 투표율을 보인 2012년 중의원 선거에 비해서도 7%나 떨어진 것이다. 명분 없는 중의원 해산이라는 비판 속에 치른 선거에서 압승한 아베 정권은 안정적인 정책 운영을 더욱 연장할 수 있게 되었다. 대규모 금융 완화와 원전 재가동 등과 같은 경제정책은 물론 집단 자위권 법제화를 비롯하여 헌법 개정을 위한 여론 조성에 이르기까지 아베 정권은 정치권 내부에서 큰 저항을 받지 않고 이러한 정책을 추진할 수 있게 된 것이다. 아베 총리는 개표 결과를 두고 "국민으로부터 2년간의 아베 정권에 대해 신임을 받았다"고 평가하고 경제 살리기를 최우선 과제로 하여 국정 운영을 해 나갈 것이라고 했다.

한편 2012년 중의원 선거에서 완패하면서 62석의 의석만을 유지해 오던 제1야당 민주당은 2014년 선거 결과로 73석을 확보하여 약간의 회복력을 보이기는 했지만 결과적으로 자민당 의석의 3분의 1에도 미치지 못하는 실적에 그치고 말았다. 민주당은 2012년 중의원 패배 이후 2013년 참의원 선거와 2014년 중의원 선거에서 연이어 자민당에 무기력하게 참패한 것이다. 이로써 2014년 중의원 선거 결과 일본에서 자민-민주 양당 체제가 사실상 끝난 것이 아닌가 하는 평가가 대두되었다.

2014년 일본 중의원 선거전과 선거후

당파	선거전 세력	후보자	선거후 세력	의석 변화
자유민주당	295	352	**291**	-4
공명당	31	51	**35**	+4
민주당	63	198	**73**	+10
유신당	42	84	**41**	-1
차세대당	19	48	**2**	-17
일본공산당	8	315	**21**	+13
생활당	5	20	**2**	-3
사회민주당	2	25	**2**	-
기타	0	53	**0**	-
무소속	15	45	**8**	-7
합계	480	-1191	**475**	-5

_3_
일본 총리의 야스쿠니 참배

아베 총리가 2013년 12월 26일 전격적으로 야스쿠니 신사를 참배했다. 현직 총리로서 야스쿠니를 참배한 것은 고이즈미 준이치로(小泉純一郎) 총리가 2006년 8월 15일에 참배한 지 7년 반만의 일이다. 아베는 2012년 연말에 정권을 탈환한 후 과거 2006년에서 2007년까지의 총리 시절에 직접 참배하지 못한 것을 한탄한다고 했는데 이제 이를 실천에 옮긴 것이다. 그는 이날 오전 11시 30분 경 예복을 갖춰 입고 수상 관저를 출발하여 야스쿠니 신사에 도착하여 먼저 본전에 들어가 참배했다.

그는 이어 본전 남쪽 회랑 바깥에 위치한 진영사(鎮霊社)에도 참배했다. 진영사는 1965년에 지어진 것으로 막부 말기 이후의 전쟁이나 사변으로 순국했으면서도 본전에 합사되지 않은 영혼이나 여러 외국의 전몰자 영혼을 제사하기 위해 만들어진 시설이다. 2006년 10월에 본전과 이어지는 참배 통로가 만들어지면서 일반 참배가 가능하게 되었다. 다만 야스쿠니 신사는 본전의 신령들을 '위로와 헌창의 대상'으로 간주하는 것에 비추어 진영사의 신령은 '위로의 대상'으로만 간주하고 있다.

참배를 마치고 나온 아베는 소견을 묻는 기자들의 질문에 대해, "항구적인 평화를 기원했다"고 하는 논지의 답변으로 일관했다. 이날 총리관저 홈페이지에는 총리의 야스쿠니 참배에 즈음한 「아베총리의 담화: 항구 평화에 대한 서약」이 다음과 같이 발표되었다.

내각총리대신의 담화 : 항구평화에 대한 서약

오늘 야스쿠니 신사에 참배하고 나라를 위해 싸우다가 고귀한 생명을 바친 모든 영령에 대해 애도의 정성을 드림과 함께 존경의 뜻을 표하며 영혼이 평안하기를 기원했습니다. 또 전쟁에서 돌아가신 야스쿠니 신사에 합사되지 않는 국내 및 외국 사람들을 위령하는 진영사에도 참배하였습니다. 영령들을 위해 두 손을 모으고 현재 일본이 평화로운 것에 대해 고마움을 새겼습니다. 지금의 일본의 평화와 번영은 지금을 사는 사람들만으로 성립되는 것은 아닙니다. 사랑하는 아내와 아이들의 행복을 빌고 길러 준 아버지나 어머니를 생각하며 전쟁터에 쓰러진 많은 분들, 그들의 값진 희생 위에 우리의 평화와 번영이 있는 것입니다. 오늘은 그 점을 다시 생각하며 진심으로 경의와 감사의 뜻을 가지고 참배했습니다.

일본은 또 다시 전쟁을 일으켜서는 안 된다. 나는 과거에 대한 통절한 반성 위에 서서 그렇게 생각하고 있습니다. 전쟁 희생자들의 영령들 앞에서 앞으로 전쟁을 하지 않겠다는 맹세를 견지해 가겠다고 다짐했습니다. 동시에 두 번 다시 전쟁의 참화에 시달리는 일이 없는 시대를 만들어야지, 아시아의 친구나 세계의 친구와 함께 세계 전체 평화의 실현을 꿈꾸는 나라를 만들어가겠다고 맹세했습니다. 일본은 전후 68년간 자유롭고 민주적인 나라로 오로지 평화의 길을 매진해 왔습니다. 앞으로도 이 자세를 관철해 가는 데 한 점 흐림도 없을 것입니다. 세계의 평화와 안정 그리고 번영을 위해 국제 협조 아래에서 앞으로 그 책임을 다해 가겠습니다.

야스쿠니 신사 참배에 대해서는 유감스럽지만 정치 문제, 외교 문제화 되고 있는 현실이 있습니다. 야스쿠니 참배에 대해 전범을 숭배하는 것이라고 비판하는 사람이 있는데 제가 아베 정권 출범일인 오늘 이 날에 참배한 것은 영령들에 대해 정권 1년의 걸음과 두 번 다시 전쟁의 참화에 사람들이 고통 받는 일이 없는 시대를 만들어 가겠다는 결의를 전하기 위해서입니다. 중국과 한국 사람들의 기분을 상하게 할 생각은 전혀 없습니다.

야스쿠니 신사에 참배한 역대 총리가 그랬던 것처럼 인격을 존중하고 자유와 민주주의를 지키고 중국과 한국에 대해서 경의를 갖고 우호 관계를 쌓아 가고 싶다고 바라고 있습니다. 국민 여러분께서 이해를 해주시기 부탁드립니다.

아베 총리의 야스쿠니 참배 소식이 알려지자 한국과 중국정부는 이에 대해 침략전쟁의 고통과 상처를 안고 있는 주변국을 무시한 처사라고 맹비난했다. 미국정부도 '매우 실망스럽다'는 비평을 내놓았다. 2013년 10월에 일본을 방문한 존 케리(John Kerry) 미 국무장관은 치도리가후치 전몰자 묘원을 방문하여 헌화한 일이 있다. 일본 총리의 야스쿠니신사 참배에 반대하는 미국의 입장을 간접적으로 전달한 것이다.

아베 총리의 야스쿠니 참배

참배일 당일 각종 해외 언론들도 일본 총리의 야스쿠니 참배 기사를 속보로 전달하며 한결같이 일본과 주변국과의 관계가 더욱 악화될 것이라고 논평했다. AP통신은 "틀림없이 한국과 중국을 최고조로 자극시켰다"고 보도했다. Dow Jones통신은 "주변국은 A급 전범이 합사된 야스쿠니신사를 일본 군국주의의 상징으로 간주하고 있다"고 보도했다. CNN방송은 "아시아에서 신사 참배는 전범을 찬미하는 것으로 간주하고 있으며 일본은 야스쿠니 참배를 대체하는 방안을 검토해야 한다"고 보도했다. 반기문 UN사무총장의 대변인 발표를 통해 "과거로 인해 발생하고 있는 긴장이 아직까지도 동북아 지역을 어렵게 하고 있는 것에 대해 매우 유감으로 생각한다"고 하며 간접적으로 일본총리의 야스쿠니 참배를 비판했다.

_4_
NHK 회장의 일본군위안부 발언

2014년 1월 25일 제21대 NHK회장에 취임한 모미이 가쓰토(籾井勝人)가 취임 회견 자리에서 일본군위안부 문제에 대해 "어느 나라에나 있었던 일이다' 라고 발언하여 한일 양국의 언론에 물의를 일으켰다. NHK회장이라는 입장을 접어두고 개인적인 생각을 말하겠다고 미리 양해를 구하고서 발언한 것이기는 하지만, 일본을 대표하는 공영방송의 수장이 이와 같이 저열한 역사인식을 보인 것은 인사권자인 일본 총리에 대한 의구심을 불러일으키기에 충분했다.

모미이는 1943년 후쿠오카현(福岡縣)에서 태어났다. 그는 규슈대학 경제학부를 졸업하고 1965년에 미쓰이(三井) 물산에 입사하여 실업가로서의 경력을 키웠다. 1997년에 이 회사 철강 원료 본부장을 지냈으며 2000년에는 미국 지사의 사장에 올랐다. 그리고 2005년에 이 회사의 사장에 취임했다. 그는 일본 배드민턴 협회의 부회장과 아시아 배드민턴 연맹 회장을 역임했는데, 2013년 3월 아시아 배드민턴 연맹 임시총회에서 '직무태만'을 이유로 만장일치로 해임됨으로써 불명예를 기록했다. 그러나 아베 총리의 신임을 얻어 그는 2014년 1월에 NHK회장에 취임했고 2월에는 일본 내각부 방재회의 위원에 임명되기도 했다.

취임 회견 자리에서 그는 특정비밀보호법, 한국과 중국과의 영유권 문제, NHK 방송 방향, 일본군위안부 문제 등을 언급했는데, 유독 일본군위안부 문제가 언론에 회자되어 한일 양국에 널리 알려지게 되었다. 그는 영유권 문제에 관한 질문에 대해서, "일본의 입장을 국제방송으로서 명확하게 발신해 가겠다, 국제방송이란 그런 것이다, 정부가 '오른쪽'이라고 하는데 우리가 '왼쪽'이라고 말할 수는 없다"고 말했다. 언론 보도에 대해 어느 정도의 가이드라인이 필요하다고 하는 보수적인 생각을 내보인 것이다.

모미이 가쓰토와 NHK

일본군위안부 문제에 대해서는 현재의 잣대로 보면 좋지 않은 일이다, "보상 문제는 한일기본조약에서 이미 해결이 끝난 일이다"라고 했다. 그리고 프랑스와 독일을 예로 들면서 과거 전쟁을 하고 있던 국가에서는 "어느 나라에나 있었던 일"이라고 발언했다. 이 발언이 언론을 통해 새어 나간 것이다. 그는 이때 "왜 네덜란드에 요즈음까지 장식 창문이 있는 것이냐"고 반문하기도 했다. 네덜란드의 장식 창문은 매춘 산업을 말하는 것이다. 회견에 참가한 한 기자로부터 지금은 취임 회견 자리라는 지적을 받게 되자, 그는 자신의 발언 가운데 한일기본조약 발언이나 일본군위안부 발언은 취소해 달라고 말했다.

한국정부는 그의 발언에 대해 공식적인 논평을 하지 않았다. 다만 1월 28일의 외교부 정례브리핑에서 아사히신문 특파원이 NHK회장 발언에 대한 한국정부의 견해를 묻는 질문이 나오자, 외교부 대변인은 "이미 일본 내에서 양심이 있는 분들로부터 수많은 질타를 받고 있는 것으로 알고 있습니다. 그러한 사실 자체가 그 발언이 얼마나 몰상식하고 얼마나 잘못된 것인가를 분명히 보여주고 있다고 생각을 합니다. NHK는 공영방송인 것으로 알고 있습니다. 그러한 몰상식한 발언, 아까 제가 '여러 가지 현상의 뿌리가 하나인 것으로 보인다'고 했는데 그것도 뿌리는 같은 것 같습니다"라고 답변했다.[1]

모미이 회장은 2월 13일 자신이 일본군 위안부 관련 발언 등으로 물의를 빚은 데 대해 NHK 방송에 직접 출연하여 사죄하는 발언을 했다. 모미이 회장은 이날 오전 사전 녹화된 자체 프로그램을 통해 "취임 기자회견에서 회장의 입장과 개인의 입장을 가리지 못한 채 발언한 부분이 있었다"고 말하고 "시청자들에게 큰 심려를 끼친 데 대해 깊이 사죄한다"고 밝혔다. 그러나 2월 27일의 중의원 총무 위원회에서는 지난달의 발언에 대해 "생각을 취소한 것은 아니지만, 발언은 취소했다"고 말함으로써 자신의 지론에는 변함이 없음을 주장했다. 그리고 자신의 생각을 NHK 프로그램에 반영시키지는 않겠다고 덧붙였다.[2]

1) 한국외교부, 정례브리핑, 2014. 1. 28.

2) MSN産経ニュース, 2014. 2. 27; 2014. 2. 28.

_5_
2014년 두 달에 걸친 후쿠오카 체험

필자는 2014년 4월 초부터 2개월 동안 규슈대학 한국연구센터의 방문교수로서 후쿠오카(福岡)에 체재했다. 월간잡지 『아시아문화』 편집담당자로부터 후쿠오카에서 느끼는 혐한움직임에 대한 원고 청탁이 있어서 후쿠오카에 도착하자마자 인터넷, TV, 서점, 길거리 행사를 통하여 혐한 움직임을 조사하고 목격하기 시작했다. 이 글은 『아시아문화』 제2호(2014년 6월 1일 발행)에 실린 평론을 약간 수정한 것이다. 다만 필자의 시각이나 활동 반경에 한계가 있는 만큼 일본 사회의 변화를 보편적이고 전반적으로 포착했다고 보기는 어렵다는 점을 전제하고 체험담을 풀어나가고자 한다.

후쿠오카의 하카타(博多) 항구는 패전직후 해외로부터 가장 많은 일본인이 귀환해 들어온 곳이며 해방직후 일본에서 가장 많은 조선인이 빠져나간 곳이기도 하다. 따라서 후쿠오카는 과거 침략전쟁을 반대하고 평화를 염원하는 장소로서 의미가 클 뿐 아니라 귀환 관련 자료와 시설을 비교적 잘 갖춘 곳이기도 하다. 이러한 이유로 필자는 후쿠오카를 조사대상지역으로 선정하여 일한문화교류기금에 조사사업을 신청했으며, 한반도 거주 일본인의 귀환 자료와 연구에 관한 한 절대적인 권위를 가지고 있는 모리타 요시오(森田芳夫)의 생전 소장 자료가 규슈대학에 기증되어 있는 관계로 이곳에 방문교수를 신청하게 되었다. 그간 수차례에 걸쳐 틈나는 대로 후쿠오카를 방문하여 귀환 관련 자료를 발견해내고 수집해 왔는데 2014년에는 2개월간에 걸친 충분한 시간을 가지고 안정적인 조건 하에서 조사활동을 할 수 있게 되었다.

그런데 필자가 이곳에 도착하자마자 바로 사회적 변화를 체험한 일이 있는데, 그것은 귀환 자료를 조사하는 데서 약간의 문제가 발생했기 때문이다. 과거에 비해서 일본인 귀환 관련자들이 프라이버시를 이유로 하며 자료를 공개하지 않는다는 것이었다. 후쿠오카시 종합도서관을 비롯하여 이곳 지방자치단체가 지난 1990년대 중반부터 귀환자들로부터 관련 자료와 생활용품 등을 수집했고 이에 대해 귀환자들로부터 높은 호응을 얻어서 해당 컬렉션과 상설 전시관을 마련하기도 했다. 하지만 그 후로 일본사회가 보수 우경화 되면서 일본인 귀환자에 대한 사회적 시선이 곱지 않게 나타나는 측면도 있어서 그런지 이제는 귀환자 본인과 유가족 일부가 개인의 이름을 거명하는 것에 이의를 제기하고 자신들이 기증한 자료를 전면적으로 일반에 공개하는 데에는 반대하고 있다는 소식을 들었다.

따라서 과거에는 소장하고 있던 컬렉션을 일반에 열람시켜 주던 종합도서관이 이제는 자료 가운데 대표적인 페이지만을 게재한 사이버 자료의 일반 열람만을 허용한 채 자료 전체에 대한 연구자의 접근을 사실상 금지하고 있다. 필자는 개인의 이름이 거론되지 않는 기증 자료 일부를 결국 도서관에서 열람하지 못하고 후쿠오카 시청 보건복지국 총무과를 찾아가서 복사해 받아야 했다. 과거에 비해 원활하지 않은 자료 입수와 연구조사 조건을 감안하여 보다 다각적이고 복합적인 접근이 필요하다는 것을 새삼 느끼게 되었다.

또한 2014년 4월부터 일본정부가 8%의 소비세를 적용하면서 생활용품 전반에 걸쳐 가격이 인상된 것을 체험하게 되었다. 일부 매장에 따라서 수입품목을 중심으로 한국에서보다도 더욱 저렴한 상품도 없지 않았지만 소비품이 전반적으로 비싼 편이었다. 특히 후쿠오카의 교통비는 한국과 비교하여 지나치게 비싼 편이며 여기에 소비세의 영향으로 더욱 더 인상되면서 일반 서민들의 생활을 더욱 어렵게 하고 있었다. 일본 총무성

비정규직 노동자와 대형 쇼핑몰

통계국이 2014년 3월 말에 발표한 바에 따르면 그 해 2월을 기준으로 완전 실업자 수가 232만 명으로 전체 인구의 3.6%라고 하며, 65세부터 69세까지 고령자의 취업률도 50%를 넘기고 있고 근래에 들어 고용사정이 날로 좋아지고 있다고 발표했다. 표면적으로는 한국과 비교해 볼 때 부러울 정도로 일본의 고용사정은 좋아진 것을 느낄 수 있었다. 그러나 취업 형태와 내용을 들여다보면 정규직 사원은 60%가 채 되지 않았다. 그 나머지가 계약사원, 촉탁사원, 파견사원, 파견노동자, 임시직, 파트타임직 등이며 이러한 비정규직 사원의 비율이 점차 증가하고 있어 일본사회의 안정성을 위협하는 가장 중요한 요인이 되고 있었다.

여기에다가 일본사회에 대해 부정적으로 전망하는 사람들은 일본경제의 국제화 흐름이 미국사회와 같은 빈부 격차의 확대 심화를 야기하고 사회적 불안을 초래할 것이라고 했다. 필자는 숙소 부근 지역에 대형 쇼핑몰이 많아지고 있는 반면에 마을 상점들이 점차 사라지고 있는 현상을 목격했다. 지난 2006년 여름방학 때 한 달 정도 후쿠오카에서 체재한 적이 있는데 그때와 비교해도 2014년의 지역 상권은 대형화 경향으로 변화하고 있는 것을 실감할 수 있었다. 혐한(嫌韓)과 같은 이민족 배척 현상이 일본사회에 뿌리 깊게 독버섯처럼 남아있는 것은 그 기저에 이러한 사회적 격차에 대한 일본인들의 불만이 존재하기 때문으로 생각되었다.

_6_
후쿠오카의 혐한 분위기는 잠잠한 편

한국에서 예상하던 것에 비하면 2014년 후쿠오카에 체재하면서 느끼는 혐한 현상은 그다지 심하지 않았던 것 같다. 2012년 8월에 이명박 대통령이 독도에 상륙한 이후 2013년까지 일본사회에서 반한데모가 빈번하게 일어나 한국 언론에 대대적으로 보도되었던 것과 비교하면 한일관계의 회복 기미와 맞물려 혐한 현상이 잠시 소강상태에 이른 것이 아닌가 생각되기도 했다.

필자는 혐한 데모를 직접 목격하고 싶어서 2014년 4월 27일 일요일 오후에 후쿠오카에서 가장 번화한 텐진(天神) 거리에 나가 「행동하는 보수」의 헤이트 스피치를 지켜보게 되었다. 그런데 큰 길을 둘러싸고 한쪽에서는 헤이트 스피치가 일어나고 있었고 다른 한쪽에서는 이에 반대하는 시민단체의 시위가 벌어지고 있었다. 혐한 움직임을 둘러싸고 일본의 단체끼리 부딪히고 있는 현상을 체험한 것이다. 보수 단체가 나타나기 전부터 ARP(Anti-Racism Project)라고 하는 단체가 보수단체의 시위를 예고하고 이러한 차별주의와 배외주의를 단호히 배격하자고 하는 격문을 행인들에게 산포하고 있었다.

보수단체가 행사를 하기로 한 장소에서는 오전부터 중고등학생들이 전국적인 모금운동을 전개하고 있어 보수단체는 마지못해 길 건너편으로 장소를 이동하여 예정시간보다 20분 정도 늦게 헤이트 스피치를 시작했다. 「행동하는 보수」 회원이 10명도 채 모이지 않은 가운데 대표자가 손마이크를 이용하여 열성적으로 한국인과 중국인을 비롯한 외국인의 일본

이입을 막아야 한다고 소리쳤다.

그런데 이들보다 훨씬 더 많은 배외주의 반대 운동가들이 이 소식을 알고 모여들었으며 길 건너편에 포진하여 헤이트 스피치보다도 훨씬 더 강렬한 소리로 보수단체를 향해 '인종주의자들' '수치를 알라' 등을 외쳤다. 시대와 상황에 맞지 않는 이민족 배격 주장이 표현의 자유를 이용하여 버젓하게 일본사회에서 자행되고 있는 현실과 함께, 이러한 보수적 움직임에 대해 배타주의 반대를 위해 시민단체들이 점차 조직화 되고 있는 또 다른 현실을 목격한 것이다. 아이러니하게도 헤이트 스피치가 이루어지고 있는 곳 가까이에서는 한국의 '신라면' 시식 이벤트가 열리고 있었고 여기에 수많은 일본인들이 장사진을 이루고 있었다.

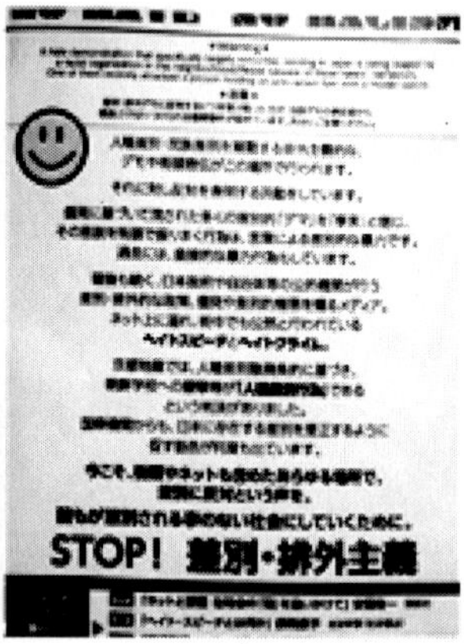

텐진에서 목격한 헤이트 스피치와 배외주의 반대 격문

이처럼 후쿠오카 거리에서 혐한을 외치는 분위기가 비교적 수그러지고 있는 것과 마찬가지로 집회와 인터넷을 통한 혐한 움직임도 예전에 비해 전반적으로 위축되고 있는 것을 느낄 수 있었다. 그렇다고 해서 혐한을 부추기는 움직임이 모두 사라진 것은 아니었다. 예를 들어 2014년 4월 21일자 산케이신문 보도에 따르면, 당일 후쿠오카의 뉴오타니 하카타 호텔에서 열린 간담회에서 이제까지 혐한 움직임에 앞장서 온 오선화(吳善花)가 "왜 한일양국은 화해할 수 없는가"라고 하는 주제로 강연하는 가운데, 일본은 한국에 대해 가까이 다가설 필요가 없고 거리를 두는 것이 필요하다고 하는 평소 지론을 반복했다고 전했다. 그녀는 이 자리에서 세월호 여객선 침몰 사고에 대해서도 언급했다고 하는데, 선장이 맨 먼저 도망 나온 것 등을 들어 "극한 상태가 되면 사회의 본 모습이 보인다. 한국인은 반일의 경우에만 단결하지만 애국심이라고는 없고 모두 철저하게 이기주의자들"이라고 비판했다고 전했다. 비록 혐한 분위기를 고조시키기 위한 발언이기는 하지만 세월호 사건에 대한 뼈아픈 지적에 대해서는 안타깝게도 쉽게 반론을 제기하기가 어려웠다.

필자는 일본의 언론들이 얼마 전 4월 중순에 발생한 세월호 침몰사고와 관련하여 한국에 대한 부정적인 이미지를 더욱 강렬하게 보도하는 것을 보고 들으며 부끄러움을 금할 수가 없었다. 이 사건 발생 원인과 처리 과정에 대해서는 굳이 반한적인 성향을 갖고 있지 않은 언론 매체라고 하더라도 모두 비판적인 보도로 일관했고 따라서 일반 일본인을 포함하여 아무리 한국사회를 따뜻한 시선으로 본다고 해도 부정적으로 평가할 수밖에 없는 일이었다. 한국의 언론이 이 사건을 보도하면서 기본을 무시하는 한국사회의 병폐와 한국정부의 미숙한 대응을 연일 비난했던 것이 여과 없이 그대로 일본사회에 전달된 것이다.

이곳에서는 2009년 11월 미에현(三重縣) 앞바다를 항해하다가 세월호와 비슷한 사고를 발생시킨 「아리아케호」 사례를 들어 일본과 한국을 상호 비교하는 보도가 많았다. 선체가 기울고 결국 침몰하기에 이른 사고 과정이 유사한데다가 일본 선박의 소유주 마루A 회사가 재작년까지 세월호(나미노우에호)를 소유하고 있었기 때문이다. 「아리아케호」에는 승무원 21명과 승객 7명만이 탑승하고 있었기 때문에 한국의 경우와는 전혀 비교가 되지 않는다, 하지만 결과적으로 일본의 경우 탑승 인원이 전원 무사하게 탈출했다고 하는 점에서 한국은 2014년 사태에 대해 무어라 변명할 수가 없다. 또한 대부분의 일본 언론은 한국정부가 국가적 자존심을 내세워 '특단의 지원이 필요 없다'고 하면서 일본측의 전문 구조대 파견 제의를 일축했던 점을 들어, 인명을 무시하는 정책이었다고 입을 모아 비판했다.

_7_
네트 우익에 의한 혐한 분위기

필자는 후쿠오카 변두리의 작은 방에 앉아 인터넷에 떠도는 소문들을 뒤적거렸다. 인터넷을 통해서 파악한 바로는 지방에서보다는 도쿄에서 혐한 분위기가 강하게 남아있는 듯이 보였다. 2014년 4월 20일 도죠 히데키(東條英機)가 사형을 당한 장소에서 「행동하는 보수」를 중심으로 하는 우익 단체가 히틀러 탄생 125주년을 기념하는 가두데모를 전개했는데, 이때 데모참가를 호소하는 글에서 '중국과 한국을 제외한 대동아 공영권 구축'을 캐치프레이즈로 내걸었다는 것이 잡혔다. 이러한 대중운동 단체들은 이합집산이 심하고 정형화 되지 않은 단체로서 그 수도 헤아릴 수 없을 정도로 많다. 이러한 단체들은 사이버 공간을 통하여 「2채널」이 주도하고 있는 바와 같이 일본사회에 불만을 가진 자들을 선동하여 거리낌 없이 혐한이나 이민족 배척을 주장하도록 하고 있다. 아무리 표현의 자유가 허용되어야 한다고 하더라도 섬뜩한 군국주의의 부활을 태연하게 주장하는 이러한 움직임이 횡행하고 있다는 것은 일본사회의 치부가 아닐 수 없다.

이들은 공통적으로 주변국을 혐오하고 외국인의 입국을 반대하는 입장을 보이고 있었다. 특히 한국과의 국교단절을 통해 일본의 미래를 쟁취하자고 주장했던 「일한단교」 모임은 일본사회에 아래와 같은 스티커를 제작 배포하여 혐한 분위기를 북돋우어 주목을 받았다. 다만 이 단체는 2013년 11월 이후 특별한 활동을 인터넷 상에 보이지 않고 있다.

다음은 2014년 4월 중에 인터넷 상에서 발생한 혐한 움직임 가운데 필자가 포착한 움직임들이다. 혐한 분위기 확산을 가장 조직적으로 주도하고 있는 「재특회」는 4월 11일 도쿠시마현(德島縣)에서 '소중한 순례 길을 조선인으로부터 지키자'는 포스터를 여러 곳에 붙였으며, 이에 대해 재일동포 여성이 한국인 방문객을 위해 한글로 신경 쓰지 말라는 스티커를 붙이자, 이를 '일본문화에 대한 차별 범죄행위'라고 비난했다. 또한 이 단체는 외국인 차별을 규탄하는 성명을 발표한 시코쿠(四国) 사찰 모임에 대해서도 '일본국민과 일본문화에 대한 차별'이라고 항의했다.

또한 전국적으로 '일본인 단일민족국가' 옹호를 주장하고 관련 행사를 주관해 오고 있는 「순(純) 일본인회」 단체는 4월 12일 도쿄 추오쿠(中央區)에서 세미나를 열고 최근의 우크라이나 사태와 국제정세를 논하는 가운데 이민족 배제를 주장하고 독도를 비롯하여 주변국과 영토 문제가 되어 있는 도서에 대해 일본의 영유권을 강하게 주장했다. 이와 비슷한 단체인 「일본침략을 불허하는 국민의 모임」은 쇼와(昭和) 일왕의 생일인 4월 29일에 도쿄 신주쿠역(新宿驛) 앞에서 천황제 반대 단체에 대해 항의하는 가두데모를 열고 천황제 옹호와 함께 한국과 중국의 역사인식 문제를 비판했다.

혐한 현상 가운데는 특히 일본인 여성들의 조직화 움직임이 일어나고 있는 것도 괄목할 만한 일이었다. 소위 '애국 여성'의 모임을 주도해 오고 있는 「꽃시계」는 4월 24일 오미야역(大宮驛) 앞에서 집회를 열고 '한국의 거짓말을 조심하자'고 하는 현수막을 내걸고 세월호 사고에서 보인 무책임성을 지적하면서 한국의 일본군위안부 주장과 독도 영유권 주장 등을 비판했다. 인터넷 상에서 혐한 분위기를 확산해 가고 있는 「나데시코 액션」은 찬동자들의 의견을 소개하는 형식으로 일본군위안부 문제의 국제적 확산을 비난하고 한국인에 대한 비자 면제를 철폐할 것, 나가사키의 한국인원폭사망자추도비 건립계획을 철회할 것 등을 주장하고 있었다.

그렇다고 해서 혐한을 외치는 단체와 일본인들이 모두 일률적으로 움직이는 것은 아니었다. 예를 들어 「일본인이 정말 화내는 모임」에서는 '반일적인' 성향의 외국인 존재를 문제시 하면서도 역사적 경위에 의해 일본사회의 구성원이 된 재일코리안에 대해서는 유화적인 태도를 보이는 사람도 있었다. 또한 youtube 동영상을 통하여 비교적 차분한 어조로 대표적 한국기업의 국제자본화와 한국사회의 양극화 현상을 지적하면서 한국경제 붕괴가 임박했음을 경고하고 있는 개인과 단체도 있었다. 이러한 주장에 대해서는 혐한 움직임이라고 하여 일축하기 보다는 우리사회에 대한 일종의 경종이라고 해석하고 수용함으로써 위기를 초래하지 않고 한국경제를 순조롭게 발전시키는 데 참고해도 좋지 않은가 하는 생각을 했다.

Ⅳ. 카이로선언의 국제정치적 의미

이 글은 동북아역사재단 독도연구소가 카이로선언 70주년을 기념하여 기획한 논문들 가운데, 필자가 『영토해양연구』 제5권 (2013년 6월 30일 발행)에 게재한 논문을 부분적으로 수정한 것이다.

_1_
카이로선언의 의미

1943년 11월 22일 월요일부터 11월 26일 금요일까지 미국, 영국, 중국의 3국 정상은 북아프리카 카이로에서 회담을 열고 전후 극동아시아 지역의 재편에 관하여 논의했다. 루즈벨트(Franklin D. Roosevelt) 대통령, 장제스(蔣介石) 대원수, 처칠(Winston Leonard Spencer Churchill) 총리는 각국의 군사고문 및 외교고문을 대동하고 카이로의 메나(Mena) 지구에 모였다. 이들은 몇 차례의 회담을 통하여 수정 작업을 거친 후 12월 1일 테헤란 코뮈니케와 함께 카이로 코뮈니케를 발표했다. 이 코뮈니케는 1914년 제1차 세계대전 이후 일본제국이 점령한 해외영토에 관하여 내린 최초의 공식문서이면서 한반도의 독립을 명시한 최초의 국제적 약속이 되고 있다. 식민지 조선인들이 국권을 상실하고 일본제국의 전쟁수행에 총동원되고 있던 이 시기에 연합 동맹국들은 이 코뮈니케를 통해 한반도와 조선인의 식민지배 상태를 확인하고 독립의 당위성을 전 세계에 알린 것이다.

발표문 내용의 한국어 번역에 대해서는 번역자에 따라 각각 다르게 표현되고 있다. 여기서는 카이로 코뮈니케가 보도된 직후 12월 2일자 『신한민보별보』에 실린 번역문을 그대로 소개하고자 한다. 이것은 카이로 코뮈니케에 관한 최초의 한국어 번역문이며 당시 재미한인 사회의 반응을 포착할 수 있는 자료가 되기도 한다. 이 자료가 한반도 독립의 절차에 관한 문구 in due course를 '당연한 순서'로 번역하고 있어, 필자는 이 글에서도 동일한 번역 문구를 사용하고자 한다.

수기(首記)의 군사적 사절은 장차 일본에 대항하야 군사적 작전에 대하야 결정하엿다. 3대 련합국은 저 잔악한 원수를 바다로, 륙지로, 공중으로부터 대항하야 용서업시 압박할 것을 결의한 것을 발표하엿다. 그런데 이 압박은 발서 시작되엇다. 3대 련합국은 일본의 침략을 형벌하고 억제하려고 이 전쟁을 싸혼다. 3국은 각자의 리득을 위하지 아니하며 또 령토적 확장을 생각지 안는다. 3국의 목적은 일본으로부터 1914년 세계 제1전쟁이 시작된 이후 점령한 섬이나 혹은 획득한 섬을 전부 탈환할 것이며, 또 일본은 중국으로부터 탈취한 령지 즉 만주, 대만, 팽호렬도 등을 반드시 중화민국에 돌녀보내게 하는 것이다. 일본은 역시 일본이 폭력과 욕심으로 취한 모든 다른 령지로부터 방축되어야 할 것이다. 이상에 말한 3대국은 한국 인민의 노예적 생활을 주의하야, 당연한 순서에 따라 한국이 반드시 자유되며 독립되어야 할 것을 결의하엿다. 이상에 진술한 목적으로 3대 련합국은 일본으로 더부러 교전하난 련합국들로 합동하야 일본의 무조건 항복을 가져오기에 필요한 중대하고도 장기 작전을 두호(斗護)하야 계속할 것이다.

카이로 코뮈니케는 다음 네 가지의 주요 내용을 포함하고 있었다. 첫째, 연합국 3국은 일본에 대해 가차 없는 압력을 가한다. 둘째, 연합국 3국은 일본의 침략전쟁을 제지하고 응징하면서도 영토 확장은 시도하지 않는다. 셋째, 제1차 세계대전 이후 일본이 취득한 태평양제도의 박탈, 만주와 타이완 등의 중국에 대한 반환, 일체의 점령지역으로부터 일본을 쫓아낸다. 넷째 식민지 조선의 독립을 보장한다. 이 코뮈니케는 발표와 함께 곧 바로 일본에 대해 구속력을 갖는 국제법적 효력을 발생시키는 것은 아니었다. 하지만 그 후 포츠담 선언이 제8조에서 이것을 '카이로선언'으로 규정하고 이를 계승한다고 했고, 일본이 패전에 임하여 포츠담 선언을 무조건 수락함에 따라 결과적으로 그 효력을 발생하게 되었다.

1943년 카이로의 연합국 정상

한국의 국제정치학자를 비롯하여 수많은 연구자들이 일찍부터 카이로선언과 한국과의 관계에 관하여 연구해 왔다. 그런데 한반도의 국가독립은 냉전으로 인한 분단 가운데서 이루어진 까닭에 한국의 연구자들은 공통적으로 한반도 분단이나 한국전쟁의 기원, 즉 '불행한 현실'의 기원에 관하여 주된 연구 관심을 갖게 되었고 이러한 연구관심 아래에서 카이로선언의 배경과 과정을 다루어 왔다. 1960년대와 70년대의 연구자들은 서구의 연구와 자료들을 소개하면서 카이로선언을 깊이 연구하기 시작했다. 이른바 제1세대에 속하는 연구자라고 할 수 있다. 이어 1990년대에 들어서는 제2세대 연구자라고 할 수 있는 연구자들이 사료 조사를 통하여 보다 심층적인 분석 결과를 내놓았다. 제1세대와 제2세대 연구자들에게서는 카이로선언에 이르는 과정의 사실 규명에 집중했다고 하는 공통적인 특징을 발견할 수 있다.

2000년대에 들어 카이로선언에 관한 제3세대라고 할 수 있는 연구자들은 선행 연구자들의 업적을 계승하며 독창적인 해석을 시도하고 있다. 필자는 카이로선언 관련 연구에서 제3세대를 대표하는 연구자로서 정일화 박사를 꼽고 싶다. 정일화의 연구에서는 카이로선언에 이르는 과정에 관한 사실 규명과 함께 코뮈니케 발표문을 초안한 홉킨스(Harry L. Hopkins) 특별보좌관에 대한 높은 평가, 대조적으로 중국의 영향력에 대한 낮은 평가, 발표문에서 한국문제가 거론되는 '행운의' 기회 등이 특징적으로 부각되고 있다.[1] 정일화 연구자가 일차적 자료의 발굴에 집요함을 보인 점이나 전달하고자 하는 기독교적인 메시지를 선명하게 제시했다는 점에서 연구사적으로 의의가 크다고 본다. 다만 선행연구와는 달리 발표문 작성에 관한 자료 발굴과 홉킨스에 관한 조사 연구에 집중하다보니 상대적으로 도외시 되는 부분이 드러나고 있다.

오늘날 한국인 신진 연구자들 사이에서 카이로선언에 관한 연구가 수 없이 이어지고 있다. 과거 연구자들이 한반도 국가독립과 분단이라는 점을 염두에 두고 카이로선언을 연구해 온 것에 비하면, 오늘날에는 독도 영유권 문제와 관련하여 카이로선언에 관한 재조명을 시도하고 있는 연구가 많다고 하는 점에서 시대적 특징을 발견할 수 있다. 이와 관련하여 국제정치학이나 국제법 분야 뿐 아니라 다양한 학문적 분야에서 카이로선언에 관한 재조명이 이루어지고 있다. 이들은 공통적으로 1905년 2월 일본이 시마네현(島根縣)에 "합법적으로 편입시켰다"고 주장하는 독도가 카이로선언이 규정하는 폭력과 탐욕으로 탈취한 지역에 속한다는 논지에 충실하고 있다. 오늘날 한국의 신진연구자들도 독도 문제에 관한한 일찍이 제1세대의 연구자들이 개발해 온 논지를 계승하고 발전시키고 있는 것이다.

선행연구들을 통하여 카이로선언은 준비에서 발표에 이르기까지 미국의 주도 아래 이루어졌고, 여기에 영국이나 중국이 기본적으로 그 방향에 동조했으며, 나아가 테헤란회의에서 소련도 이의를 제기하지 않았다고 하는 것이 분명해졌다. 다른 한편으로 카이로회담 시기에는 물론 일본점령 초기에 이르기까지도 연합국의 주된 관심은 과거 일본이 침략전쟁을 통하여 획득한 영토에서 일본을 철수시키는 포괄적인 방침 설정에

1) 정일화, 『대한민국 독립의 문 카이로 선언』, 선한약속, 2010년.

있었으며, 한반도 지리에 대해서는 초보적인 정보에 머물러 있었고 독도 등 세부적인 영역 획정에는 적극적인 관심을 갖지 않았다고 하는 것도 밝혀졌다.

이러한 연구결과를 토대로 하여 필자는 선행연구를 참고하면서 국제정치적 배경을 정리하고, 미국의 외교자료를 분석하면서 카이로 코뮈니케에 'Korea' 문구가 채택되는 과정을 상세하게 정리하고자 했다. 이때 분석대상 외교자료로서는 미국무부의 대외관계 자료인 Foreign Relations of United States(FRUS), 그 가운데서도 카이로 및 테헤란 회의에 관한 자료를 주로 참고했다.

_2_
루즈벨트의 국제적 신탁통치 구상

태평양전쟁이 발발하기 이전에는 미국이 제2차 대전에 깊숙하게 관여하는 것을 꺼리고 점진적으로 자국의 지위를 확대해 가는 방침을 설정하고 있었다. 국무부, 군부, 재계가 각각의 전쟁 수행에 관한 구상을 제시하는 가운데 미국정부는 영국, 독일과 같은 유럽세력이 장기간의 전쟁으로 약화될 것이 충분히 예상되는 상황에서 영국의 재생을 원조해 가면서 독일 세력을 소련과의 대치 상황에 묶어놓는다는 구상을 세우고 있었다. 또한 태평양 지역에서는 일본의 남방 진출을 억제하고 중국과의 대치 상황에 묶어놓겠다는 구상이었다. 한반도 문제와 관련해서는 일본제국으로부터의 분리와 같은 방침이 분명하지 않은 가운데 동아시아 지역을 장래 미국이 주도하는 '자유세계'에 통합한다는 포괄적인 현상유지 구상에 머물러 있었다.

그러나 1941년 12월 일본에 의해 진주만 공격을 당하고 나서 미국은 제2차 대전에 대한 적극적인 개입 방향으로 급선회 했다. 국내외에서 미국의 적극적인 전쟁 개입을 촉구하는 목소리가 점차 커지는 가운데 미국정부 안에서 일본제국으로부터 한반도를 분리하겠다고 하는 보다 구체화된 구상이 나오게 되었다. 일찍이 미 국무부는 1941년 12월 말 대통령 자문기구로서 '전후 대외정책에 관한 자문위원회'(ACPWFP)를 설치했다. 자문위원회 의장에는 헐(Cordell Hull) 국무장관이 임명되었고 그 산하에 정치, 안전보장, 영토, 경제에 관한 4개의 소위원회가 배치되었다. ACPWFP의 정치소위원회는 1942년 여름을 전후하여 일본의 전후처리 구상에 관하여 논의를 거치기 시작했고, 그 결과 만주는 중국에 귀속시키고 한반도는 일정 기간 국제적 보호 아래 두되 궁극적으로는 독립시킬 것을 제안했다. 이 방침은 종래의 동아시아 구상과는 크게 다른 것으로서 미국의 적극적인 개입을 전제로 하여 나온 것이다. 이 지역에서 전후에 들어 주변 강대국과 현지 토착세력의 복잡한 이해관계에 따른 혼란이 예상되는 상황에서 미국이 나서서 국제신탁통치 방안을 마련하여 소련과 중국 등 강대국의 개입을 조정하고 토착세력의 이해관계를 조정하겠다는 것이었다.

미국정부는 ACPWFP의 소위원회를 보좌하는 기구로서 이미 국무부 안에 설치되어 운영되고 있던 특별조사과(Division of Special Research)를 활용했다. 특별조사과에는 세계 각 지역에 관한 민간인 전문가들이 등용되었는데 1942년 9월 시점에는 극동반(Far East Unit)이 편성되어 일본에 관한 조사와 자문을 담당했다. 자연스럽게 극동반에는 친일본적 성향을 가진 일본 전문가, 예를 들어 동아시아 문제에 관한 권위자 블랙슬리(Goerge H. Blakeslee) 클라크대학 교수를 비롯하여 일본사에 관한 전문가 보튼(Hugh Borton) 컬럼비아대학 조교수 등이 모여들었다. 이들은 '군사제국' 일본이 붕괴한 후 평화적인 경제국가로 다시 태어나 미국과 우호관계를 유지하도록 하는 것을 기본방침으로 하여 일본에 대한 유화적인 정책을 국무부에 주문했다.

그러나 루즈벨트 대통령은 진주만 공격 이후 일본에 대한 단호한 자세를 내세우는 가운데 국무부에서 올라오는 유화적인 대일정책을 보류하고 홉킨스와 같은 보좌관과 함께 높은 수준의 외교(high level diplomacy)를 전개했다. 미국이 카이로회담을 주도하는 배경에는 국무부의 대일정책 기조와는 다른 루즈벨트 대통령의 보다 적극적인 대일 자세가 있었다. 그는 제1차 대전 때에 독일을 군사적으로 완전히 억누르지 않고 적당히 휴전을 허용한 것이 결국 제2차 대전을 초래했다는 견해를 가지고 있었고, 이러한 견해의 연장선에서 일본에 대한 강도 높은 전후 처리를 고려하고 있었다. 두 번 다시 세계 평화를 어지럽히지 않게 하기 위해서는 침략국을 군사적으로 철저하게 파괴해야 하며 전승국의 주도 아래 침략국에 대한 전후처리를 수행해야 한다는 생각이었다. 이러한 루즈벨트의 견해는 1943년 1월의 카사블랑카 회의에서 제시된 '무조건 항복' 성명에 그대로 나타났다.

1943년의 카사블랑카 회의와 테헤란 회의

또한 루즈벨트는 자신의 정치노선을 '중도 좌파(a little left of center)'라고 스스로 인정할 정도로, 식민지 통치에 대한 비판적인 견해를 강하게 띠고 있었다. 그의 반식민주의 철학을 신윌슨주의(Neo-Wilsonianism)라고 표현할 수도 있다. 그는 윌슨 대통령 재임 시에 해군성 차관보를 역임하면서 미국의 해군력 신장에 적극적인 노력을 기울임과 동시에, 윌슨 대통령이 품고 있던 민족자결주의, 국제평화주의, 제국주의의 종식, 무력침략에 의한 영토 확장의 반대, 민주주의적 자유와 인권, 군비 감축, 세계경제 질서의 구상 등, '이상주의적' 정책에 깊이 공감했다. 그리고 그는 자신이 대통령이 되자 윌슨의 철학을 국제정치 현실에 반영하고자 했다. 루즈벨트의 반식민주의 철학은 유럽 제국주의 국가에 의한 아프리카 식민통치의 폐단으로부터 싹튼 것이지만, 태평양전쟁 발발 이후 동아시아 지역에도 그의 신념을 확대 적용하고자 했다. 이러한 견해가 한반도의 전후 처리 방식에 있어서 강대국에 의한 국제적 신탁통치를 내세우게 되는 방침으로 귀결되어갔다.

견해에 따라서는 루즈벨트의 신탁통치 구상을 그의 이상주의적 사상에 결부시키는 것을 비판하고 오히려 당시 미국인 대중의 대외인식을 현실 정책에 반영하고자 한 것이라고 평가하는 견해도 있다. 즉 반식민주의의 표현으로 나타난 국제신탁통치 구상은 루즈벨트가 독창적으로 만들어낸 대외인식에서 나온 것이 아니라 제2차 대전 종결을 앞두고 미국사회에 광범위하게 만연해 있던 대외인식이었다는 것이다. 이런 관점에서 본다면 루즈벨트의 일련의 전후처리 구상은 정치적 리더의 외로운 고민에 의한 비전이 아니었고 미국사회의 일반 대중을 대변하는 정치가에 의해서 모색된 정책적 대안에 불과했다는 지적이 가능하다.

시기적으로 1943년 5월 북부 아프리카에서 독일·이탈리아 군대가 연합국에 항복한 것을 비롯하여 소련군의 총공세에 따라 독일군은 패퇴를 거듭했고 대서양에서도 독일 잠수함이 연일 패배를 맛보았다. 연합국의 전략가들은 대체로 1944년에는 독일에 대한 완전한 승리를 예상했고 그 후에 집중되는 대일 전투를 통해 일본은 2~3년 안에 패망할 것으로 내다보았다. 그리고 연합국의 완전 승리에는 소련의 협조가 필수적이라는 판단 아래 1943년 10월의 모스크바 외상회의와 12월의 테헤란회담을 열게 되었다. 독일의 패망이 가까워진 상황에서 미국과 영국은 이제 아시아·태평양 지역에서 일본에 대한 공동전선을 공고히 할 필요성에 공감하게 되었고 여기에 중국을 불러들여 카이로회담을 갖게 된 것이다.

1943년에 들어 일본군은 동남아시아 지역에서 계속 수세에 몰리게 되자 한편으로는 전쟁수행 체제를 구축하면서도 다른 한편으로는 현지 민족과의 전략적 평화를 시도했다. 즉 일본과의 군사적 협력을 조건으로 하여 형식적으로 버마 · 필리핀을 독립시키는가 하면 대동아공영권 정상회담을 유치하여 점령 지역의 결속을 다지고자 했다. 유럽 제국의 식민지를 독립시키면서까지 전쟁협력 체제를 구축해 가려고 하는 일본의 움직임은 한편으로 미국에 대해서 이념적으로 우월한 전후 질서를 구상하는 것처럼 보이게 했고, 다른 한편으로 영국에 대해서는 구 식민지 체제의 완전한 부활이 이미 어렵게 되었다는 것을 깨닫게 했다.

이해관계가 뒤얽힌 연합국으로서는 당면한 대일전선에서 공동보조를 맞추겠다고 하는 기본전략에서 의견의 일치를 보았지만 개별 전투에 대한 개입 전술이나 전후 처리 구상 등에서는 동상이몽의 모습을 보였다. 한반도의 전후처리 문제와 관련하여 태평양전쟁 초기부터 미국정부 내에서 이 문제가 논의되는 가운데 미 국무부는 미국 · 영국 · 중국 · 소련에 의한 국제적 신탁통치 방안을 검토하고 있었고 대통령도 이러한 방안을 승인해 왔다. 하지만 전반적으로 연합국 사이에서 한반도의 전후처리 문제가 커다란 쟁점이 되지 못했으며 따라서 미국 주도의 한반도 신탁통치 구상에 대해서 이를 거부할 구체적인 대안을 제시하지 못하는 가운데 개입의 적극성 측면에서 서로 다른 견해를 내비치면서도 미국의 주도에 이끌려 가는 움직임을 보였다.

1943년 10월 하순에 모스크바에서 열린 3국 외상회의는 4대 강국에 의한 전후 국제연합 체제를 결정했다. 이 회의가 끝날 즈음 루즈벨트는 장제스에게 이집트 회의에 초대하는 초청장 전보를 보냈다. 비록 일본과 중립조약을 체결하고 있는 소련이 참가하지 못하여 4대 강국의 정상이 한 자리에 모이지는 못했지만, 카이로회담 직후의 테헤란회담에 스탈린이 참여함으로써 전후 질서 재편으로 위한 4대 강국 체제가 구체화되기 시작했다.

_3_
영국 · 중국 · 소련과 미국의 견해 차이

아시아 지역에 광범위한 식민지를 보유하고 있던 영국은 일반적으로 미국의 신탁통치 방식의 식민지 독립을 원하지 않았고 다만 한반도 문제에 대해서만은 중국의 과도한 개입을 반대하고 국제신탁통치 방식이라면 받아들일 수도 있다는 입장을 나타냈다. 독일과의 전투에 쫓기고 있던 영국은 장래의 구상보다는 당면한 전투의 수행에 집중하지 않을 수 없었고 1942년 2월 싱가포르 함락에 이어 계속되는 일본의 공세로 곤궁에 빠져 있었다. 여기에다가 전황 극복을 위하여 미국으로부터 막대한 군비 지원을 받는 입장에서 미국의 연합국 규합과 전후 구성에 대해 강렬히 저항하기 곤란한 처지에 놓였다.

1941년 8월 영국의 처칠 수상은 루즈벨트 대통령과 함께 민족자결의 원칙을 강조하는 대서양헌장(Atlantic Charter)을 발표했다. 이 헌장은 제1조에서 양국의 영토 확장 의도를 부정한 것을 비롯하여, 제2조에서 영토 변경 때 관계국 인민의 의사를 존중할 것, 제3조에서 민족자결권을 인정할 것 등을 그 내용으로 하고 있었다. 특히 제3조에서 내세운 민족자결권의 주체를 둘러싸고 미국과 영국 사이에는 의견이 서로 맞지 않았다. 루즈벨트는 이 조항이 세계 전역에 걸쳐 적용되어야 한다고 간주한 것에 대해, 처칠은 나치 독일 점령 하의 유럽 국가에 한정되는 것으로 간주하고 영국이 광범위하게 식민지를 영위하고 있는 아시아 · 아프리카 지역은 이에 해당되지 않는 것으로 보았다.

영국이 전시 정책에서 처음으로 한반도 문제와 관련된 정책 견해를 보인 것은 진주만 공격이 일어나고 나서 한참 뒤의 일이었다. 이것은 1943년 3월 이든(Anthony Eden) 외상이 미국을 방문하여 아시아·태평양 지역에 관한 전후처리에 관하여 루즈벨트와 회담하는 가운데 나왔다. 이때 미국과 영국은 전후에 만주와 대만을 중국에 반환하고 남부 사할린을 소련에 반환하는 것에는 견해를 같이 했으나 그 외의 지역에 중국이 개입하는 것에 대해서는 견해를 달리 했다. 특히 한반도나 인도차이나 지역에서 중국이 경찰국가로 나서는 것에 대해 영국은 반대하는 견해를 보였다. 그리고 태평양의 일본 위임통치령에 대한 전후처리 방침에서도 미영 양국은 서로 다른 입장을 보였다. 이때 미국측은 모든 지역에서 신탁통치와 같은 국제적 해결을 주장했고, 영국측은 일부 지역에서 국제적 해결이 아닌 단일국의 통치 또는 병합을 주장했다. 결국 카이로회담에 이르기까지 미국의 국무부과 영국의 외무성은 아시아 지역의 전후처리 방침에 대해서 이견을 좁히지 못하는 가운데 한반도 문제에 대해서만은 중국 단독이 아닌 다수 관련 국가들에 의한 국제신탁통치가 이뤄져야 한다는 데 대체로 의견을 같이 하게 된 것이다.

1943년 4월 이후 카이로회담에 이르기까지 영국의 의회와 외무성이 대외정책을 논하는 가운데 한반도의 전후처리 문제를 둘러싼 토론이 전개되었다. 영국에서는 자국의 아시아·아프리카 식민지 처리와 관련하여 미국측이 주장하는 국제신탁통치 방식에 의한 식민지 전후처리 방침을 거부하는 움직임이 대세를 이루었다. 이와 같이 영국은 한반도 문제에 관하여 전반적으로 그다지 관심을 가지고 있지 않은 가운데 기존 식민지의 유지라고 하는 자국의 이해관계에 맞추어 현상유지적인 입장을 취하고자 했다. 이러한 입장은 국제적 합의에 의한 식민지 독립을 추구하는 미국의 입장과 다른 것이었고 일본의 패퇴에 따른 지역적 공백을 이용하여 지역적인 패권을 회복하고자 하는 중국의 입장과도 다른 것이었다.

한편 중국은 한반도를 포함하여 아시아에서 패권을 회복하고자 했으나 미국의 군사적 · 경제적인 지원을 적극 필요로 하는 입장에서 미국측의 한반도 국제신탁통치 구상을 부정하지 못하고 마지못해 미국에 이끌려가는 형세를 보였다. 중일전쟁에 밀려 1938년부터 충칭(重慶)으로 피신해 있던 국민당 정부는 태평양전쟁 발발을 계기로 하여 동아시아 지역의 맹주 위치를 회복하고자 하는 움직임을 보이기 시작했다. 진주만 공격 직후 장제스는 곧 바로 일본 · 독일 · 이탈리아 등의 추축국에 전쟁을 선포함으로써 종래의 고립상태를 탈피하고 연합국 대열에 합류하는 모습을 보였다. 또한 1942년 1월 워싱턴DC에서 열린 연합국 공동선언(Declaration by United Nations)에 중국이 4대 강국의 일원으로 가담하여 서명한 이후에는 미국의 전폭적인 지원을 받는 가운데 한반도의 전후처리 문제를 포함하여 동아시아 지역에서 일본 세력이 물러난 이후의 새로운 질서를 형성하는 문제에 적극 개입하게 된다.

다만 1943년에 들어 연합국의 세력 판도에 따라 일본의 패배가 충분히 예상되는 상황에서 중국은 동아시아 지역의 실지회복에 단독으로 나설 것을 희망하는 한편, 이 지역의 전후처리 과정에서 소련의 영향력이 강해질 것을 심각하게 우려했다. 중국의 지역적 야망과 소련에 대한 우려는 카이로회담을 바로 앞두고 루즈벨트의 개인특사로서 중국을 방문한 헐리(Patrick J. Hurley) 준장이 장제스와 나눈 대화의 내용을 대통령에게 보고한 기록에 잘 나타나 있다. 장은 헐리에게 카이로회담에 임하는 심경을 스스럼없이 토로하는 가운데 소련이 중국의 공산화와 중국변방에 대한 정복을 획책할 것에 대한 깊은 우려를 표명하고 카이로에서 스탈린과 직접 대면하기를 주저하는 발언을 했다. 또한 장은 소련의 세력 확장에 대해 중국이 단독으로 저지하기는 어려운 상황에서 미국과 영국을 끌어들여 소련을 견제하고자 했다.

1943년 언론에 나타난 연합국 이미지

그러나 카이로회담에 임하는 루즈벨트는 대체로 동아시아 지역에서 중국이 소련과 마찬가지로 영토 확장을 노리고 있고 소련에 대해서 '과도하게' 견제하고 있다고 파악했다. 카이로에 도착하기 전에 루즈벨트는 군함 아이오아(Iowa) 위에서 통합참모본부 관리들과 가진 비밀회의에서 며칠 후에 장제스를 만나면 그에게 소련의 참전에 대한 중국의 입장을 재확인하기로 했다. 이때 루즈벨트는 장제스가 만주의 회복을 원할 뿐 아니라 외몽고까지 요구하고 있다고 하며 중국의 영토 확장 의도에 불만을 표시했다.

한반도 문제와 관련하여 중국이 동아시아 지역의 재편 과정에서 어느 정도 주도권을 가져야 하는가에 대해서 미국과 영국이 대체로 큰 이견을 보이지 않는 가운데, 중국의 영토를 확장하거나 지역 패권을 추구하고자 하는 것에 대해서는 양국이 견해를 약간 달리 했다. 미국은 중국을 연합국 강대국의 일원으로서 인정하면서도 중국이 강대국 지위를 이용하여 한반도와 같은 주변 약소국의 독립을 위협해서는 안 된다는 입장을 취하고 있었다. 반면에 영국은 중국이 전후에 동아시아 지역의 패권을 회복하는 것에 대해서는 원치 않는 입장을 고수하면서도 한반도의 경우에는 자국의 동아시아 정책에 도움이 된다면 암묵리에 중국의 주도권을 인정할 수 있다는 입장이었다.

한반도 문제와 관련하여 또 하나의 중요한 국제정치 세력인 소련은 카이로회담 직전 시점에 어떠한 입장을 가지고 있었을까. 결론부터 말하면 테헤란회담에 이르기까지 소련은 한반도 문제에 그다지 관심을 두지 않았는데 전쟁 종결을 위한 미국의 현실적 필요와 전후 구상에 따라 의도하지 않게 주요 행위자로 참여하게 되는 '행운'을 얻었다고 할 수 있다. 소련은 1941년 4월에 일본과 맺은 중립조약을 유지하고 있어 대일 방침에 있어서 다른 연합국과 공동전선을 펼 수 없었다. 따라서 소련은 대일전선에 관한 공동 성명을 논의하는 카이로회담에는 직접 참가하지 않았고 대신 테헤란회담을 통해 유럽전선에 관한 공동보조를 천명하게 되었다. 반면에 미 국무부는 1942년 시점에 이미 한반도 정책에서 중국에 못지 않게 소련의 역할이 중요하다고 인정하기 시작했다. 그것은 소련 내부에 사단 규모 정도의 한인부대가 훈련을 받고 있다는 것을 인식한 때문이기도 하지만, 소련이 전통적으로 한반도를 군사적 요충지로 간주하고 남하정책을 전개해 왔다고 하는 인식 때문이기도 하다. 특히 미국내 군사 전략가들은 소련의 전략적 요충지로서 한반도를 지목했다.

카이로회담과 테헤란회담을 앞둔 시점에서 루즈벨트의 군부 관리들은 소련의 남하 정책과 관련하여 한반도의 전략적 중요성을 인정하고 장제스나 스탈린과 회합할 때 이를 확인할 것을 대통령에게 주문했다. 특히 마샬(George C. Marshall) 육군 참모총장은 소련이 일본에서 가까운 커다란 항구로 부산을 지목하고 이를 원하고 있다고 했으며, 킹(Ernest J. King) 해군 작전사령관은 부산을 통해 따리엔(大連) 항구와의 연락체계를 갖추려고 한다고 언급했다. 그러나 이러한 미국 군부 정책결정자들의 한반도 인식은 훗날 38도선 획정이나 일본군 무장 해제 과정에서 소련이 보여준 한반도 개입 움직임에 비추어 볼 때 다소 과장된 것이었다.

미국이 강대국을 중심으로 하는 국제질서에 소련을 적극 끌어들이고자 한 데에는 영국과 중국이 소련의 진출에 대해 민감하게 반응한 것과도 관련이 있다. 한반도의 전후 질서 문제와 관련하여 미국이 중국과 함께 소련을 개입시키려고 했던 입장에 대해서는 앞에서 언급했다. 결국 미국은 강대국간 견제와 균형을 통하여 어느 한 국가의 과도한 개입을 막고 협조체제를 구축함으로써 평화가 유지될 수 있을 것으로 보았다. 1943년 5월과 8월에 워싱턴 D.C.와 퀘벡에서 열린 미영 정상회담을 통해 양국은 전후에 소련의 동의 없이 유럽에서 지역기구를 만드는 것은 불가능하다는 것을 확인했으며 영국도 미국의 전후 설계에 소련을 참여시키기로 합의했다. 이에 따라 그해 10월에 3국 외상이 모스크바에서 회담을 갖기에 이른 것이다.

_4_
한반도 문제를 거론한 미중 정상회담

카이로회담은 11월 22일 오전에 이집트 미국대사관저에서 상견례를 겸한 예비모임을 가지면서 시작되었다. 그리고 공식적인 정례회의는 23일부터 열렸다. 그런데 연합국 정상은 카이로회담에 임하면서 아무런 사전 협의를 거치지 않았고 예비적 문서를 준비하지 않았다. 이것은 같은 해 10월 하순에 미국 · 영국 · 소련 3국 외상이 모스크바에서 회담하기에 앞서 사전 준비를 철저히 했던 것과는 좋은 대조를 이루고 있다.

미국은 적어도 한반도 문제에 관하여 포괄적으로 국제적 관리에 의한 독립의 당위성을 생각하고 있었을 뿐이며 국제적 관리에 관한 구체적인 방안이나 준비된 의견을 가지고 이 회담에 임하지 않은 것이 분명하다. 앞에서 거론한 바와 같이 한 주 전에 미국 참모본부 관리들이 미중 정상회담을 대비하여 장제스의 의향을 묻겠다고 준비한 메모에서 한반도와 관련된 구체적인 문구는 일체 찾아볼 수 없다. 굳이 한반도와 관련된 준비된 자료라고 한다면 포괄적으로 전후 일본점령에 대한 참가 문제와 일본에 의해 정복당한 영토를 되찾는 문제에 관하여 의사를 확인하겠다고 하는 메모가 있었을 뿐이다.

일련의 카이로회담에서 한반도 문제가 처음 거론된 것은 11월 23일 저녁에 루즈벨트 대통령 숙소에서 만찬을 겸하여 열린 미중 정상회담 자리에서였다. 이 자리에는 홉킨스도 함께 참석하고 있었다. 이때 미중 정상간 대화에서 나온 가장 중요한 이야기꺼리는 일본의 천황제에 관한 것이었다. 미국내 여론에서 천황의 전쟁책임을 추궁해야 한다는 목소리가 높다는 것을 전제로 하여 루즈벨트가 천황제 존속 문제에 관한 중국측 의견을 물으면서 관련 대화가 시작되었다.

이 부분은 장제스의 회고록에 잘 나타나 있다. 장제스는 이때 일본 군부에 대한 응징을 강하게 주장하면서도 국체(國體) 문제에 대해서는 일본 국민이 스스로 선택할 문제라고 대답했다고 기록하고 있다. 또한 영토문제에 관한 의제를 논의하는 가운데 한반도 독립 문제가 거론되었는데, 이 문제에 대해서는 루즈벨트보다 장제스 자신이 보다 더 특별한 관심을 가지고 있었고 따라서 그때 자신이 한반도 사람들에게 독립을 부여하자는 의견을 제시했으며 이에 대해 미국측이 전적으로 동의했다고 회고했다.[2)]

다만 미국측은 미중 정상회담을 공식적인 회담으로 여기기 않았기 때문에 공식적으로 기록을 남기지 않았다. 따라서 이때 미국과 중국 어느 쪽이 한반도의 독립문제에 대해 더욱 적극성을 보였는지 정확히 실증해내기는 쉽지 않고 추론에 의지할 수밖에 없다. 미중 정상회담과는 달리 그 다음날 24일 오전에 열린 미영 정상회담에 대해서는 공식적인 기록을 남겨놓고 있는데, 그 기록에는 전날 중국과 가진 회담의 결과에 대해 장제스가 매우 만족했다고 되어있을 뿐이다.

미국무부 대외관계 자료집에는 나중에 1956년이 되어 주미 중국대사가 중국어 자료를 영어로 번역하여 국무부에 제출한 것이 실려 있다.[3)] 중국측 번역 자료 속의 기록을 보면 23일 저녁에 한반도 · 인도차이나 · 태국과 같은 식민지역 · 점령지역의 독립에 관하여 양국 정상이 의견을 나눈 것이 확인된다. 이때 양국이 식민지 독립에 관하여 공감을 표시하는 가운데 장제스는 한반도 독립을 인정해야 할 필요성에 대해 강조했다(Chiang

2) サンケイ新聞社,『蔣介石秘錄(下)』, サンケイ出版, 1985年.

3) Roosevelt-Chiang Dinner Meeting, 1943.11.23, FRUS: The Conferences at Cairo and Tehran 1943.

stressed on the necessity of granting independence to Korea)고 되어 있다.

일찍이 한국의 구대열 연구자는 관련 자료들을 추적하여 미국이 중국과의 정상회담 자리에서 먼저 한반도를 포함한 아시아 식민지의 독립 문제를 '지적'했고 여기에 중국이 한반도 독립의 필요성을 '강조'하면서 미국의 견해에 '동의'했다고 보았다.[4] 그는 앞의 장제스 회고록과는 달리 미국이 먼저 한반도 독립 문제를 거론했고 이에 대해 중국이 동의했다고 본 것이다. 이러한 관련 자료와 선행 연구를 종합해 볼 때, 미국과 중국 어느 쪽이 먼저 한반도 독립 문제를 거론했는지에 대해서는 의견이 분리되어 있다. 하지만 전후 식민지 독립에 관한 미국의 의사가 분명했고 한반도 독립문제에 관한 중국의 견해가 강력했다는 점에서 한반도 문제를 둘러싼 미국과 중국의 의견이 대체로 일치했다고 하는 점을 확인할 수 있다.

미중 정상은 중국의 국제적 지위, 일본 천황 문제, 일본 점령과 배상 문제, 군사적 경제적 지원 문제, 영토 회복과 독립 문제 등 폭 넓은 주제에 관하여 기본적인 의견을 교환했다. 따라서 중국이 회담 결과에 만족했다고 하는 것을 한반도 문제에만 결부시키는 것은 바람직하지 않다. 오히려 장제스가 연합국 참가를 인정받고 군사적 · 경제적 지원을 받기로 한 것에 관하여 전적으로 만족했고, 이러한 입장에서 미중 정상회담에 임했다고 보는 것이 옳을 것이다. 국무부 자료에 따르면 나중에 루즈벨트는 처칠에게 "중국이 만주와 한반도의 재점령을 포함하여 광범위한 열망을 가지고 있다는 것이 분명하다"(There was no doubt that China had wide aspirations which included the re-occupation of Manchuria and Korea)고 말한 것으로 되어 있다. 이를 통해 중국이 한반도의 즉각적인 독립에 대해서는 소극적인 입장을 가지고 있었음을 간접적으로 확인할 수 있다.

---

4) 구대열,『한국 국제관계사 연구 2: 해방과 분단』, 역사비평사, 1995년.

카이로의 미중 정상회담

그럼에도 불구하고 필자는 이때의 미중 정상회담 분위기가 카이로 코뮈니케 발표문에 Korea 문구가 들어가는 데 중요한 단서를 제공했다고 보고 있다. 중국측 번역 자료나 장제스의 회고록 등 중국이 한반도 독립 방향을 지지했다고 하는 기록에 대해 사실 무근의 소설에 불과하다고 말하기는 곤란하기 때문이다. 한반도의 즉각적인 독립에 대한 신빙성 문제를 들어 중국이 미국과의 정상회담에서 한반도에 관한 언급을 하지 않았다고 보는 것은 지나치게 중국측 자료를 불신하는 일이며 결과적으로 카이로 코뮈니케 발표문 작성에 끼친 중국의 영향력을 무시하는 일이다. 중국이 즉각적인 한반도 독립에 관한 적극적인 의사가 없었다고 해서 한반도 독립에 관한 언급 자체를 하지 않았다고 말할 수는 없다. 일본 패전 후에 독립해야 할 지역으로서 미중간에 한반도문제가 논의된 것이 그 다음날 홉킨스가 선언문 초안을 작성하면서 Korea 문구를 넣게 되는 데 중대한 영향을 끼친 것으로 보아야 할 것이다.

_5_
홉킨스의 초안 작성과 수정

미국무부의 대외관계 자료에서 11월 24일에 홉킨스(Harry L. Hopkins)에 의해 작성된 발표문 최초 원안을 확인할 수 있다. 홉킨스 원안에는 Korea 문구와 관련하여 다음과 같은 문장이 들어가 있었다. "우리는 일본에 의한 한반도 사람들의 반역적인 노예상황을 기억하고 일본 패망 후 가능한 가장 이른 시기에 자유롭고 독립적인 국가가 되도록 결의했다." 홉킨스 개인의 경험이 크게 작용했는지 아니면 전날 미중 정상회담의 분위기가 크게 작용했는지는 차치하고라도, 결과적으로 그가 선언문의 가장 기본이 되는 문서를 작성하면서 '가능한 가장 이른 시기에'라고 하는 절실한 표현을 사용하여 한반도의 독립에 관하여 강도 높게 언급했다는 것은 분명하다. 다만 이때 홉킨스는 일본의 침략으로부터 회복해야 할 곳을 열거하는 가운데 Korea 문구를 사용했다. 따라서 태평양 도서들과 만주 · 대만과 같은 지역과 같은 문단에서 Korea를 언급한 것이다. 이를 통해 필자는 홉킨스가 전날의 회담 분위기로부터 크게 영향을 받았을 가능성이 높다고 보는 것이다.

그런데 그 이튿날 대통령은 원안을 검토하고 수정하는 과정에서 Korea 관련 문단을 중국 관련 문단에서 분리하여 따로 작성할 것을 지시했다. 루즈벨트는 한반도가 만주나 대만과는 달리 일본 패망 후에 독립되어야 하는 지역이지 중국에 귀속될 지역이 아니기 때문에 중국 관련 문단에서 따로 떼어내기를 원한 것으로 보인다. 또한 대통령은 한반도 독립 시기와 관련하여 '가능한 가장 이른 시기에' 라고 하는 문구를 '적절한(proper) 시기에'라는 문구로 수정함으로써 그 강도를 약화시켰다. 대통령의 문구 수정 결과는 대외관계 자료에 실려 있는 원본과 활자본을 통하여 알 수 있다.

해리 홉킨스

주목해야 할 사항으로 대통령이 한반도 관련 문구에서는 표현을 약화시켰지만 반면에 대일 전투에 관한 문구에서는 보다 적극적인 표현으로 강화시킨 것을 지적할 수 있다. 홉킨스 원안에 적힌 '일본에 대한 강력한 공격(vigorous offensives)'이라는 문구에다가 '지속적이고 점차 강력해지는 공격(continuous and increasingly vigorous offensives)이라는 보다 강렬한 수식어를 추가한 것이다. 대통령의 수정 지시 결과를 통해 이때 그가 미국 국민들이 열망하는 대일 전투 관련 부분에서는 보다 강렬하게 표명하기를 원했고 반면에 미국 국민들 사이에 그다지 관심 사항이 되고 있지 않은 한반도의 독립 문제에 대해서는 비교적 어조를 낮추려 했다는 것을 알 수 있다. 전날 장제스와의 회담에서 대일 전투에 관한 강력한 의지 표명이 오간 것이 분명한 상황에서, 만약 이 분위기가 홉킨스의 원안 작성에 영향을 끼쳤다는 것을 전제로 한다면, 루즈벨트는 전후 한반도가 어느 한 국가의 관할권에 속해서는 안 된다고 하는 견해를 가지고 있었고, 미중 양국 정상은 공통적으로 일본 패망 후 즉각적인 한반도 독립에 대해서는 그다지 깊이 고려하지 않았다는 점을 재삼 확인할 수 있다.

위와 같은 해석은 대통령의 지시에 따른 수정안에서 한반도 독립에 관한 문단이 중국 관련 문단에서 따로 떨어져 나간 것으로부터도 동일하게 유추해낼 수 있다. 대통령은 중국 관련 문단이 짧아지자 원안의 문장 뒤에 "일본에 의해 폭력과 탐욕으로 취해진 모든 점령지는 그들의 손아귀로부터 풀려날 것이다"(All the conquered territories taken by violence and greed by the Japanese will be freed from their clutches)라고 하는 문장을 추가했다. 이것은 전후 중국에 반환되어야 할 영토를 언급하는 가운데 이를 더욱 강조한 문장이다. 다시 말하면 문맥상 한반도의 독립 문제보다는 중국의 실지회복 문제에 보다 더 힘을 실어주는 문장이었다. 결과적으로 루즈벨트의 수정안은 홉킨스의 원안에 비해 일본의 무조건 항복(unconditional surrender)을 더욱 강하게 촉구하는 한편, 중국에 대한 보다 깊은 배려를 나타낸 것이라고 할 수 있다.

11월 25일 루즈벨트의 검토를 거친 미국측 발표문 초안은 당일 장제스와 처칠에게 건네졌다. 공산당과의 내분에도 불구하고 강대국 지도자의 지위를 인정받은 장제스는 대단히 만족스러워 했고 자연스럽게 미국측 초안에 대해 이견을 달지 않았다. 하지만 영국은 미국측으로부터 받은 초안의 문구를 대대적으로 수정하는 작업에 들어갔다. 중국 관련 문단과 한반도 관련 문단을 하나로 이어지게 했으며, 일본에 대한 '지속적이고 점차 강력해지는 공격'이라는 표현을 없애거나, 일본이 점령한 태평양 도서로 포괄적으로 표현한 것을 '1914년 제1차대전 발발 이래'로 한정하는 등 전면적으로 문구들을 뜯어고쳤다. 카이로회담에 루즈벨트가 국무부 관리를 대동하지 않았던 것에 비해서 처칠은 대서양헌장의 초안을 작성한 인물을 포함하여 외교적 수사에 능통한 측근들을 대동하고 있었기 때문에 영국측은 미국측 초안이 세련되지 않은 표현들로 가득하다는 것을 발견해낼 수 있었다. 이러한 입장에서 영국은 한반도 관련 서술에서 미국측 초안의 '반역적인'과 같은 용어를 없앤 것으로 보인다.

또한 널리 알려진 바와 같이 한반도와 관련하여 미국측 초안에 제시된 '일본 패망 후 적절한 시기에'라고 하는 표현을 영국측은 '당연한 순서로(in due course)'라는 표현으로 단순화 했다. 여기에서 중국과 동남아시아 등에 조차지와 식민지를 보유하고 있는 영국이 미국과는 견해를 달리하고 있었다는 점을 알 수 있다. 특히 미국측 초안에서 즉각적인 독립을 일반적으로 연상하게 하는 표현에 대해 영국은 이의를 제기했다. 이든 외상이 11월 25일에 열린 3국 정상회담을 나중에 회고하면서 미국측이 사용하는 '독립'이라는 용어에 불쾌하게 느꼈다고 술회한 것과 맥을 같이 한다. 자치령과 식민지 관리를 통해 발전해 온 영국으로서는 한반도에 자치정부를 허용하는 일까지는 생각하지 못하는 일이었다.

아무튼 영국의 수정작업을 통해 '세련된' 발표문이 되었고 이 영국측 문안을 기초로 하여 11월 26일 카이로회담 마지막 날에 최종 마무리 작업이 이루어졌다. 그 결과 정리된 최종 발표문에는 "3개 강대 동맹국은 일본을 제압하고 징벌하기 위해 이 전쟁을 수행하는 것이다. 3국은 자신의 이익을 탐내지 않으며 영토 확장을 전혀 고려하지 않는다"고 하는 문장이 추가되었다. 또한 영국안대로 한반도와 관련된 문장이 중국 관련 문단에 함께 서술됨으로써, 한반도를 '일본에 의해 폭력과 탐욕으로 취해진 모든 점령지'에 속하는 것으로 해석하는 데 문제가 없도록 했다.

_6_
카이로 코뮈니케 이후

일반적으로 대외적 성명서나 선언문을 발표할 경우에는 견해가 서로 다른 사항에 대해서는 언급을 회피하고 공동으로 인정하는 부분만을 발표하게 된다. 따라서 세부적으로 시행 방법을 둘러싸고 견해가 서로 다르다고 하더라도 포괄적인 방향에서 공통 인식이 발생하게 될 경우 공통 인식 부분만을 대외적으로 발표하게 되는 것이다. 이러한 정책적인 관점에서 볼 때 카이로 선언에 이르는 국제정치적 배경에는 강대국들의 각기 다른 입장에도 불구하고 한반도의 독립 문제를 포함한 전후처리 구상이 미국이 주도하는 견제와 균형의 틀 안에서 희미하게나마 자리를 잡고 있었다는 점을 지적할 수 있다.

카이로 코뮈니케는 11월 30일에 언론기관에 보도 자료로 배포되었고 12월 1일에 서구 언론을 통해 일제히 보도되었다. 이로써 세계에 널리 카이로회담의 결과가 알려졌고 특히 미국에서 루즈벨트는 외교적 성과로서 높은 평가를 받았다. 특히 미국의 한인 사회는 즉각적으로 한반도 독립에 대한 국제적 약속으로 보고 이를 대대적으로 환영했다. 이것은 로스앤젤레스 거주 한인들에 의해 매주 발행되고 있던 『신한민보』가 12월 2일 즉각적으로 번역문을 작성하여 격문으로 배포한 것을 통해서 잘 알 수 있다.

이어 『신한민보』는 12월 9일자에서 4면 전체를 할애하여 카이로 코뮈니케에 대한 평론과 관련 기사들을 내보냈다. 이 가운데 중경 임시정부의 김구 대통령이 12월 5일 기본적으로는 연합국에 대해 감사하면서도

'당연한 순서' 문안에 대해서는 강력히 반론을 제기하고 일본 패전과 동시에 즉각적인 독립을 주장했다. 또한 재미한족연합위원회는 12월 7일 루즈벨트, 처칠, 장제스에게 감사하는 전보를 보내고, 카이로회담이 "한국과 한인에게 새로운 생활을 주었다"고 칭송했다.

반면에 총력전 체제에서 언론 통제를 받고 있던 일본 본토에서는 카이로회담의 사실이 신문에 보도되기는 했지만 그 결과에 대한 해석은 현실과 전혀 다른 것이었다. 아사히신문 1943년 12월 2일자 보도에 따르면 카이로선언은 적국의 오만한 선언에 불과하며 전쟁 국면을 호도하기 위해 장제스를 이용해 모략을 꾸민 것이라고 평가했다. 이 선언은 '대일 굴복'을 강조하는 것이라기보다는 '대동아지역의 반격'을 중시하는 것이라고 폄하했고 다만 선언 안에서 일본 본토 처리까지 언급한 것은 일본제국을 모독하는 결의였다고 비판했다. 그러면서도 선언 내용을 일일이 보도하지는 않았으며 다음과 같은 평가만을 내놓았다.

(1) 이 선언은 그들 자신의 대동아 침략은 언급하지 않고 추축국만을 추궁했다. (2) 그들이 전쟁에 패퇴하고 일본이 승세에 이르자 고답적인 선전공세를 펼친 것. (3) 장제스를 끌어들인 것은 대동아전쟁에서 중경(重慶)이 빠진 것을 의식하고 이를 견제하려는 조치였다. 결국 일본의 언론은 카이로 선언이 일본을 '3등 국가'로 만들려고 하는 망상론에서 나온 것이라고 혹평했다.

그러나 조선총독부가 관할하는 한반도에는 카이로 코뮈니케 소식이 일반 언론을 통해 전달되지 않았다. 이 시기 한반도 신문들은 태평양 길버트(Gilbert) 섬에서 일본의 해군이 연일 승리하고 있다고 전했고 버마 전투에서도 일본군이 중국으로의 보급로를 차단하고 영국 전투기들을 격추하고 있다는 전과만을 대대적으로 홍보하고 있었다. 『경성일보』, 『매일신보』와 같은 한반도 안의 신문들은 일본 본토의 언론 가운데 승전 관련 보도만을 내보내면서 식민지 사람들에게 결전(決戰) 의지를 북돋우고 있었던 것이다.

그럼에도 불구하고 재외한인사회와 국제사회에 널리 알려진 카이로회담 소식은 암암리에 한반도 조선인들에게 전파되어 갔다. 총독부가 1944년 8월에 치안대책을 작성하여 제국의회에 제출한 자료에 따르면, "미국 · 영국 · 중국이 해외 조선인 불령분자를 사주하여 조선어 방송으로 조선의 독립을 사주 선동하고 추축국 전황에 대한 날조 등으로 왜곡 과장하여 반도 민심의 혼란을 야기하고 있다"고 했다.[5] 여기에다가 비록 형식적이기는 했지만 버마와 필리핀이 독립을 인정받으면서 '대동아공영권'이 내부적으로 붕괴하기 시작했고, 간접적인 경로를 통해 국제사회의 한반도 독립 보장에 관한 소식이 한반도 사람들에게 전파되면서 민중 사이에 '유언비어'가 나돌았다.[6] 이에 따라 전쟁 말기에 일본의 총력전 태세에 저항하거나 협력하지 않는 조선인이 자연스럽게 증가해 갔다.

앞에서 필자는 특히 11월 23일의 미중 정상회담이 홉킨스의 초안 작성에 커다란 영향을 끼쳤을 것이라고 추론했다. 홉킨스의 업적에 관하여 수많은 연구자들이 평가를 내리고 있는 가운데, 유독 카이로선언 초안 작성과정에서 Korea 독립 문구를 기입한 그의 '업적'에 대해서는 그다지 평가가 이루어지지 않았다. 이 점에 착안하여 한국의 정일화 연구자가 홉킨스의 '업적'을 추적하고 높이 평가한 것은 카이로선언 관련 연구에 새로운 지평을 여는 작업이었다고 할 수 있다. 하지만 필자는 홉킨스의 '업적'에 앞서 미중 정상회담의 분위기가 더욱 더 중시되어야 한다고 생각한다. 미국의 식민지 독립에 대한 기본 입장이 무엇보다 중요하며,

---

5) 水田直昌 · 土屋喬雄(編),『財政 · 金融政策から見た朝鮮統治とその終局: 朝鮮近代史料 朝鮮総督府関係重要文書選集(3)』, 友邦協会朝鮮史料編纂会, 1962年.

6) 水野直樹,「戦時期朝鮮の治安維持体制」,『支配と暴力: アジア · 太平洋戦争 7』, 岩波書店, 2006年.

여기에다가 장제스가 일본 군부에 대한 응징과 함께 한반도 문제를 강조한 것이 루즈벨트와 홉킨스에게 Korea 독립 문구를 넣도록 하는 데 중대한 영향을 끼쳤을 것으로 보아야 한다는 것이다.

다만 주지하는 바와 같이 카이로회담에서 4대 강국 가운데 어느 국가도 해외한인 독립운동 단체가 통일되지 않은 것을 이유로 하여 임정이나 어느 특정 단체에 대해 한반도 국가체의 대표성을 인정하지 않았다. 오늘날에 이르기까지 한반도 분단의 원인을 둘러싸고 민족 내부의 요인을 중시하는 견해와 맥을 같이 한다. 결과적으로 패전 이후 일본세력이 물러난 한반도는 한인 자치에 의한 관리가 허용되지 않았고 강대국에 의한 국제관리 상태에 놓였으며 전후 신탁통치 구상으로 이어졌다. 결국 카이로선언은 한반도 국가독립의 과정에서 '미미한 시작'을 알리는 것에 불과하였으며 '커다란 결과'를 알리는 신호는 아니었다.

그럼에도 불구하고 국권 상실의 고통을 겪고 있는 한반도 사람들에게 카이로선언은 무한한 희망을 안겨준 첫 번째 국제협약이었다. 즉 일본제국의 패전 이후에 찾아온 국가수립은 완전한 독립을 향하여 가는 과정(course) 가운데 시작 단계에 불과했고 그 과정이 적절하게 진행될 것인지 그렇지 않을지 여부는 새로운 국가를 보유하게 된 한반도 사람들의 몫으로 남게 되었다. 요컨대 식민지 말기의 한인 독립운동가들이 꿈꾸었던 완전한 국가독립은 국제사회에 의해 거저 보장되는 것이 아니었고 한반도 내부에서 미소분할점령, 신탁통치방안, 6.25전쟁, 분단, 대치라고 하는 수많은 시행착오와 고난을 겪으며 진행되어 온 것이다.

한국은 정부수립 이후 오늘날까지 계속하여 독도가 카이로선언에 나타난 바와 같이 일본에 의해 폭력과 탐욕으로 취해진 점령지에 속한다는 입장을 견지하고 있다. 일본패전 직후 미국이나 점령당국은 전쟁 종결 직후에는 한국정부와 같이 독도를 인식해 오다가 1949년 대일강화조약

샌프란시스코 강화조약과 독도

을 준비하는 과정에서부터 마치 일본이 정당하게 취득한 영토인 것처럼 인식하는 것에 동조하기 시작했다. 오늘날에 이르기까지 미국은 독도 문제에 관한 한 '중립적' 입장을 취하고 있어 분쟁 지역임을 인정하지 않는 한국으로서는 미국이 다소 일본을 두둔하고 있는 것이 아닌가 하는 의구심을 품지 않을 수 없다. 일본은 미국의 이러한 '중립적' 입장이라는 버팀목이 있기 때문에 독도에 관한 영유권을 계속 주장해 오고 있는 것이다.

오늘날에 이르기까지 한반도에서는 남북 분단이 지속되고 있을 뿐 아니라 독도 영유권의 완전한 인정을 받지 못하고 있다. 국가독립 상태가 완전하다고 보기 어렵다는 것이다. 분단의 원인을 민족 외적인 요소 즉 국제정치적 요소에서 찾는다고 하면 해방 직후에 남북 분단을 야기한 연합국에게 있다고 할 수 있다. 나아가 한반도 불완전 독립의 원인은 주변국 가운데 패전국 일본에게도 있다. 일본은 연합국에 의한 점령을 마치고 국제사회에 복귀하면서 과거 제국주의 시대에 폭력과 탐욕으로 침탈했던 한반도 영토에 대한 욕심을 스스로 말끔히 씻어내지 않았기 때문이다. 일본정부는 대일강화조약 초안을 마련하는 과정에서 부단한 대미 접촉을 거쳐 애초 독도를 한국 영토에 편입시켰던 초안을 바꾸어 일본측 영토로 규정하려고 했으며 결과적으로 강화조약 문안에서 독도 관련 문구를 지우는 데 성공했다. 20세기 초두 제국주의 시대에 침탈당한 독도를 일본이 자국의 영유권에 속해 있다고 주장하는 것은 한반도가 완전한 국가 독립이라고 하는 '목표'를 향해 가고 있는 '과정'에 여전히 머물러 있다고 하는 것을 확인시켜 주고 있다.

Ⅴ. 강제동원 피해자의 미수금 문제

이 글은 동북아역사재단의 기관지 『동북아역사논총』 제45호(2014년 9월 30일 발행)에 실린 논문을 부분적으로 수정한 것이다.

_1_
미수금 연구팀 구성과 조사

한일민족문제학회 소속 회원을 중심으로 하여 전후처리 문제에 관심을 갖고 있는 연구자들이 2011년 8월부터 미수금 관련 스터디를 시작하여 2014년 9월 동북아역사논총에 기획 논문을 싣기에 이르렀다. 이 논총에는 연구팀 가운데 5명에 의한 연구논문이 기획논문으로 게재되었다. 필자는 연구책임자로서 해당 논총의 서문을 작성했으며 공동연구자로서 미수금 문제를 둘러싸고 해방직후 재일한인 사회에서 발생한 움직임을 정리하는 연구논문을 작성했다. 여기서는 논총의 서문과 연구논문을 일부 수정하여 독자들에게 미수금 문제의 발단과 현황을 이해하기 쉽게 전달하고자 한다.

일본정부는 패전 후 일본인 귀환자로부터 압수한 유가증권에 대해서는 국내 홍보와 함께 1953년부터 '반환' 작업을 실시해 오고 있다. 2014년에도 나고야(名古屋) 세관이나 홋카이도(北海道) 세관은 일본인 귀환자의 유가증권 '반환'을 위한 대민 안내를 실시했다.[1] 그러나 해방 후 조선인 귀환자로부터 압수한 것에 대해서는 한일회담 과정에서 이를 은폐했고 수교 이후에도 청구권협정을 이유로 하여 모르쇠로 일관해 왔다. 마찬가지로 조선인 노무자의 미수금 문제도 일본정부의 소극적인 자세와 청구권협정의 장벽에 가려 그 실태조차 제대로 알려지지 않았다. 필자는 미수금 연구의 기획과 관리를 담당한 연구책임자로서 미수금 문제의 핵

1) 『北海道新聞』 2014年 7月 26日; 『北海道新聞』 2014年 8月 9日; 『中日新聞』 2014年 8月 13日; 『日本経済新聞』 2014年 8月 13日.

심을 간략하게 설명하고 한국에서 미수금에 관한 연구가 어떻게 진행되어 왔는지 회고하고자 한다.

일본정부는 패전직후 조선인 군인, 군속, 노무자의 미불임금 · 원호금 · 예금 · 저금 · 보관금 등을 당사자에게 알리지 않은 채 공탁 조치했다. 공탁 조치는 1946년부터 부분적으로 시작되어 샌프란시스코 조약 발효를 전후하여 가장 활발하게 실시되었고 1990년대 초까지도 계속되었다. 특히 패전직후 일본정부와 점령당국은 상호 결탁을 통하여 공탁을 실시했다. 조선인 노무자 미수금의 공탁은 1946년 6월 통첩 「조선인 노무자에 관한 조사의 건」과 1946년 8월 27일자 통달 「조선인 노무자 등에 대한 미불금 등의 공탁에 관한 건」, 1950년 2월 28일자 「국외거주 외국인 등에 대한 채무의 변제를 목적으로 하는 공탁 특례에 관한 정령」 등에 의해 제도적으로 실시되었다.

일본의 점령당국과 남한의 미군정 당국도 이러한 일본정부의 조치에 대해 소극적이고 방관적인 태도로 일관했다. 1952년부터 시작된 한일 청구권 교섭과정에서 일본정부는 일관되게 공탁사실을 은폐해 왔고 1965년 수교 이후에도 공탁자료의 존재를 부정해 왔다. 2000년대에 들어 한국에서 강제동원피해진상규명을 위한 위원회가 발족되어 일본에 자료를 요구하는 한편, 일본에서도 '강제동원진상규명네트워크'와 같은 시민단체가 결성되어 자료 공개를 요구하면서 조선인 노무자 미수금과 관련된 공탁금 자료의 존재가 조금씩 밝혀지기 시작했다.

2005년 5월 한국의 위원회는 유골송환 문제를 협의하는 가운데 일본정부에 대해 공탁금 자료를 공식 요청했고 일본정부는 2007년 12월 약 11만 건에 달하는 공탁금 명부를 한국에 제공했다. 그러나 이때 인도된 공탁금 명부는 군인과 군속에 한정된 것이었고 노무자의 명부는 여기에 포함되지 않았다. 따라서 한국정부는 일본에 대해 징용노무자 관련 자료를 추가로 요청했고 그 결과 2010년 3월 일본 민주당 정부로부터 노무자 공탁금 관련 자료의 사본을 전달받기에 이르렀다. 한국정부는 곧 바로 자료의 DB화 작업에 들어갔고 이에 따라 노무자 6만 4천 명 정도의 공탁 금액 약 3천 5백만 엔을 확인했다. 또한 한국정부는 2005년 2월부터 2008년 6월까지 총 22만 6천여 건의 노무자를 비롯한 군인 · 군속 · 위안부 등 강제동원 피해를 접수받고, 2008년 하반기부터 사망 · 행방불명, 부상 장해, 미수금 피해자에 대해 지원을 개시했다. 2013년 말까지 총 2만 7천 건에 달하는 미수금 피해 신청이 접수되었고, 심사결과 1만 4천 건, 458억 원 가량의 지원금이 지급되기에 이르렀다.

오늘날 개인의 미불금 명세서는 일본법무성의 공탁소에 있으며 피공탁 당사자만이 이를 열람할 수 있다. 반면에 공탁 관련 공문서 및 기업별 지역별 공탁현황을 담은 문서는 일본공문서관에 소장되어 있다. 일본의 시민단체에 의해 공개된 일부 자료에는 공탁 기업 300여 개의 현황과 임금 · 원호금을 포함해 40여 종에 달하는 공탁 내역이 수록되어 있다. 다만 일본의 시민단체는 자료 발굴과 공개에 주력하면서 이들 자료에 대한 세세한 분석은 실시하지 못하고 있다.

이에 따라 일찍부터 한국의 한일민족문제학회 소속 회원들 가운데 전후처리문제에 관심을 가지고 있는 연구자들을 중심으로 미수금 문제를 공동으로 연구해보자고 하는 의견이 대두되었고 2011년 8월 6일부터 미수금 문제에 관하여 집중적인 공동 연구를 시작하기에 이르렀다. 그 전날 광운대학교에서 한국과 일본의 연구자들에 의한 강제동원문제에 관한 공동학술대회가 열렸고 이날 낮에는 인천항 주변에서 일제강점기 유적을 답사하고 저녁에는 숭실대학교에서 열린 '일제강제동원 & 평화연구회' 발족 모임에 참석했다. 여기에서 몇몇 연구자들이 조선인 노무자 미수금 문제에 관한 자료를 매월 읽어나가기로 했다. 그 후 매월 소규모

스터디 모임을 진행하는 과정에서 모임 이름을 '공탁금자료연구반'이라고 명명하고 연구과정과 결과를 사이버 카페에 공지함으로써 관련 연구자들의 관심을 불러일으켰다. 이 연구팀은 모임의 가장 큰 목적을 노무자 미수금 전반에 관한 일반적인 지식을 공유하자는 것에 두었고, 공탁제도, 공탁현황, 피공탁자, 관련 기업 연구 등 네 가지 방향에서 공탁금자료를 해독해 왔다.

이어 연구팀은 2012년 초에 동북아역사재단에 소규모연구회 지원을 신청하고 재단의 지원을 받아 일본국립공문서관의 쓰쿠바(筑波) 분관에 보관중인 「조선인의 재일자산 조사보고서철」과 「조선인 노동자의 미불금 공탁처 일람표」를 분석하기 시작했다. 2012년 1월 30일의 제1회 연구회로부터 2013년 1월 8일의 제8회 연구회까지 총 8차례 모인 가운데 평균 10명 내외의 전문가들이 모여 분석결과를 발표하고 토론을 거쳤다. 이와 함께 미수금 문제에 관한 선행연구를 해독하고 평가하는 작업도 병행했다. 국내외 연구 성과를 포함한 20여건의 목록과 논문을 복사하여 회람하는 가운데, 고데라 사요코(小寺 初世子) · 고쇼 다다시(古庄 正) · 매튜 어거스틴(Matthew R. Augustine) 등의 선행 논문에 관한 발제와 토론이 이루어졌다. 소규모 연구회를 통해 얻은 가장 큰 성과는 참여자들이 미수금 문제에 관하여 각각의 연구 과제를 설정한 것이다.

이와 함께 연구팀은 미수금 자료 가운데 「귀국 조선인에 대한 미불임금채무 등에 관한 조사」와 공문서철로 이루어진 「조선인의 재일자산 조사보고서철」을 통하여 미수금의 공탁과정에 관한 개요를 파악했다. 또한 자료 「조선인 노동자의 미불금 공탁처 일람표」를 통하여 기업별 지역별 공탁현황을 파악했다. 연구팀은 두 자료에 대한 미시적 · 거시적 분석을 실시함과 동시에 피공탁자 피해 문제에 대한 전문가 의견을 듣고 선행연구를 해독하는 작업을 병행했다. 미시적 분석으로는 공탁 금액과 관

2013년 8월 연구팀의 조사활동

련 기업, 공탁 내역 등 공탁 실태에 관한 항목별 분석을 실시했으며, 거시적 분석으로는 두 자료의 상호 비교, 공문서와 법령의 해석을 통해 공탁제도 전반을 파악하는 작업을 실시했다.

이러한 소규모연구회 성과를 토대로 하여, 2013년 1월 동북아역사재단에 「일제강점기 조선인 피징용노무자의 미수금 문제에 관한 조사연구」를 주제로 하여 공동연구를 위한 연구비 지원을 신청했다. 그 결과 그 해 2월에 지원과제로 선정되었고 각 연구자들은 개별 과제를 확정하고 논문 집필과 발표를 진행하기에 이르렀다. 미수금 연구진은 공탁관련 자료를 새롭게 발굴하기보다는 입수 가능한 자료를 분석하고 미수금 문제의 실체를 밝히는 데 역점을 두었다. 특히 한국정부가 보유하고 있는 공탁금 자료와 이제까지 발굴되어 활용이 가능해진 자료를 조사하고 분석하는 일에 중점을 두었다.

_2_
해방직후 조선인 노무자의 미수금

필자는 조선인 노무자의 미수금 문제에 한정하여 해방직후 조련(재일본조선인연맹)이 이 문제에 대해 조직적으로 어떻게 관여해 왔는지 조사해 왔다. 이제까지 조련에 관한 연구에서는 조직 형성사가 중심이 되어 왔으며 그 가운데 조련의 조직적 활동을 사안별로 다루어 왔다. 지난 1989년 박경식(朴慶植) 연구자에 의해 해방 이후 재일한인 운동사에 관한 선구자적인 저서가 출간된 이래 수많은 관련 연구가 한국과 일본에서 진행되어 왔다. 그 가운데 2009년에 조련에 관한 오규상(吳圭祥)의 종합적인 연구서가 출간되었고, 2013년 정영환(鄭榮桓)의 저서가 발간되어 지난 연구서들이 깊이 다루지 못한 조련 자치대와 청년 일꾼의 활동 등을 언급하고 조련의 조직 논리를 파헤쳤다.

그러나 조련이 조선인 노무자의 미수금 문제에 대해 어떻게 관여해 왔는지에 대해서는 위의 자료는 물론 기존 조련 관련 연구서에서 간략하게 언급하고 있을 뿐, 이에 대한 집중된 연구가 제기되지 않았다. 이러한 연구의 문제점은 미수금 혹은 미불금, 공탁금에 관한 연구에서도 마찬가지로 그대로 나타나고 있다. 이것은 기본적으로 관련 자료의 부족에 따른 것이다. 조련의 경우, 수많은 연구자들의 노력에 힘입어 중앙조직의 자료가 그런대로 발굴이 되었지만, 지방조직의 자료는 좀처럼 나오고 있지 않다. 이러한 한계를 극복하는 방법으로 필자는 기존에 발굴된 중앙조직 자료에서 미수금 교섭 관련 활동을 정리해내는 작업과 함께, 지방의 조련활동 자료, 언론보도 자료, 점령군 자료 등을 발굴하고 분석하여 조련 지방조직의 움직임을 규명하는 작업이 병행되어야 한다고 생각해 왔다.

연구자는 미수금 연구의 도입 단계인 만큼 우선 조선인 노무자의 미수금에 관한 문제의식을 분명히 하고 기존 연구 성과를 정리하는 작업에 치중하고자 했다. 미수금 문제의 자리매김을 명확히 하고 기존 연구에서 나타난 조련의 미수금 관련 활동을 정리하고 이를 중앙조직 자료를 통해 보완하는데 주력하고자 한 것이다. 이어 앞으로의 연구를 통해 일본신문 자료나 점령군 자료의 분석을 통하여 조련 지방조직의 미수금 예탁활동 사례를 보완해 가기로 했다.

우선 조련의 예탁금 문제는 전체 미수금 문제에서 어느 위치를 차지하고 있을까. 미수금이라는 용어는 '받지 못한 금액'을 의미하는 단어로 일본의 작업장에서 일하다가 해방을 맞은 조선인 노무자들이 한반도에 귀환하면서 일본기업으로부터 받지 못한 보수를 말한다. 따라서 일본에서 작업하던 노무자에게 논의를 국한시키고, 또한 조선인 군인・군속, 그리고 일본군위안부의 미수금 문제는 논외로 하고자 한다. 조선인 노무자의 미수금은 일본공탁소에 공탁된 '공탁분'과 그렇지 않은 '미공탁분'으로 크게 나눌 수 있다. 그리고 조련이 예탁을 받은 미수금은 '미공탁분' 가운데 '제3자 인도분'에 해당된다.

미수금의 종류는 공탁금의 내역을 통해 확인할 수 있는데, 사업장마다 각각 표기가 다르고 수많은 명목의 수당과 저금 종류가 기재되어 있어 이를 종합하기가 어렵다. 크게 나누어 급료, 수당, 상여금, 저금, 여비, 보급금, 예치금, 유가증권, 후생연금, 연금탈퇴금, 우편저금, 생명보험금, 적립금, 보험탈퇴금, 조합탈퇴금, 퇴직적립금, 퇴직상여금, 전별금, 상해위로금, 상해부조료, 사망자위로금, 유해매장료, 유족부조료, 유골인취비, 장제료, 유족출두여비 등으로 생각할 수 있다.

미수금의 전체 규모가 정확히 알려지지 않는 가운데, 일본정부가 노무자 미수금의 규모를 얼마 정도로 파악했는지 일본 국립공문서관 쓰쿠바(筑波) 분관의 한일회담 관련자료 가운데 『경제협력 · 한국105』 속에서 찾아볼 수 있다.[2] 한국과의 국교정상화 교섭 과정에서 일본정부가 청구권 협상을 위해 참고한 것으로 보이는 이 자료에는 일본의 각 지방정부가 미수금 상황을 어떻게 보고했고 중앙정부가 어떻게 정리했는지에 관한 문서가 들어있다. 특히 이 자료 속의 후생노동성 자료 「조선인의 재일자산 조사보고서철」은 점령당국의 지시에 따라 일본정부가 어떻게 미수금 문제에 대응했는지 잘 보여주고 있다. 일찍이 1946년 10월에 후생성 노정국장은 각 지방에 지시를 내려 조선인 노무자의 미수금 현황을 조사하여 보고하도록 했으며, 1947년 12월에는 노동성이 주체가 되어 공탁 현황을 포함하여 미수금 현황을 조사하도록 지방에 지시를 내렸다. 1948년 3월에 노동성이 점령당국(GHQ)의 민간재산관리부에 보고한 바에 따르면, 그때까지 50,701명분의 미수금 5,443,150엔이 공탁되었고, 13,294명분의 미수금 2,400,686엔이 '위임받지 않은 적법한' 제3자에게 인도된 것으로 되어 있다.

또한 『경제협력 · 한국105』 속의 대장성 자료 「조선인에 대한 임금미불채무조사」를 보면 1950년대 초 일본정부가 미수금 규모를 어떻게 파악하고 있었는지 대체로 알 수 있다. 1950년 10월 일본노동성 노동기준국장은 각 지방에 조사 지시를 내려 미수금에 관한 조사결과를 보고받고 정리했다.[3] 이때 조사표에는 미불임금 등의 채무에 대하여 기업명, 채무종류, 채무액, 인원 수, 공탁 유무, 공탁한 공탁소, 공탁한 연월일을 기재

---

2) 金慶南, 「GHQ占領期における供託金の事務手続きと名簿原本の出所について: '経済協力 · 韓国105'分析を中心に」(強制連行真相究明ネットワーク, 神戸学生青年センター, 2009年 7月 26日)

3) 労働省労働基準局長, 都道府県労働基準局長宛, 「帰国朝鮮人に対する未払賃金債務等に関する調査について」(基発917号), 1950年 10月 6日.

하게 했다. 노동성이 조사한 결과를 모은 자료군 가운데 노동성 노동기준국 급여과가 1953년 7월에 각 지방에서 올라온 보고 자료들을 정리한 집계표가 있다. 해당 집계표에 따르면 '공탁분' 80,279명, 10,987,264엔, 미공탁분' 51,947명, 4,392,526엔 89전, '제3자인도분' 17,361명, 2,063,880엔 19전, 합계 149,587명, 17,438,671엔 08전의 조선인 노무자 미수금이 기재되어 있다.

일본 노동성이 1950년에 지시하여 정리한 자료에는 「제3자에 대한 인도분」이 지방별, 사업소별, 채무의 종류, 채권자 수, 금액, 비고 등으로 따로 정리되어 있다. 비고란에는 인도를 받은 단체의 이름과 단체의 대표자 그리고 인도 일자 등이 기재되어 있다. 이 자료가 조선인 단체의 예탁 결과를 모두 기록하고 있다고 보기는 어렵지만, 그 단서를 파악하는데 매우 유효한 자료라고 생각된다. 이 자료에 따르면 23개 지역에 있는 총 57개 사업장이 조선인 노무자 17,361명분의 미수금을 조련과 건청(조선건국촉진청년동맹), 그리고 조선인 노동자 대표에게 인도했다고 되어 있다.

인도한 시기에 대해서는 이를 기재하지 않은 사업장이 있는데, 이를 기재한 사업장만을 가지고 보면 야마구치현(山口縣)에서 1945년 9월 30일 가장 이른 시기에 조선인 노무자 조장에게 미수금을 인도한 것으로 되어 있고, 조련의 경우에는 도쿄 아라카와(荒川) 분회가 일찍이 1945년 11월 12일에 예탁 활동을 시작한 것으로 되어 있다. 대체로 1946년 1월부터 5월 사이에 '제3자 인도'가 성행했으며, 후쿠오카현(福岡縣)의 경우에서는 뒤늦게 1947년 3월 1일에도 미수금을 인도한 사례가 보이기도 한다. 일본 노동성 자료에는 각 지방별로 '제3자 인도분'이 다음과 같이 정리되어 있다.

조선인 단체에 대한 미수금 인도 현황

지방별	사업장	채권자수	금액	관련 조선인 단체
宮城県	1	643	53,159.17	조련 宮城県 栗原지부
山形県	3	466	77,563.34	조련 山形県본부, 最上지부, 県본부 총무부
茨城県	2	221	93,434.40	조련 茨城県 多賀지부, 那河지부
栃木県	1	2,751	495,217.72	조련 栃木県 足尾지부
東京都	3	258	54,189.83	조련촉진동맹多摩川지부, 조련荒川분회, 건청본부
神奈川県	1	1,926	232,759.05	조련 横浜지부 사회부
新潟県	1	1	87.49	조련 新潟지부
石川県	4	161	58,127.00	조련 石川県본부
長野県	4	843	157,224.21	조련 長野지부, 조련 大町지부
岐阜県	2	230	140,011.29	조련 岐阜県 吉城지부 총무부
静岡県	2	921	41,394.08	조련 静岡西部二俣분회
愛知県	7	1,859	337,956.96	조련 愛知県본부, 조련名古屋지부, 小牧지부, 종업원대표
滋賀県	1	3	583.20	조련 滋賀県 醒井지부
三重県	3	1,469	488,530.44	조련 三重県본부, 三瀬谷지부, 四日市지부, 大阪住吉지부
大阪府	1	5	2,150.00	조련 大阪본부
兵庫県	7	1,856	403,341.68	조련 兵庫県본부, 大阪본부, 阪神지부, 尼崎분회, 赤穂지부, 건청三田지부
岡山県	1	39	2,330.24	조련 岡山県본부
広島県	1	100	5,164.95	金田組 (대표 金田壽雄)
山口県	2	120	4,360.17	조련 船木분회, 組長
愛媛県	2	2,026	105,701.90	조련 四國본부 사회부, 新居浜지부
福岡県	2	26	4,993.83	조련 東北지부 총무부, 月隊班長
長崎県	3	740	130,406.52	조련 長崎県본부, 諫早지부
大分県	3	697	75,190.72	조련 大分県본부
계	57	17,361	2,963,878.19	

_3_
미수금 문제에 관한 선행 연구

일본의 행정기관·기업·연구자는 대부분 미수금을 미불금이라는 표현으로 사용하고 있다. 미수금 가운데 공탁금은 일본법무성 산하의 각 지역 공탁소에 보관되어 있는 금액을 말한다. 현재 개인의 미불금 명세서에 대해서는 각 지역 공탁소에 소장되어 있으며 공탁을 맡긴 당사자만이 자신의 인적사항을 기재하고 열람할 수 있다. 반면에 공탁 관련 공문서 및 기업별·지역별 공탁현황을 담은 문서는 일본공문서관에 소장되어 있다. 일본의 시민단체가 발굴하여 공개한 자료에는 개인별로 공탁 건수 13만여 건에 달하며, 공탁을 한 기업 300여 개의 공탁 현황, 임금과 원호금을 포함하여 40여 종에 달하는 공탁급부 내역이 수록되어 있다. 근래에 들어 일본의 시민단체가 관련 자료의 발굴과 공개에 주력하고 있으나 이미 공개된 자료에 대해서조차 세세한 분석에는 아직 이르지 못하고 있는 실정이다.

일본의 공탁제도는 전시에 전비(戰費)를 확보하고자 하는 정책적 목적에서 실시되었다. 그러나 전후에는 일본경제의 안정을 위한 방법의 일환으로 채택되어 점령당국에 의한 기업 폐쇄조치와 맞물려 실시되었다. 일본정부 주도에 의한 기업 공탁은 1946년 10월부터 부분적으로 시작되어 1952년 샌프란시스코 평화조약 발효를 전후하여 가장 활발하게 실시되었고 1990년대 초까지 공탁 조치가 계속되었다. 특히 일본정부와 점령당국은 상호 결탁을 통하여 공탁을 실시한 것으로 나타났다. 조선인 노무자 미수금의 공탁은 1946년 6월 통첩「조선인 노무자에 대한 미불금에 관한 조사의 건」과 1946년 8월 27일자 통달 「조선인 노무자 등에 대한 미불금 등의 공탁에 관한 건」(民事甲제516호), 1950년 2월 28일자 「국외 거주 외국인 등에 대한 채무의 변제를 목적으로 하는 공탁 특례에 관한 政令」(政令제22호) 등에 의해 제도적으로 실시되었다.

이때 일본정부는 조선인의 미수금을 당사자나 당사자 친족에게 통보하지 않은 채 공탁 조치했다. 일본의 점령당국과 남한의 미군정 당국도 이러한 일본정부의 조치에 대해 소극적이고 방관적인 태도로 일관했다. 1952년대부터 시작된 한일 양국의 청구권 교섭과정에서 일본정부는 일관되게 공탁사실을 은폐해 왔고 1965년 한일 수교 이후에도 일관되게 그 존재를 부정해 왔다. 이러한 상황에서 2000년대에 들어 한국에서 관련 위원회가 발족되어 자료 전달을 요구하는 한편, 이에 부응하여 일본에서도 '강제동원진상규명네트워크'와 같은 시민단체가 결성되어 자료 발굴과 공개를 요구하면서 조선인 노무자 미수금과 관련된 공탁금 자료의 존재가 밝혀지게 된 것이다.

조선인 미수금의 역사와 실태에 관하여 본격적으로 정리된 연구는 아직 없으며 다만 부분적으로 이를 조사 분석한 연구가 있을 뿐이다. 이 문제에 관한 연구를 개척한 연구자로서 2012년 6월에 고인이 된 고쇼 다다시(古庄正) 교수를 들 수 있다. 그는 1981년 이후 일본제철 주식회사와 아시오(足尾) 구리광산에 동원된 조선인 피해자들을 중심으로 하여 관련 공탁 자료를 발굴하고 수차례에 걸쳐 연구 논문과 발표를 통해 미수금 문제를 지속적으로 제기해 왔다. 이와 함께 그는 시민단체 활동 등을 통하여 일본정부와 기업에 대해 강제동원 실태에 관한 진상조사와 조선인 노무자의 미수금 피해에 대한 '보상'을 지속적으로 요구해 왔다. 그는 2007년의 연구논문에서도 패전직후 공탁과정에서 일본정부가 미수금 피해자를 일괄적으로 '거소불명' 처리하여 실질적으로 공탁금을 몰수했다는 것과 일본 기업들이 대부분 공탁에 소극적으로 임했을 뿐 아니라 일부 기업들이 허위로 적은 액수를 공탁했던 것을 비판한 바 있다.[4)]

조선인 미수금을 둘러싼 일본 점령당국과 남한 미군정당국의 대응에 관한 연구로는 어거스틴(Matthew Augustine) 연구자의 문제제기를 높이 평가할 수 있다. 일본정부와 일본기업 일변도의 공탁 문제를 규명하고자 하는 연구 움직임에 대해 그는 새로운 시각을 제공했기 때문이다. 그는 2010년 7월 동북아역사재단의 '수요포럼' 모임에서 「패전직후 냉전에 따른 일본의 강제동원 미불금 동결」(The Cold War Freeze over Forced Mobilization Funds in Early Postwar Japan)을 주제로 하여 발표했다. 그의 발표는 2011년에 동북아역사재단의 영문 잡지에 정리되어 게재되었다. 그는 발표문을 통하여 1946년 3월 점령당국이 산하기관으로 민간재산관리과(Civil Property Custodian Section)를 설치하고 일본은행에 점령당국 관리계정(Custody Account)을 개설했으며, 이윽고 일본정부를 통해 기업들에게 노무자 미불금 문제에서 조련을 배제하도록 하고 일본은행 관리계정에 미불금을 예치하도록 지시하는 과정을 밝혔다. 또한 그는 1946년 5월 홋카이도 노무자 미불금 지급을 위해 남한 군정청에 대해 피해자 조사를 지시한 것과, 같은 해 10월 일본정부가 점령당국 관리계정과 별도로 후생성 계정을 개설하고 여기에 미불금을 예치하도록 한 소위 공탁조치에 대해서 점령당국이 암묵적으로 승인한 것, 일본정부가 예치된 미불금으로 일본기업에 대해 '손해' 보상을 한 것 등을 밝혔다. 다만 그는 공탁정책의 주체인 일본정부의 움직임에 접근하지 못하고 한국과 일본의 시민단체에 의한 공탁문서 공개 상황을 파악하지 못한다고 하는 한계를 나타냈다.

---

4) 古庄正,「供託をめぐる国家責任と企業責任」,『在日朝鮮人史研究』37号, 2007年10月.

일본의 연구자 다케우치 야스토(竹内康人)는 2012년 8월에 출간된 공동 저서에서 해결되지 않은 전후처리 문제 가운데 하나로 미수금 문제를 다루었다.[5] 여기서 그는 근래 발굴되어 연구계에 널리 나돌고 있는 1949년의 대장성(大藏省) 공탁 조서를 소개하면서 미불금(공탁금) 문제를 가지고 일본정부에게 전후보상을 촉구했다. 그는 1950년을 전후하여 지방법무국과 도쿄법무국, 그리고 각 기방 우체국이 조선인 노무자의 미수금을 보관하면서 관련 명부를 작성했음에도 불구하고, 한국과의 수교회담에서 일본정부는 이러한 자료나 미수금 실태를 나타내는 자료를 일체 감추고 오히려 한국정부에 대해 미수금 피해의 증명을 요구했다는 점을 비판했다. 그의 글은 여러 미해결 전후보상 문제 가운데 미불금 문제를 대강 정리하고 소개하고 있는 수준이며 미수금 문제의 역사와 실태에 관한 구체적인 실증작업이라고 평가하기는 어렵다.

이러한 한계에도 불구하고 이들 연구자의 선행노력에 따라 미수금 발생 과정의 윤곽이 밝혀졌다. 따라서 패전 직후 일본에서 점령당국과 일본정부가 조선인 노무자들의 권리를 무시하고 미수금 문제를 발생시킨 점에 대한 문제제기가 이루어졌다. 하지만 현 시점에서 선행연구를 통해서는 각 지역별로 조련이 어떻게 미수금 문제와 관여하여 어느 정도의 예탁 성과를 거두었는지 대강의 규모를 파악하기도 어렵다. 또한 조선인 노무자 미수금에 관하여 일본정부가 1946년에 어느 정도 자율성을 가지고 시작했는지, 일본 기업들이 전국적으로 어느 정도 미불금을 공탁했는지, 기업별로 어떠한 항목을 공탁했는지, 일본정부가 공탁 예치한 금액 가운데 어느 정도를 기업에 대한 보상으로 사용했는지, 오늘날 일본정부로부터 전달받아 한국정부가 보유하고 있는 공탁 자료가 어떠한 한계를

---

5) 竹内康人, 「供託と協定で奪われた未払い金: 明らかになった朝鮮人未払い金の実態」, 田中宏 · 中山武敏 · 有光健, 『未解決の戦後補償』, 創史社, 2012年.

가지고 있는지 등에 관하여 구체적으로 들어가면 실증해야 할 문제들이 많다. 미수금 문제에 관한 구체적 연구조사 면에서는 아직 도입부 수준에 머물고 있다고 할 수 있다.

_4_
점령당국과 일본정부의 귀환통제

조련의 미수금 예탁활동을 이해하기 위해서는 먼저 재일조선인 귀환과 관련하여 조련이 조직적으로 어떻게 관여했고 어떻게 배제되었는지를 이해해야 한다. 점령당국은 일본 진주 이후 경제적 질서 유지를 위해 귀환자의 휴대화폐와 반출화물을 규제했다. 연합국군은 1945년 10월 12일의 각서 「법정통화의 지정과 화폐 및 채권의 유출입 금지에 관한 고시」에 의거하여 일본과 남한에서 금 · 은 · 유가증권 등의 반입과 반출을 엄격하게 금지했다. 구체적으로 일본으로 귀환하는 사람이 휴대할 수 있는 금액으로 장교의 경우 500엔까지, 하사관의 경우 200엔까지, 민간인의 경우 1,000엔까지로 정했다. 마찬가지로 조선인과 같이 일본에서 나가는 귀환자에 대해서도 경제적 규제를 실시했다. 1945년 10월 15일의 지령각서에 의해 각 귀환자가 들고 갈 수 있는 금액으로서 한 사람당 1,000엔으로 하고, 이 금액의 초과분에 대해서는 그것을 몰수하면서, 채권증서나 재산소유증서와 마찬가지로 그 수령증을 대신에 교부하도록 지시한 것이다.

이러한 휴대통화의 규제는 기본적으로 1946년 말까지 실시한 귀환계획 기간 중에 전혀 완화되지 않고 일관되게 적용되었다. 다만 1946년 1월의 수출규제의 완화책의 일환으로 일본에서 발행한 우편저금 · 은행예금통장 · 보험증서와 일본의 금융기관이 발행한 수표 · 외환어음 · 예금증서 등 일본에서 지불수단으로 사용될 수 있는 것은 휴대가 허용된 일이 있었다. 그러나 그것은 당시 남한과 일본 사이에 금융거래가 일체 금지되어 있었던 상황에 비추어 개별 조선인 귀환자들에게 있어서는 당장 별로 경제적 도움이 되지 못하는 조치였다.

휴대화폐 규제는 일본에서의 생활을 청산하고 해방된 조국에 돌아가려는 당시 귀환자들에게 있어서는 지나치게 가혹한 조치였다. 조련이 1946년 6월 귀환에 필요한 비용으로 귀환자들에게 공지한 바에 따르면 하물 포장비로 한 꾸러미당 500엔, 하물수송비로 한 꾸러미당 600엔, 숙박비로 1인 1박에 30엔, 선상에서의 잡비로 하루 1인당 150엔을 부담하게 했다. 이 가운데 선상 잡비는 공식적으로 인정된 1,000엔 가운데 지불해야 하는 금액이었기 때문에 점령당국의 화폐규제 지시를 그대로 준수하는 것은 그야말로 빈털터리가 되어 귀환하는 것을 의미했다. 따라서 조선인 귀환자들은 단속을 피해 밀항과 화폐 은닉 행위를 감행했으며, 반면에 점령군 당국은 이러한 조선인들을 '질서문란자'로 인식하게 되었다.

또한 남한에 일본인들이 남아있을 때에는 자연스럽게 이들과 화폐 교환이 이루어졌으나 이들이 귀환해 가면서 직접적인 화폐 교환도 곤란해졌다. 공식적으로는 조선은행권과 일본은행권의 교환비율이 1:1이었으나 실질적으로 한반도에 어렵사리 들고 온 일본은행권의 교환비율이 낮아 귀환자들을 더욱 곤혹스럽게 한 것도 사실이다. 조련 오사카 본부의 조직부장으로서 1945년 11월에 남한에 파견된 장정수(張錠壽)는 부산에서 일본 화폐를 조선 화폐로 교환하려고 하니 10대 4의 교환율 밖에 적용되지 않았다고 기록했다.[6] 여기에다가 해방직후 남한의 급격한 인플레이션으로 인한 화폐가치 하락도 귀환자들의 경제적 상황을 어렵게 했다. 해방 당시 남한에서 쌀 한 되의 시중 소매가격이 220원이었던 것

6) 張錠壽,『在日六〇年 · 自立と抵抗: 在日朝鮮人運動史への証言』, 社会評論社, 1989年.

이 일시적으로 75원까지 내렸다가 새해 들어 급격한 인플레이션이 찾아와 2월에는 320원, 3월에는 600원으로 치솟았다. 곡물가격이 대체로 저렴했던 1945년 12월조차도 1,000엔으로는 겨우 쌀 2말 밖에 살 수 없었다고 한다.[7)]

점령당국은 휴대통화의 규제와 함께 반출하물의 규제도 실시했다. 처음에는 중량의 한도를 정하지 않고 귀환자가 한 번에 지고 갈 수 있는 분량까지로 했다. 그러다가 1946년 3월 27일의 각서를 통해 한 사람당 250파운드(113.4 kg)까지 휴대 가능하다고 하며 하물 규제를 다소 완화했다. 이 각서에는 '한 번에 나를 수 있는'이라는 문구가 없고 일본정부에 대해 '추가분의 하물을 취급하는 데 필요한 조치'를 취할 것을 지시하고 있다. 따라서 '250파운드까지는 수차례에 걸쳐 운반할 수 있다'고 해석할 수 있으며, 실제로 조선인 귀환자들과 단체도 그렇게 이해했다. 그래서 조련이 3월 중에 점령당국의 지시사항인 「집단귀환 계획 설정을 위한 귀환 희망자 조사」에 협력하는 대신에 반출하물규제의 완화를 요구해 왔던 까닭에 이 각서는 조련의 요구에 대한 회답이라고 조련측이 자의적으로 해석했다.

그런데 5월 7일의 각서에 다시 '한 번에 나를 수 있는'이라는 문구가 명시되었다. 이 규정이 단지 짊어질 수 있는 하물의 중량을 나타낸 것에 지나지 않으며 아무런 완화조치가 아니라는 점을 거론하며, 조련과 남한 군정청은 점령당국에 대해 그 완화를 요구했다. 그 결과 7월 20일 방침이 변경되어 8월 1일부터 조선인 · 대만인 · 중국인의 하물 중에서 짊어질 수 없는 것도 선적이 가능하게 됐다. 더욱이 변경된 조치에 따라 종전의 250파운드의 하물 이외에도 귀환자의 소유품인 의류 · 일상용품 · 가

7) 민중신문, 1946년 7월 25일.

정용품을 250파운드 여분으로 선적할 수 있게 되었다. 나아가 9월 2일부터는 4,000파운드 이하의 기계류・공구의 선적도 가능하게 되었다. 또한 9월 4일 미8군 작전지령 제77호『재일조선인의 소유재산 제한량의 조선행 수송』에 따라서 4,000파운드 이상의 물건도 경제과학국(ESS)의 허가가 있으면 선적이 가능하게 되었으며 더욱이 이미 귀환한 사람의 몫까지도 반출이 가능하게 되었다. 동시에 4,000파운드를 기준으로 하여 초과하지 않는 하물과 초과하는 하물에 대해 각각 다른 수송허가신청의 수속을 정하고 하물포장에서 운송까지의 모든 비용은 짐주인의 부담으로 했다.

1946년에 들어 점령당국은 집단귀환에 대한 구체적 계획을 세우기 위해, 일본정부의 행정조치를 통해 조선인 귀환희망 의사의 유무상황을 파악하게 했다. 이때 조선인 귀환문제에 대한 점령당국의 기본입장은 어디까지나 귀환자의 의사에 따라 귀환을 행하여야 한다는 것이었고 귀환의사가 없는 자는 일본법령을 준수해야 한다는 방침이었다. 이에 비하면 일본정부는 될 수 있는 한 모든 조선인들을 귀환시키려는 기민정책을 취했으며 '잔류' 조선인에 대해서는 교묘한 권리제한 방식을 취하여 한편으로 일본국민으로 취급하면서도 실질적으로 외국인으로 취급하는, 즉 통치의 대상으로 취급하며 일본국민 대우를 하지 않는 방침을 적용했다. 일본정부는 조선인의 민족주의 감정을 이용하여 될 수 있는 한 모든 조선인을 일본에서 떠나게 하는 것이었다. 게다가 일본의 사회적 문제가 될 수 있는 조선인 수형자에 대해 점령당국의 정책은 수형기간을 마치고 나서 그들의 의사에 따라 귀환시키는 것이었으나, 일본정부의 방침은 수형자로 하여금 귀환을 조건으로 하여 형을 보류・면제하거나 나아가서는 귀환하지 않으면 불이익을 입는다고 협박하기도 하여, 귀환 희망자 수를 확대했다.

점령당국은 남한의 미군정 관계자들과 1월 중순에 Tokyo Conference를 열고 계획수송 방침을 확정했다.[8] 이윽고 2월 17일의 각서를 통하여 조선인 · 대만인 · 중국인 · 류큐(琉球)인에 대한 등록을 3월 18일까지 1개월 이내에 실시하게 하고, 이때 귀환희망여부에 대해 명확히 파악할 것과, '귀환특권'의 최후통첩임을 알리도록 하여 계획통제에 따르도록 유도할 것을 지시했다. 또한 조선인 귀환 희망자에 대해서는 희망 귀향지가 38도선 이남인지 이북인지를 구별하여 집계하도록 지시했다. 아울러 일본정부 관계자와 함께 재일조선인 단체대표들을 사령부에 소집하여 이 송출계획 지시의 취지에 관하여 설명했다.

일본정부는, 3월 13일 「1946년 厚生 · 內務 · 司法省令 제1호」와 그 시행규칙인 「1946년 厚生 · 內務省 고시 제1호」를 통해 등록령을 공포하고, 3월 18일을 기하여 전면적으로 조선인 거주자 등록을 개시했다. 이 등록의 결과 집계된 조선인의 총수는 수형자 3,595명을 포함하여 647,006명으로 나타났고, 그 중에 귀환 희망자 총수가 수형자 3,373명을 포함하여 514,060명으로 전체의 79.5%로 집계되었고, 그 중 북한으로의 귀환희망자가 수형자 289명을 포함하여 9,701명으로 집계되었다. 이처럼 신속하게 거주자 등록이 실시되고 귀환희망자 비율이 높게 된 것은 일본정부의 적극적인 귀환 추진정책과 아울러 조련의 순응적 협력이 있었기 때문이다.

일본정부는 패전직후 조선인의 관리를 위해 조련을 잠정적으로 이용했다. 본래 점령당국의 방침은 오로지 일본정부의 후생성의 책임 하에 귀환업무를 수행하게 하는 것이었으나 일본정부는 적극적인 귀환 계획이나 책임 부서가 명확하지 않았으며 그 대신 조선인 단체를 이용하여

---

8) Gane, William J., *Foreign Affairs of South Korea, August 1945 to August 1950*, Northwestern University (Doctoral Dissertation), 1951.

조선인을 스스로 통제하게 했다. 조련이 귀환통제에 직접 관여하고 등록자 명부기재의 대행을 하게 된 것은 조선인 노무자 임금교섭의 대행과 함께 조직의 확대에 결정적인 요인이 되었다.

_5_
조련의 귀환업무 관여와 배제

점령당국의 지시에 따라 귀환업무 책임부서로서 1945년 11월 24일 인양원호국이 개설될 때까지 일본정부는 임시방편으로 각 지역의 홍생회(興生會) 조직을 활용하여 잔류 조선인 노무자들의 지도와 귀환 지도를 담당하게 했으며 인양원호국 개설 이후에도 조련 등 조선인 기구를 잠정적으로 활용했다. 지역에 따라 조선인 조직의 성격이 다르게 나타났지만, 기본적으로 점령당국에 의해 11월 15일에 홍생회가 해산되는 시점까지는 홍생회와 조선인 단체가 귀환업무에 관여했고, 홍생회 해산 이후에는 대체로 한 때 조련이 귀환업무에 적극 나서게 되었다.

조련은 대부분 중앙과 지방에서 홍생회 소속원이 중심이 되어 만들어진 단체였다. 해방직후 9월 10일 중앙홍생회 소속원이 주도하여 도쿄에서 조련 준비위원회가 결성되었다. 준비위원회는 그 행동강령 가운데 하나로 「귀국동포의 편의와 질서를 기함」을 설정하여 귀환원호 단체임을 분명히 했고, YMCA관계자가 위원장에 추대된 것도 귀환원호단체의 성격이었기 때문에 가능한 일이었다. 일본의 신문보도를 통하여 조련 준비위원회가 결성되는 소식과 함께 조련이 '질서 있는' 귀환을 호소했다고 하는 소식이 전국적으로 알려진 것도 초기 조련의 성격을 분명히 말하고 있다. 조련 준비위원회가 9월 25일에 발표한 「회보」 창간호에는 아래와 같이 '질서 있는' 귀환을 호소하는 '귀국할여는 동포의게'가 실려 있다. 인용하는 원문에서는 본래 띄어쓰기가 되어있지 않지만 의미의 전달을 위

하여 띄어 쓰고자 한다.[9]

> 하로밧비 歸國할여는 마음은 누구나 다 같어서 只今 下關에만도 이만여 동포가 여러가지 고생을 하면서 船便을 기다리고 있다. 그러나 日本當局에서는 爲先 軍隊復員과 徵用과 募集으로 와잇는 近사십만 동포를 計劃的으로 輸送한 後에 一般歸國者의 順序로 輸送을 하겠다 하여서 本聯盟 厚生部에서는 下關에 委員을 派送하야 여러가지 救援을 하는 同時에 事情이 可能한 사람은 從來의 住所에 다시 歸還하야 順序를 기다리도록 하고잇다. 그러니 各地에서 空然히 東京으로 또는 下關으로 나와서 糧食과 宿泊 등의 困難을 當할 것이 아니라 次次 情勢보아 發表되는 것을 기다려서 圓滿하고 秩序잇는 輸送이 되도록 協力하기를 바란다. 또 現在 工場이나 事業場 등에 잇는 徵用, 募集 關係 勤勞者의게는 歸國할 때까지의 생활을 事業主의 責任으로 保証하게되여 厚生省으로서 指令을 發하였다 하니, 그동안 질서잇고 模範될만한 態度로서 當局의 指示를 기다릴 것이며, 万一 無責任한 事業主가 있을 때에는 本 聯盟에 連絡하기를 바란다.

이 「회보」가 발행되는 시기에는 점령당국이 귀환자의 화폐 소지 규제는 물론 일본과 한반도의 화폐통용 방침을 분명히 하고 있지 않았다. 따라서 조선인 귀환자 대부분은 일본은행권 화폐가 조선에서도 통용될 것인지에 대해 궁금해 하고 있었다. 이 문제에 대해 준비위원회는 당시 조선은행 동경(東京)지점의 방침이라고 하면서 "일본은행권을 조선으로 휴대해 가도 무방하다"고 발표하고 조선에서 일본은행권이 조선은행권이나 연합군 군표 A호와도 같은 환율로 통용될 것이라고 하는 확인되지 않은 정보를 내놓았다. 점령당국의 일반명령이 발표되기 전에 '질서 있는' 귀환을 우선시 하여 일본의 조선인들을 안심시키기 위해 결과적으로

---

9) 「會報」(재일본조선인연맹 준비위원회) 창간호, 1945년 9월 25일.

무책임한 정보를 발신한 것이다.

조련은 전국대회와 함께 개최된 10월 17일의 제1회 중앙위원회 회의에서 시모노세키(下關)와 하카타(博多)에 출장소를 설치하기로 결정했으며 그 이후로 전국적으로 난립되어 있던 조선인 원호단체들을 수습해 갔다. 한편 일본정부는 흥생회 해산에 즈음하여 조련에게 조선인 귀환에 대한 원호와 송출 업무를 위임했다. 조련 제3차 전체대회 회의록 가운데 첨부되어 있는 『총무부경과보고』에는 조련이 귀환자 송출업무를 위임받게 되는 과정에 관하여 비교적 상세하게 언급되어 있다. 흥생회 해산을 바로 앞두고 1945년 11월 12일 조련은 "후생성 · 운수성 대신과 강경 담판을 하여 계획수송 일체를 취급하게 되었고 대중운동을 전개하여 수용시설 설치와 선박배선 확대를 요구했으며 조직이 강화되어 감에 따라 그 활동이 하루하루 강력하게 전개되어 갔다"고 기록하고 있다. 그리고 도쿄 우에노(上野) · 시나가와(品川)역에 출장하여 열차 배치, 귀국 상담, 정리, 또는 환자 치료나 영양실조 귀환자 구제 등을 실시했다고 한다.

또한 일본정부는 12월에 점령당국에 의하여 '철도운임의 소급 환급' 지시가 내려졌을 때 이것이 귀환자 당사자에 대한 환급을 전제로 하는 지시였음에도 불구하고, 조련의 환급 요구에 대해 일본정부가 그 요구를 들어주었고, 그 밖에 조련에 의한 조선인 예금인출 요구와 조선인 노동자에 대한 미지급 급여 지불 요구를 부분적으로 허용하기도 했다. 일본정부가 조련에게 귀환원호와 송출업무를 잠정적으로 위임한 것은 조련에게 재일동포에 대한 일차적 통제기관이 되도록 허용한 것이기도 하다.

그러나 조선인 귀환을 매개로 한 조련과 일본정부와의 애매한 공생관계는 오래 지속되지 않았고 귀환 상황의 부진과 일본사회의 '잔류' 조선인에 대한 노골적인 배척으로 인해 점차 극단적인 대립관계로 바뀌어 갔다. 특히 조련이 남한의 경제적 빈곤 실태를 귀환 희망자들에게 알리면서 귀환자 송출 계획에 차질이 빚어졌고 이에 따라 일본정부는 조련의 주도권을 박탈하기에 이르렀다. 『총무부경과보고』 자료에 따르면 조련이 직접 관여하여 귀환자들의 예정된 귀환을 주저하게 했다고 기록되어 있다. 귀환을 주저하게 한 이유로는, 남한 미군정이 식민지 잔재를 청산하지 않고 친일파 관리를 등용하고 있다는 것, 그리고 물자 부족에 따른 경제적 혼란과 식량·필수품 부족이 현실적으로 만연하다는 것을 꼽았다.

일찍이 1946년 4월 25일 인양원호원 업무과는 각 지방의 교육민생부장에게 "종래 조련이 주체가 되고 일본의 지방정부가 협력해 온 것을 앞으로는 지방정부가 주도권을 장악하고 조련으로 하여금 협력하게 하도록 할 것"을 지시하여, 조련의 주도권을 배제하도록 했다. 이어 5월 28일에는 인양원호원 업무과는 각 지방의 교육민생부장에게 「조선인 송환에 관한 연합국군최고사령부 발표의 건」(發業제316호) 공문을 하달하여, 점령당국의 의사를 전달하는 형태로 4월 22일부터의 송출계획실시에 있어서 조련은 아무런 관계가 없음을 확인시켰다.

이와 함께 내무성 경보국은 점령당국의 지원 아래 거주자 등록 업무가 끝나자마자 3월 25일부터 20일간에 걸쳐 전국적으로 철도수송과정에서의 조련의 불법행위에 대해 특별단속을 실시했다. 나아가 일본정부는 귀환 계획이 원활하게 이루어지지 않는 요인 가운데 하나로 조련의 주도적인 귀환 원호활동을 지목하고, 조련을 배제함으로써 계획대로 송환을 추진할 것을 획책했다.

내무성 경보국 공안과장은 5월 13일 「조선인의 송환 경비에 관한 건」이라고 하는 통달을 각 지방 경찰부장에게 내려, "만약 그들의 송환이 중지되면 다수의 조선인이 국내에 잔류하여 치안경비상 중대한 지장을 초래할 것"이라고 전제하고, 조선인단체 등의 지도자를 활용하고 지역을 나누어 순차적으로 송환할 것, 그리고 지정 기일에 반드시 출발하도록 하는 방안을 모색하고 가능한 현지 진주군에게 협력을 요청할 것을 지시했다. 아울러 공안과장은 6월 21일에 「재일조선인에 대한 단속지령」(警保局公安發甲제35호)을 내리고, 일본정부의 귀환업무에 대한 조련의 조직적 '방해공작'에 대해서 현지 점령당국과의 협력 아래 그 책임자를 강제 송환하는 등, 강력한 조치를 취하도록 각 지방에 지시했다.

_6_
조련의 노무자 미수금 예탁활동

해방 이후 12월 말까지 일본 공안당국이 파악한 조선인의 '불법행위'는 총 136건으로 나타났다. 그 중에 조련이 관여한 '퇴직위로금 부당요구'와 '귀환문제를 둘러싼 불온행위'가 가장 많은 것으로 나타났고, 조련에 대한 단속이 강화되는 1946년에 들어서도 총 5,336건 중에서 '관공서에 대한 부당요구'와 '철도수송 위반'이 가장 많은 것으로 지목되었다. 이처럼 조련이 일본 공안당국에 의해 '불온한' 단체로 지목되는 것은 조선인 노무자들의 귀환에 따른 미수금 문제 해결에 조련이 조직적으로 개입하고 나섰기 때문이다.

조련 중앙본부는 1946년 1월 6일 박성발(朴成發), 정문옥(鄭文玉), 조충기(趙忠紀), 이철(李哲)을 위원으로 하여 특수재산접수위원회를 구성하고, 대표적인 전쟁협력단체 일심회(一心會)로부터 현금 819,968엔 13전을 접수했으며, 종이 124연(ream, 500매)과 철조 457정을 인수했다. 이외에도 1945년 12월 3일에 조선장학회를 실질적으로 접수하여 이사(理事) 진용을 개편하고 과거 관변단체적인 성격으로부터 '학생동맹'에 의해 유지되는 재단적 성격의 단체로 바꾸어 놓았다. 그리고 도쿄 흥생회로부터 건물과 현금 25만 엔을 접수하기도 했다. 이와 같은 조련의 재일조선인 재산 접수 활동은 조선인 노무자 미수금 예탁활동과 밀접한 관련을 갖는다.

해방직후 조련이 본격적인 활동에 나서기 전에 조선인 노무자 단체가 미수금 예탁활동에 임했다. 일찍이 박경식(朴慶植)이 1977년 12월『재일조선인사연구』 창간호에서 조선인 단체의 미수금 예탁 활동에 관하여 언급한 바 있다. 일본패전 직후 조선인 탄광 노무자들이 점령당국의 지시에 따라 석탄의 안정적인 수급을 위해 당분간 작업을 계속하는 가운데, 식량 배급, 일본인 노동자와의 임금격차 해소, 임금 지불, 퇴직금 지급, 귀국까지의 생활비 지급, 귀국여비 지급 등을 요구했다.

이리하여 홋카이도에 소재한 유바리(夕張)・비바이(美唄) 탄광지구를 필두로 하여 일본전국의 42~52개 탄광에서 약 9만 명의 조선인・중국인 노무자가 단체 투쟁을 전개했다. 특히 9월 하순에 이 지역에서 발생한 중국인 노무자의 단체 투쟁에 자극을 받아 10월에 들어 노동조합을 결성하는 등 조선인 노무자의 단체 투쟁이 조직화 되어갔다. 10월 8일과 9일 조선인 노동조합은 파업을 전개하고 9일에는 이 지역에서 '조선민중대회'가 열려 귀국 촉진, 식량 개선과 함께 종래 임금격차로부터 발생한 부당이득 300만 엔의 일괄 지급을 요구했으며 그 결과 5만 엔 지급 결정을 받아냈다.[10)]

한편 박경식은 위의 논문에서 해방직후 후쿠시마현(福島県)의 조선인 노무자 단체 활동과 조련과의 관계를 언급하기도 했다. 그는 일찍이 9월 7일 죠반(常磐) 탄광지역에서 '재일조선인회'가 결성되어 이틀날부터 취로 거부운동을 시작했으며 점령당국의 압력에도 굴하지 않고 거부운동을 계속하다가 10월에 들어 조련으로부터 지도위원이 파견되어 조직적 투쟁으로 확대되었고 이에 따라 점령당국의 탄압을 받았다고 했다. 그러나 이때 박경식은 조련의 예탁활동에 대해서는 구체적인 언급을 하지 않았다. 이 점에 대해서는 나가사와 시게루(長澤秀)가 1978년 6월에 해당 탄광회사의 내부 자료를 공개하면서 밝혀졌다.

10) 朴慶植,「解放直後の在日朝鮮人運動」,『在日朝鮮人史研究』創刊号, 1977年 12月.

10월 15일 조선인 노무자 대표 3명이 일본인 노무계장과 함께 도쿄에 올라가 석탄통제회, 국철을 방문했고, 이어 조련을 방문하면서 김두용(金斗鎔)을 만나게 되었다.[11] 이날 조련 전국대회가 열렸는데 이들이 대회에 참가했는지 여부는 분명하지 않다. 하지만 이들과 면담한 김두용은 일본공산당 당원으로 출옥한지 얼마 되지 않은 이마무라 히데오(今村秀雄)와 함께 10월 19일 죠반 탄광을 방문하여 노동자들을 규합하고 조직적인 투쟁을 지도했다. 이후 조선인 노무자들이 단체 활동을 통해 미수금을 요구하는 한편, 과거 노동 착취에 앞장 선 인물들을 색출하고 이들에게 폭행을 가했다. 김두용의 지도를 받은 조선인 노무자 단체는 10월 23일 회사를 상대로 하여 (1) 귀국의 조기실현, (2) 경제적 요구, (3) 배급 부정의 보상과 사죄, (4) 도주자의 복귀 등을 요구했다. 이 가운데 경제적인 요구로서는 퇴직금, 전시 중 임금의 추가 지급, 가족 수당, 소득세, 사망자 위로금, 식량과 의복 등이었다.

실질적으로 조련이 미수금 예탁 활동을 지도하고 성과를 올린 것은 10월 중순 제1차 전국대회 이후의 일이다. 1946년 10월 제8회 조련 중앙위원회에 제출된『총무부경과보고』자료를 보면, 조련 중앙본부가 제1차 전국대회 이후 각 지방의 미수금 예탁 활동을 지원하며 통일적 교섭 지침을 마련하고 조선인 노무자의 사용주에 대해 다음과 같은 각서를 제시하고 단체 교섭을 주선했다는 것을 알 수 있다.

각서

일본 제국주의 침략전쟁의 모든 기간을 통하여 우리 조선민족의 희생을 강요한 참혹한 착취적 노무고용 조건에 의하여 노예적 곤경에 신음하

11) 長澤秀,「常磐炭田における朝鮮人労働者の闘争: 1945年 10月」,『在日朝鮮人史研究』2号, 1978年 6月.

던 조선 노동자는 영광스러운 연합국의 승리로 인하여 조국재건과 침략자 일본 제국주의의 괴멸에 의하여 굴욕적 노예상태에서 해방되어 민족적 국제적 인격으로 자유평등의 권리를 탈환한 것이다. 그리하여 귀사가 사역한 조선 노동자에 관하여 이 새로운 사태의 관점으로 종래의 대우와 장래의 처우 방법에 대하여 재일본조선의 일체의 이익을 대표하는 본 연맹은 심심한 관심을 가지고 있다. 원래 우리 동포 노동자의 과반수가 소박하고 무지문맹함을 기화로 삼아 열악한 노동조건의 강제와 급여금품의 부정횡령에 의하여 물질적으로는 물론 정신적으로 심신을 침식하고 또 패전 후 궁핍한 기한(飢寒) 상태에 대하여 하등 성의 있는 대책이 없을 뿐만 아니라 일본정부의 기만적 정책이지만 그 대책 지시까지라고 노동자의 무지를 이용하여 책임회피를 기도하는 비인도적 폭학 행위는 전쟁범죄적 밀리타리즘(militarism)의 엄연한 실례가 아니고 무엇인가. 본 연맹은 포츠담선언의 원칙을 이해하는 견지에서 이러한 기본적 인권의 유린을 묵과할 수 없다. 본 연맹은 귀사의 이러한 죄악적 폭력상태와 배덕적 행위의 책임을 철저히 추궁하고 포츠담선언에 의하여 보장된 조선인의 복리와 권위를 옹호하는 영광스런 권리를 재확인하는 바이다. 이에 본 연맹은 귀사에 대하여 급속히 별지 조건에 대한 회답을 요구하는 동시에 즉시 성의 있는 이행을 요구하는 바이다. 이 요구조건을 완전히 이행하여 귀사가 인도적 사회적 도덕적 신의를 천하에 표명할 것을 확신하는 바이다.

년 월 일　재일본조선인연맹　OOO본부　노동부장　(인)

이와 함께 조련 중앙본부는 조선인 노무자를 '강제노동자'와 '자유노동자'로 나누고 각각의 신분에 따라 일본기업에 대한 요구조건을 통일적으로 마련하고 지방본부 노동부장의 이름으로 단체교섭에 임하게 했다. 요구조건으로는 (1) 지난 5년간 노동자 사용 수, 취로기간, 현재 인원의 본적 · 성명 · 연령, 노동자 가족의 성명 · 연령, 급여금, 지급금, 식량 · 주택 · 위생 기타 처우에 관한 상황, 사망 · 상병 · 행방불명 · 귀국별로 본적 · 성명 · 연령 · 원인 · 일시 · 조치 기타 처우 상황에 관한 종합적인 정보를 제공할 것, (2) 사망자의 경우, 1인당 유족부조료 1만 엔 이상을 지급하고, 회사 소정의 각종 위로금 · 조위금 · 향화료(香花料) · 위문금을 지급하며, 법정 매장료 · 유족연금을 지급할 것, (3) 부상자의 경우, 한쪽 팔이나 다리의 불구자에게는 1인당 5,000엔 이상, 손가락이나 발가락을 상실한 자에게는 1,000엔 이상, 기타 부상자에게는 부상 정도에 따라서 응분의 위자료를 지급할 것, (4) 귀국자에 대해서는 근속년수 1년당 1,000엔씩 퇴직금 · 위로금을 지급하고, 후생연금 · 원천징수저금 · 해방 이후 하루당 8엔씩의 임금 · 귀국시까지의 식량과 피복 등을 지급하도록 했다. 마지막으로 사망자 · 행방불명자 · 귀국자에 대한 지불은 조련 중앙본부에 위탁 · 일임하여 조련으로 하여금 해당자의 유가족이나 본인에게 전달하게 하라고 요구했다.

조련 중앙본부가 위와 같은 통일적 교섭 지침과 요구 조건 지침을 구체적으로 언제 어떻게 마련했는지는 분명하지 않다. 조련이 1945년 11월 25일에 열린 제2차 중앙위원회에서 노동부를 신설하기로 결정한 것으로 보아 이때 통일적인 지침을 결정한 것이 아닌가 생각된다. 고쇼 다다시 연구자는 조련 중앙본부의 결정 시기를 특정하지 않았으나 1946년 1월에 들어 조련이 일본건설공업통제조합 소속 14개 회사에 요구조건을 제출한 것에 주목하고, 조련의 '과다한' 요구가 결과적으로 일본 기업체의 태도를 경직하게 하고 일본정부와 점령당국의 조련 배제 방침을 분명히 하게 되는 계기가 되었고 궁극적으로는 조선인 노무자의 '유리한 상태'를 악화시키는 계기가 되었다고 보았다.

다만 조련 중앙본부가 노동부를 설치하고 통일적인 지침을 마련하기 이전에도 각 지방에서 전개되는 미수금 교섭에 산발적으로 관여했던 것이 분명하다. 예를 들어 아시오 구리광산의 사례에서 보는 바와 같이 1945년 11월 4일에 조련 도치기현(栃木縣) 지방조직이 사업장에 대하여 조선인 노무자에 관한 종합 정보 등을 요구하고 '강제노동자'의 노동연금 · 예저금 · 의복 등에 관한 일체 사항을 조련 중앙본부에 제출하도록 요구했다. 이것은 이미 11월 초 이전에 조련 중앙본부의 조직적 관여가 있었다는 것을 말해 주고 있다. 또한 앞에서 언급한 바와 같이 「조선인의 미불임금 채무조사」 속의 '제3자 인도분'에서 조련 도쿄지방 조직이 1945년 11월 12일에 처음 예탁 교섭을 전개한 점으로 미루어 볼 때에도 중앙조직의 관여가 제2차 중앙위원회 이전에도 있었음을 짐작하게 한다.

또한 고쇼 다다시는 2000년에 출간된 저서를 통하여 일본정부의 공탁과정을 비판적으로 기술하는 가운데 조련의 미수금 예탁 활동을 부분적으로 언급한 바 있다. 그는 일본정부와 일본기업의 반격에 의해 조련의 예탁활동이 '좌절'되는 전환점이 된 시점을 확인하는 가운데 조련 중앙본부의 활동을 언급했다. 즉 조련 중앙본부가 1946년 1월에 일본건설공업통제조합에 대해 '보상'을 요구했다가 좌절된 일로부터 일본정부의 반격이 시작되었다고 지적한 것이다. 그는 조련의 요구에 대해 통제조합이 이를 거부하고 일본정부에 대해 적절한 조치를 강구하도록 요구했으며, 나아가 미군 헌병사령부에 '자기방어 소요를 책동하는 중'이라는 정보를 보내 점령당국의 협조 아래 일본경찰의 단속 강화를 시도했다는 것을 밝혀냈다.[12)]

조련 지방조직의 예탁 활동으로서는, 고쇼 다다시에 의해 이와테(岩手)현과 아키타(秋田)현, 그리고 도치기현의 움직임이 소개되었다. 그는

12) 古庄正, 「強制連行 · 未払金はどのように没収されたか: 個人の財産権と国家 · 企業」, 『日本企業の戦争犯罪 強制連行の企業責任 3』, 創史社, 2000年.

일찍이 1992년 논문과 자료해설을 통하여 조련 이와테현 본부가 1946년 4월 가마이시(釜石) 광업소와의 단체 교섭을 통하여 25만 엔 정도의 예탁금을 얻어냈으며 같은 지역의 다른 사업장에도 예탁 사례가 있었음을 밝혔다. 이때 예탁 미수금은 업무상 사망자 5천 엔과 업무 외 사망자 2,500엔을 기준으로 하여 단체 교섭에 들어갔고 6월 초에 가마이시 광업소를 제외한 모든 기업들이 이 제안을 무조건 받아들였다고 했다. 이때 조련 이와테현 본부는 앞서 언급한 중앙본부의 각서를 사업장에 제시했다. 또한 고쇼는 2000년에 출간된 저서를 통하여 조련이 해방직후 하나오카(花岡)광산, 오사리자와(尾去澤)광산, 고사카(小坂)광산 등 아키타현의 광산 사업장과의 교섭을 통해 조선인 노무자 1명당 퇴직 위로금 1,000엔과 여비 150엔을 받아낸 것을 비롯하여 '상당한 성과'를 거두었다고 평가했다.

또한 도치기현의 예탁활동과 관련하여 고쇼는 아시오 구리광산을 중심으로 하여 비교적 상세한 연구 성과를 남겼다. 그는 1995년 3월의 논문에서 아시오 구리광산의 조선인 노무자 피해 실태를 규명하는 과정에서, 일본정부 자료와 지역신문 기사를 분석하여 미수금 피해와 관련하여 이 지역 조련 단체가 어떻게 미수금 예탁활동을 전개했는지 밝혔다. 그는 특히 1945년 11월 초에 아시오에서 발생한 조선인 '폭동'의 진상을 규명하고 이 문제가 조선인 노무자 귀환자의 미수금에서 비롯된 것이며 여기에 조련 지방조직의 지원 아래서 일어났다고 하는 점을 밝혔다.

고쇼는 그 후 조련 관련 자료를 분석하여 2003년 7월 한일민족문제학회와 재일조선인운동사연구회가 합동으로 개최한 학술발표회에서, 아시오광산이 '금일봉'으로서 조련에 353,250엔을 인도했다는 것을 밝혀냈다. 이 보고서 내용이 앞에서 언급한 바와 같이 「조선인의 미불임금 채무조사」 가운데 조련 아시오지부에게 인도했다고 하는 495,217엔 72전과는 일치하지는 않지만, 아시오지역의 미수금 예탁실태가 고쇼에 의해 어느 정도 밝혀졌다고 할 수 있다.

한편 홋카이도의 경우에는 조련의 예탁 활동이 보이지 않고 남한의 군정청 관계자가 예탁 활동을 보였다. 여타 지역과는 달리 홋카이도에서는 조련조직이 뒤늦게 이루어졌고 일찍부터 「조선민족통일동맹」이 단체교섭 움직임을 보였다. 그러나 삿포로 군정부대는 「조선민족통일동맹」의 교섭권을 인정하지 않았고, 대신 일찍부터 도쿄의 점령당국과 남한 군정청의 연락사무소와 연계하여 체계적인 예탁 활동을 추진하면서 조선인들의 조속한 귀환을 종용했다.[13)]

체계적인 예탁 방법으로, 우선 일본과 남한 사이에 송금액에 상당하는 석탄을 수송함으로써 결재하기로 하고, 일본은행에 점령당국의 관리 구좌를 개설하여 여기에 일본기업이 조선인 노무자의 미수금을 예치하게 하고, 일본의 점령당국이 남한 군정청에 관련 서류를 송부함으로써 이 서류에 맞추어 남한 군정청이 조선인 귀환자에게 미수금에 해당하는 금액을 조선은행권 화폐로 지급하는 방식이었다. 1946년 3월 11일 삿포로의 제74군정부대 담당자 픽커릴(H. E. Pickerill)이 점령당국의 관리 구좌에 예치된 조선인 노무자의 미수금 3,074,360엔 01전에 대한 지급을 점령당국에 요청하고, 5월 27일 경제과학국 담당자(McDiarmid)가 서울을 방문하여 2,059,817엔 16전을 조선인 귀환자에게 지급하도록 지시한 일이 있다.

하지만 남한 군정청이 조선인 귀환자에 대해 개별적으로 미수금을 지급했다고 하는 기록은 발견되지 않고 있다. 1946년 6월에 일본 점령당국과 남한 군정청 사이의 의견불일치로 석탄 수송에 의한 결재 방식이 중

13) 西川博史, 『日本占領と軍政活動: 占領軍は北海道で何をしたか』, 現代史料出版, 2007年.

단되었고, 남한 군정청은 부분적이고 개별적인 미수금 지급 방식에 대해 계속 문제를 제기하고 있어서 결국 미수금은 남한에 지급되지 않은 것으로 해석할 수 있다.[14)]

14) Augustine, Matthew R., "Restitution for Reconciliation: The US, Japan, and the Unpaid Assets of Asian Forced Mobilization Victim", *The Journal of Northeast Asian History*, 8-1, 2011.

_7_
조련 예탁 미수금의 행방

미수금 연구를 통해 필자는 미수금 문제의 윤곽과 조련의 미수금 예탁 활동에 대해 이 정도를 정리하게 되었다. 이로써 조련 중앙본부가 일찍부터 재일조선인 재산을 접수하고 노무자 미수금 예탁을 위한 단체 교섭 지침을 마련했으며, 조련 지방조직은 조선인 노무자 대부분이 아직 귀환하지 않고 사업장 주변에 남아있던 시기에 단체교섭을 주도하며 미수금 예탁 활동을 전개했다는 것이 어느 정도 밝혀졌다. 적어도 1945년 12월까지는 조련이 대체로 아무런 어려움이 없이 단체 교섭을 지원하거나 추진할 수 있었지만 이듬해에 들어서는 점차 조선인 노무자들이 사업장을 떠나면서 점차 단체 교섭이 어려워져 갔던 것을 이해할 수 있다.

미수금 문제의 전문가 고쇼 다다시가 조선인 노무자의 교섭 조건이 악화된 가장 중요한 원인으로서 조련의 조직적 관여를 들고 있는데, 필자는 이와 함께 조선인 노무자가 대거 귀환해 감으로써 기업체를 상대로 협상력을 상실하게 된 것을 들고 싶다. 앞에서 조련이 후쿠시마 죠반 탄광의 조선인 노무자 미수금 문제에 일찍부터 관여했다는 것을 언급했다. 그런데 이 탄광의 경우 일본 패전 당시 2,630명의 조선인 노무자(가족 339명 포함)가 있었지만, 11월 2일에 조선인 노무자 200명이 미수금 문제가 해결되지 않은 상황에서 귀환을 위해 탄광을 벗어난 것을 비롯하여, 11월 8일에 60명, 11월 17일에 2,355명이 마지막으로 귀환해 감으로써 잔류자는 15명밖에 남지 않게 되었다. 강제동원된 탄광 노무자의 증언을 통해 확인할 수 있는 바와 같이 조선인 노무자 대부분은 작업장을 감옥과 같이 여기고 하루라도 빨리 이곳에서 나와 가족과 고향으로 돌아가기를 희망했다. 즉 기업으로부터 미수금을 받아내는 일보다도 안전하게 얼른 귀환하는 일이 이들에게는 보다 중대한 관심사였던 것이다.

조련의 『총무부경과보고』 자료에 따르면, 1946년 10월 시점까지 조련 중앙본부가 파악한 각 지방의 미수금 예탁성과로 총 340건, 관계인원 43,314명, 해결금액 26,876,844엔이었다고 되어 있다. 앞에서 언급한 「조선인의 미불임금 채무조사」 속의 '제3자 인도분'에 나타난 사업장 수 57건, 채권자 수 7,361명, 예탁 금액 2,963,878엔 19전과 비교하여 보면, 훨씬 더 많은 '성과'가 조련본부에 보고된 것을 알 수 있다. 이와 같이 조련 중앙본부가 파악한 금액이 일본정부가 지방정부를 통해 파악한 '제3자 인도분' 금액에 비하여 훨씬 많은 이유는 무엇일까.

이 부분을 해명하는 자료가 없는 까닭에 현 상황에서는 추측에 의지할 수밖에 없다. 그것은 조련의 '성과' 속에는 소위 단체교섭 중재 수수료에 해당하는 금액, 즉 조선인 노무자의 미수금이라 할 수 없는 금액이 포함되어 있기 때문이라고 볼 수밖에 없다. 이렇게 볼 경우, 일본기업이 일본정부에 대해 보고하면서 의도적으로나 비의도적으로 조련의 예탁 결과를 축소하여 보고했을 가능성이 높다. 특히 1945년 10월에서 12월 사이에 군소 사업장에서 조선인 노무자의 단체교섭 활동이 왕성했을 때 전개된 예탁 활동에 관한 기록이 매우 적다.

조련이 일본기업에 대해 피해자 보상을 이유로 하여 노무자와 함께 단체교섭에 임하자 마지못해 노무자 미수금의 일부와 단체교섭 알선 커미션을 조련에 내놓은 기업들이 나온 것이다. 일본정부가 1946년 10월 노무자 미수금에 대한 공탁을 시행하게 되는 배경에는 조련에 의한 단체교섭 움직임이 있었다. 그러나 일본정부의 공탁 실시 시기에 이미 조련의 단체 교섭 활동이 대체로 힘을 잃고 있었기 때문에 반드시 조련의 예탁 활동만이 공탁의 배경이 되었다고 보기는 어렵다. 공탁의 배경으로서는 일본정부가 자국 기업에 대해 재정적인 청산 작업을 돕고 한반도 독립 정부와의 청구권 교섭에 대비하려는 경제적 의도가 강했다고 보는 것이 옳을 것이다.

앞에서 1946년 3월 하순에 일본정부가 귀환원호 업무에서 조련을 공식적으로 인정하지 않는 조치를 취했다고 언급했는데, 조선인 노무자 미수금 예탁 업무에 있어서는 일본정부는 아예 처음부터 조련을 공식적인 교섭대상으로 인정하지 않았다. 각 지방의 사업장이 조선인 노무자들의 단체 행동 상황에서 조련의 예탁 활동을 인정하고 해결의 대가를 지불한 것으로 부분적으로 밝혀지고 있지만 일본정부가 나서서 조련의 단체교섭권을 공식적으로 인정한 일은 없다. 일찍이 1945년 11월의 아시오 광산 분규에서 후생성이 제시한 조정안(給發第106号)에서 나타난 바와 같이 일본정부는 어디까지나 노무자 미수금은 노무자에게 전달하겠다고 하는 입장을 취했고 조련에게 미수금을 예탁하는 것을 공식적으로 인정하지는 않았다. 1946년에 들어 후생성 관계자가 각 지방정부에 대해 수차례에 걸쳐 방침을 하달하고 조련은 노동조합법에 기초하여 정식으로 승인받은 법정대리인이 아니라고 하는 견해를 밝힌 것은 이러한 일본정부의 입장을 잘 말해주고 있다.

이 연구 조사를 통해 조련 중앙본부나 후쿠시마현 · 이와테현 · 도치기현 · 아키타현 지방조직의 미수금 예탁 활동에 대해서는 어느 정도 윤곽이 나타났으나 그 밖의 지역 활동은 밝히지 못했다. 이것은 조련 초기의 조직과 활동을 분명히 하기 위한 연구과제 가운데 하나다. 또한 조련이 결성 초기에 거두어들인 예탁금의 향방에 대해서도 오리무중이다. 한반도로 귀환한 노무자 당사자나 유가족에게 예탁금이 얼마나 돌아갔는지 전혀 알려지고 있지 않다. 화폐 교환이 금지되어 있었고 한반도에서 미수금 피해자에 대한 예탁금 지급이 이루어졌다고 하는 기록이 아직 발견되고 있지 않은 점에서 볼 때, 조련이 획득한 예탁금은 대체로 귀환자 송출에 필요한 비용이나 조직 운영을 위한 자금으로 충당되었을 가능성이 높다. 결국 1949년 9월에 조련이 강제 해산되고 관련 재산이 일본정부에 의해 몰수됨에 따라 조련이 예탁한 미수금도 행방을 알 수 없게 되었다.

Ⅵ. 재일동포사회의 역사와 현실

_1_
재일동포 역사에 관한 연구

재일동포에 관한 영어 표기는 Koreans in Japan으로 통일되어 있다. 하지만 한국어나 일본어 표기를 둘러싸고는 재일동포의 역사적 변화, 오늘날 한일관계, 동포들의 자의식, 등이 착종되어 일률적으로 통일된 표현을 제시하기 어렵다.[1)]

이 글에서는 한반도 출신으로서의 자의식을 공유한 사람들이 스스로를 하나의 커뮤니티 구성원으로 인정하고 널리 사용하고 있는 '동포'라고 하는 용어를 사용하고자 한다. 국어사전의 정의에 따르면 '동포'란 한 부모에게서 태어난 형제자매를 뜻하며, 같은 나라 또는 같은 민족의 사람을 다정하게 이르는 말이라고 되어 있다. 이처럼 혈연적 일체감을 나타내는 '동포'는 다분히 정치적인 의미를 갖는 추상적인 용어로서 역사적 · 사회적으로 그 관계를 일일이 규명하지 않고서는 전체적인 실체나 실상을 전달하기 어렵다. 그럼에도 불구하고 현 시점에서 통일적인 용어가 제시될 수 없고 논자의 성향이나 관점에 따라 각각 달리 사용될 수밖에 없다고 하는 한계를 전제로 하여, 필자는 '동포'라고 하는 용어를 사용하기로 한다.

일찍이 재일동포 연구자 박경식(朴慶植)은 1979년 통사에 관한 저서를 펴내면서 그때까지 재일동포 스스로의 운동에 관한 본격적인 통사 연

---

1) 김명섭 · 오가타 요시히로, 「'재일조선인'과 '재일한국인': 통합적 명명을 위한 기초연구」, 『21세기정치학회보』, 71권 3호, 2007; 정진성, 「"재일동포"의 호칭의 역사성과 현재성」, 『일본비평』 7호, 2012년.

구가 없었음을 지적했다.[2] 이러한 한계 가운데서 일본의 관헌 자료를 비판적으로 참고하여 통사를 엮어낸 괄목할 만한 선구적인 업적으로는, 임광철(1953년)[3], 강재언(1957년)[4], 박재일(1957년)[5], 노동자 르포르타지(1959년)[6], 이유환(1960년)[7], 박경식(1965년)[8] 등의 저작을 꼽을 수 있다. 그 후 일본에서 수많은 연구결과가 나오는 가운데 1967년에는 미국에서 미첼(Richard H. Mitchell)의 연구서[9]가 나왔고, 그 후로 한국과 일본 이외의 지역에서도 재일동포의 통사에 관한 연구물이 나왔다.

한국의 경우는 재일동포 연구자들의 성과에 의존해 오다가, 1976년 민단 30주년 자료집[10]이 출간된 후 12년이나 지난 때늦은 시점에 김상현에 의한 통사책이 나왔다.[11] 오늘날 재일동포 사회의 형성사에 관한 연구결과가 일본과 한국 그리고 제3국에서 널리 다양하게 쏟아져 나와 있기 때문에 이들을 모두 망라하기는 어렵다. 이러한 상황에서 재일동포 사회의 형성에 관한 선행 연구들을 정리하고자 하는 논문이 2011년에 임영언 · 김인덕 연구자에 의해 나온 것을 필자는 높이 평가하고 싶다.[12]

---

2) 朴慶植,『8 · 15解放前在日朝鮮人運動史』, 三一書房, 1979年, pp. 16-17.

3) 林光澈,「在日朝鮮人問題」, 歴史学研究会(編),『朝鮮史の諸問題(歴史学研究特集号)』, 岩波書店, 1953年.

4) 姜在彦,『在日朝鮮人渡航史: 研究資料第1集』, 朝鮮研究所, 1957年.

5) 朴在一,『在日朝鮮人に関する綜合的研究』, 新紀元社, 1957年.

6) 労働者ルポルタージュ集団(編),『日本人のみた在日朝鮮人』, 日本機関紙通信社, 1959年.

7) 李瑜煥,『在日韓国人五十年史』, 新樹物産株式会社出版部, 1960年.

8) 朴慶植,『朝鮮人強制連行の記録』, 未来社, 1965年.

9) Mitchell, Richard Hanks, *The Korean Minority in Japan*, University of California Press, 1967.

10) 민단30년사편찬위원회(편),『민단30년사』, 재일본대한민국거류민단, 1977년.

11) 김상현,『재일한국인: 교포100년사』, 해외교포문제연구소, 1988년.

12) 임영언 · 김인덕,「재일코리안 연구」, 윤인진 외『재외한인 연구의 동향과 과제』, 북코리아, 2011년.

_2_
재일동포 민족커뮤니티를 어떻게 볼 것인가

앤더슨(Benedict Anderson)을 비롯하여 수많은 연구자들이 민족주의의 기원과 역사적 전개 상황을 연구대상으로 삼아왔고, 민족주의의 운동 주체로서의 커뮤니티와, 민족주의가 발생 혹은 전개되는 마당(場)과 환경도 널리 연구대상으로 취급해 오고 있다. 필자는 민족을 어느 역사적 운명에 의해 맺어진 정치적 주체로서, 자치하는 국민(Nation)을 향해, '국가체(Nationality)'나 국민국가(Nation-State)라는 마당(나라)안에서, 다른 커뮤니티와 구별하여 자기동일화(Identify)해 가기 위해, 정당화하고 체계화한 신념의 집합체, 즉 이데올로기라고 보고 있다. 아울러 집단체로서 커뮤니티라 함은, 커뮤니케이션과의 상관개념으로서, 광범한 화제에 관해 서로 정보를 교환할 수 있는 집단을 말한다.

이렇게 볼 경우 재일동포의 민족 커뮤니티는 한반도의 국민국가에 관한 정보를 교환하는 정치적 커뮤니티를 의미한다. 여기서 사용하는 '정보'라는 용어는 현실적이 정치적 동향에 관한 정보는 물론, 문화와 역사를 포괄하는 넓은 범위의 정보를 의미하는 것이다. 따라서 민족주의 운동이라 할 경우에는, 민족이 커뮤니티 내부에 대해서는 자기동일화 작업을 강화해 가는 과정이며, 또한 커뮤니티 외부에 대해서는 민족의 일체성과 정당성을 주장해 가는 과정이다. 국민으로서의 민족은 어느 하나 혹은 여러 '국민체'로부터 발전한 국민국가의 구성원으로서 국민국가와 권리 · 의무 관계를 형성해 가는 커뮤니티다.

이때 정치적 개념으로서의 민족을 문화인류학적 개념의 종족(Ethnos)

과 구별해야 하며, 종족은 운동의 모체(母體)로, 민족은 운동의 주체(主體)로 간주하여, 이들이 서로 깊은 관련성을 갖는 것으로 보아야 한다. 민족에 관한 논의 가운데 민족을 지나치게 정형화된 정치적 주체로 간주하는 관점과는 달리, 스미스(Anthony Smith) 등과 같은 민족 이론가들이 문화와 역사를 공유하는 에스닉(Ethnic) 커뮤니티를 민족 형성의 중요한 요소나 과정으로 보는 관점도 있다. 필자도 여기에서 재일동포 사회를 연구대상으로 하는 만큼 스미스의 견해에 동조하며 민족의 개념으로서 정치적 정보는 물론 문화와 역사에 관한 정보도 공유하는 공동체라고 간주하고 있다.

여기에 심리학 용어를 빌리면, 민족주의란 국민국가의 단계적 역사 속에서 표출된 아이덴티티, 즉 '집단적 자결(自決)의 추구'라고 정의할 수 있다. '국가체'나 국민국가에서의 민족주의 전개 과정을 그 민족의 아이덴티티 확인 과정으로 간주할 경우, 발달사회 심리학의 관점을 빌어, 자기 존재에 대한 주목 단계, 자기상(像)의 파악 단계, 상대적 자기비교 단계, 자기현시와 자기주장 단계, 몰(沒)개성화 단계 등의 여러 단계들을 거치게 된다고 할 수 있으며, 이에 대해서는 심리학의 연구방법을 가지고 어느 정도 분석과 검증이 가능할 것으로 본다. 정치적 커뮤니티의 기본단위인 민족이 자기동일화 해 가는 이상적 자아(Ideal ego)는 다름 아닌 '국민'이며, 따라서 민족주의(또는 민족주의운동)의 종착지는 성숙한 국민국가라고 할 수 있다.

일반적으로 국민국가에 의해, 혹은 국민국가를 향해 정치화 되는 민족을 '국민(nation)'이라고 지칭하고 있다. 그런데 대한민국이나 조선민주주의인민공화국 정부가 수립되기 이전의 재일동포를 대상으로 할 경우, 상상의 대상 즉 본국의 정치적 성격이 명확치 않은 경우의 '민족'을 '국민'으로 지칭하는 데에는 국민국가 이후의 '국민'과 구별할 수 있는 별도의 용어가 불가피해진다. 이에 따라 필자는 국민국가 이전의 민족을 '국민체(nationality)'라고 부르고 싶다. 또한 국민국가 이전의 정치적 마당(場) 역시 '국가체(nationality)라고 부르고 싶다.

정치적 통합주체로서 국민국가 형성과정의 민족, 즉 '국민체'는 각각 '국가체'나 국민국가를 통하여 성숙한 국민을 향하여 정치적으로 교육·연출·경쟁해 간다. 반면에 정치적 분열주체로서의 커뮤니티는 무정부적 성격의 집단으로서 소속되어 있는 '국가체'가 요구하는 '국민체'로부터 분리하고자 하며, 그리고 독립지향적인 집단으로서 소속되어 있는 국민국가가 요구하는 국민으로부터 각각 분리해 가고자 한다. 이와 같이 여러 분열주체가 기존의 정치적 마당으로부터 분리하여 별도의 '국가체'를 형성할 때, 새로운 통합주체로 변신하게 되는 것이다. 이처럼 필자는 민족과 마당의 변동성에 주목하면서 통합과 분열에 의한 정치적 변화 가능성이 언제나 존재한다고 보고 있는 것이다.

〈그림〉 민족과 마당의 변동

통합주체(민족)			국민체		국민
			⇕		⇕
통합/분열의 마당	구체제	⇄	국가체	⇄	국민국가
			↕		↕
분열주체(민족)			무정부집단		독립지향집단
관점	⇒ 진보	⇐ 퇴행	⇕ 통합	↕ 분열	

_3_
식민지 시기 이전 조선인의 일본 이주

일반적으로 재일동포 사회를 논할 때 대부분 식민지 시기 이후부터를 그 대상으로 하고 있다. 하지만 지정학적인 조건에 따라 병합을 당하기 전에도 언제나 한반도 남부에서 일본으로 이주해 가는 일이 있었다는 것을 부정할 수 없다. 고고학이나 고대사 연구에서 밝혀진 바와 같이, 수렵과 채취를 생산 방식으로 하는 일본의 죠몽(縄文)시대에서 벼농사를 중심으로 하는 야요이(弥生)시대에 이르는 기원전 2세기경에도 한반도에서 일본으로 사람들이 이주하는 움직임이 있었던 것으로 알려지고 있다. 이른바 도래인(渡來人)으로부터 한반도 사람의 일본 이주 역사가 시작되었다고 보고 있는 것이다. 또한 통일신라 건설과정에서 나당연합군에 패배한 백제와 고구려 지역에서 많은 유민들이 일본으로 들어가 중국과 한반도의 문화를 전수한 것도 널리 알려진 사실이다. 또한 임진왜란의 결과, 많은 도공・학자・기술자・노동자들이 한반도에서 일본으로 연행되어 간 것도 조선인의 일본 이주 역사에서 빼놓을 수 없는 일이 되고 있다.

1876년 강화도 조약 이후 근대에 들어서자 일본의 근대화를 목격하고자 하는 목적으로 조선인의 도일 움직임이 나타났다. 조선 조정이 공인하지 않은 도일 움직임으로서는 1879년 개화 승려 이동인과 기술견습생 4명이 일본에 건너간 것이 기록을 통해 확인되고 있다.[13] 아울러 처음으로 조선 조정과 일본정부 사이에 상호 공식 인정을 받고 일본에 건너간

13) 姜在彦・金東勳,『在日韓国・朝鮮人歴史と展望』, 労働経済社, 1989年.

사람으로서 후쿠자와 유키치(福沢諭吉)의 문하생이 된 유길준을 꼽는데 이견이 없다. 그가 일본에 들어간 것은 1881년 5월 일본 시찰단의 일원으로 일본에 파견된 것이 계기가 되었다. 유길준과 같이 시찰단의 일원이었던 유정수도 게이오기주쿠(慶應義塾)에 입학했으며 윤치호는 도지샤(同志社)에 입학했다. 그러나 전반적으로 강화도조약 이후부터 한국병합에 이르는 시기에는 아직 한반도에서 일본을 이주 지역으로 생각할 만한 사회 환경이 형성되어 있지 않았다고 할 수 있다.

그럼에도 불구하고 비록 재일동포 사회의 형성기라고 말하기는 어렵지만 이 시기에 적어도 재일동포 사회 형성의 배경이 되는 움직임으로 노동자의 도일 이주가 있었다고 하는 점을 간과해서는 안 된다. 재일동포 커뮤니티라고 불릴 정도의 집단은 아니라고 하더라도 개별적으로 일본으로 건너가 그곳에서 정착했을 것으로 보이는 조선인 노동자들이 있었다고 하는 것이다. 이 문제와 관련하여 식민지 이전에 일본에 노동력으로 진출한 조선인에 대해서 1994년에 고마츠 유타카(小松裕) 등이 편찬한 단행본은 선구적인 연구 성과물이라고 할 수 있다.[14] 이 책은 일본 지방의 철도 공사와 건설, 토목, 탄광 업종에 진출한 조선인 노동자에 관한 실태를 산발적인 사료들과 함께 소개하고 있다. 이 책의 특징은 기존에 한국과 일본의 역사학계에서 식민지 병합 이전에는 대한제국에서 유학생을 중심으로 하는 소위 '정주 가능성 낮은' 일본 진출에 초점이 맞추어졌던 것에 대한 비판으로, 식민지 이전에도 산발적으로 일본 각지에서 '정주 가능성 높은' 조선인 노동자들의 이입과 취업이 있었다는 것을 입증하려고 했다는 점에 있다.

메이지(明治) 정부에 들어서 일본 국내 외국인에 관한 통계가 나오면

14) 小松裕, 『韓国併合前の在日朝鮮人』, 明石書店, 1994年.

서부터 재일조선인 인구에 관한 통계도 나오기 시작한다. 1882년에 일본정부가 『일본제국통계연감』을 통해 외국인 통계를 발표하기 시작했는데, 이때부터 1909년까지의 재일조선인 인구를 살펴보면, 1882년에 4명이었던 것이 1909년에 790명으로 늘어난 것으로 되어 있다. 그러나 이 자료를 연구계에 소개한 재일동포 연구자 김영달(金英達)은 이러한 통계가 어디까지나 메이지 정부에 의해 파악된 통계라는데 의미가 있을 뿐이며, 실제로 각 지방 관청으로부터의 보고에 따른 대강의 숫자에 불과한 것으로서 이 시기 재일조선인의 실태를 파악하는 데는 유효성을 갖기 어렵다고 말했다. 이와 함께 그는 식민지 병합 이전에 일본 각지에 흩어져 존재하던 조선인 노동자를 합치면 수천 명 단위의 숫자가 될 것이라고 지적했다.[15)]

메이지 정부는 1899년 칙령 제352호 「조약 또는 관행에 의해 거주의 자유를 갖지 않는 외국인의 거주 및 영업 등에 관한 건」을 공포 시행하여, 근대 국민국가로서 비로소 국내 외국인에 관한 관리 법제를 마련했다. 이 칙령은 외국인 전반에 걸쳐 일본 국내에서 거주 이전의 자유를 허용하는 한편 노동자에 한하여 거주 이전과 노무 취업에 있어서 행정관청의 허가를 받도록 규정했다. 이 칙령이 제정된 배경에는 주로 청나라 노동자들의 일본 진출 움직임에 대한 우려가 있었으며, 따라서 실질적으로 중국인 노동자들의 일본 이주와 이민에 대한 관리를 주된 목적으로 하고 있었다. 반면에 메이지 정부는 조선인에 대해서는 "관행에 의해 거주와 취업에서 자유를 갖고 있는 자"로 간주하고 있었고, 따라서 칙령에서 규정하는 단속 대상에는 실질적으로 포함시키지 않았다.

강화도조약 제5관(款)에 따르면 "조선국 인민은 조선국 정부의 허가를

---

15) 金英達. 『在日朝鮮人の歴史: 金英達著作集 3』, 明石書店, 2003年.

받으면 일본국에 들어가는 데 지장이 없다"라고 규정되어 있었다. 조약의 규정에 의하면 만약 조선국 정부의 허가를 받지 않고 일본으로 건너가는 조선인에 대해서는, 오로지 메이지 정부의 관리 권한에 따라 일본 출입의 자유가 인정되든지 제한을 당하든지 하게 되어 있었다. 그런데 추밀원의 칙령 심의 과정에서 나타난 당시 일본 정치가들의 견해를 참고해 보면, 조선인에 대한 출입국 관리 자세는 엄격하지 않았던 것으로 보이며, 따라서 조선 조정이나 대한제국의 허가 없이 일본으로 들어간 조선인 노동자의 경우 일본 입국에 그다지 제한을 받지 않았던 것으로 보인다. 따라서 중국인이나 구미 출신자와는 달리 조선인의 경우에는 일본 내에서 상업 활동을 하는 데 있어서도 거주 가옥소유 영업행위 등에서 그다지 규제를 받지 않았던 것으로 보인다. 강화도조약은 국가간 불평등 조약으로서 조선왕실과 대한제국이 일본에서 영사재판권(치외법권)을 갖지 못하게 했는데, 결과적으로 이것은 조선이 일본의 '준(準) 식민지'적 위치에 놓였기 때문에 메이지 정부가 조선인의 일본 거주 자유권을 강력하게 규제할 필요가 없었다는 것을 의미하기도 한다.

결과적으로 식민지 병합 이전의 재일조선인은 개별적으로 또는 산발적으로 일본 각지에 흩어져 거주했으며 아직 민족 커뮤니티를 구성하기에는 미미한 수에 지나지 않았던 것으로 보인다. 따라서 이들을 정치적 주체로서의 민족, 즉 오늘날 재일동포 사회의 초창기로 간주하기는 어렵다고 할 수 있다. 그렇다고 해서 이들을 그 후 이어지는 식민지 시기 재일동포 민족커뮤니티 형성과 전혀 관계가 없는 존재로 보아 넘기기도 어렵다. 또한 명확한 숫자는 아니라고 하더라도 '정주 가능성 높은' 조선인 노동자들이 있었다고 하는 자료가 있다고 하는 것은 더욱 관련 자료가 발굴된 가능성이 높고 경우에 따라서는 재일동포 커뮤니티의 역사를 식민지 이전으로 소급해 올라갈 수 있다고 하는 가능성을 말해주고 있다.

그럼에도 불구하고 당시 조선인들이 그 시기에 어떠한 국민체 인식을 했는지를 알 수 있게 하는 자료는 아직 나오지 않고 있다.

따라서 현 시점에서는 일제강점기 이전 시기에 있어서 일본정부나 관리들에 의하여 인식되는 객관적인 재일동포의 정체성을 유추하여, 당시 재일동포들은 주권을 가지지 못하는 국가체의 구성원이었고, nationalism의 주체로 파악되지도 않았고, 단지 인종적으로 일본인과 구분되는 존재로서만 인식되었다고 보는 것이 자연스러울 것이다. 그렇다고 해서 이 시기에는 아직 일본제국의 신민으로 인식되지도 않았기 때문에, 당시 재일동포의 정치적 정체성을 어떻다고 단정하기가 어렵다. 결과적으로 이 시기에는 조선인 노동자들의 일본사회 정착 여부에 관계없이, 이들은 그 삶의 방식이 아직 일본정부의 정책적 고려 대상이 되지 않는, 미미한 존재였다고 말할 수 있다.

_4_
일제강점기의 재일동포 민족 커뮤니티

일본의 한반도 식민통치가 시작되고 집단적으로 조선인의 일본 이주가 시작되면서 이와 함께 재일동포 커뮤니티가 형성되기 시작하였으며 재일동포들이 주관적으로나 개관적으로 정치적 정체성을 가지게 되었다. 역사학계에 널리 알려지고 있는 바와 같이, 조선인들이 집단적으로 일본에 이주하게 되는 요인으로서 다음과 같은 조건을 들 수 있다. (1) 일제강점기 한반도 농촌에 있어서의 만성적인 경작지 부족, (2) 토지조사사업이나 산미증식계획 등으로 인한 소작인들의 생활환경 불안, (3) 몰락 농민들의 대량 노동력을 흡수할 만한 한반도 내 노동시장의 부재 혹은 부족, (4) 한반도에서 가까운 일본의 입지 조건, (5) 비록 관리 통제가 수반되기는 했지만 갈수록 발달해 가는 한반도와 일본 간의 연결 교통수단, (6) 한반도에 비해 상대적으로 높은 일본 노동시장에서의 임금, (6) 일반 일본인들이 기피하는 직종에서 저임금 고효율 조선인 노동자의 환영 등이 그것이다.

이와 관련하여 지난 2004년 재일동포 사회의 형성 배경과 관련하여 괄목할 만한 연구서 『재일조선인 사회의 역사학적 연구』가 도노무라 마사루(外村大) 교수에 의해 출간되었다.[16] 이 책은 재일동포 사회 연구를 위한 방대한 사료(史料)와 다양한 통계를 제공하고 있어 관련 연구의 기초를 세웠다. 특히 145개나 되는 통계표는 모두 재일동포 사회의 역사를

16) 外村大,『在日朝鮮人社会の歴史学的研究: 形成・構造・変容』, 緑蔭書房, 2004年.

논할 때 활용할 수 있는 유용한 기초자료가 되고 있다. 한국의 연구자들은 2010년에 이 책을 한국어로 번역하여 출간했다.[17] 필자는 2010년에 발표한 서평을 통해 이 책이 재일동포 기업가들의 명함 광고를 사료로 활용하고 지도자급 인사들의 경력이나 대내외적 네트워크 활동 등을 치밀하게 분석해낸 점 등을 높이 평가한 일이 있다. 그리고 이 책이 갖는 한계로서 재일동포 범주의 유동성을 간과하고 있다는 점과 재일동포 사회의 형성 요인으로서 재조일본인 사회의 존재를 간과하고 있다는 점을 지적했다.[18]

여기에서도 필자는 도노무라를 포함하여 기존의 재일동포 연구들이 소홀히 다루고 있는 재조일본인 문제가 재일동포 사회 형성에 지대한 영향을 끼쳤다는 점을 재차 강조하고 싶다. 그것은 일제강점기에 비록 조선인의 일본 이주에 대한 도항규제가 있었지만 한반도와 일본 본토 사이에는 공동의 노동시장이 어느 정도 형성되어 있었기 때문이다. 예를 들어 부산과 시모노세키(下関)를 연결하는 연락선의 승선자 통계를 보면, 1930년에 총 625,460명 가운데 조선인이 184,187명을 차지했으며, 1940년에는 총 2,198,113명 가운데 551,922명을 차지했고 나머지는 거의 일본인인 승선한 것으로 되어 있다. 한반도 거류 일본인의 존재는 조선인에게 선망과 질시의 대상이 되었고 조선인 노동력을 해외로 밀어내는 역할과 함께 일본으로의 진출을 유인하는 역할을 했다. 또한 민족차별의 현실에도 불구하고 식민지 통치가 장기화됨에 따라 일본 본토 뿐 아니라 한반도에서도 조선인과 일본인 사이의 다양한 혼합(hybrid) 현상이 발생한 것을 유념해야 한다.

---

17) 도노무라 마사루 지음, 신유원 · 김인덕 옮김, 『재일조선인 사회의 역사학적 연구』, 논형, 2010년.

18) 최영호, 「서평: 도노무라 마사루 지음, 신유원 · 김인덕 옮김, 『재일조선인 사회의 역사학적 연구』, 논형, 2010」, 『한일민족문제연구』, 19호, 2010년 12월.

일제강점기의 재일조선인 인구 통계로는 관련 역사학계에서 널리 사용되고 있는 것으로 내무성 경보국의 통계가 있다. 이 통계자료에 따르면 1911년에 2,527명이었던 것이, 1917년에 14,502명으로 1만 명을 넘어서게 되었으며, 1924년에는 118,152명으로 십만 명 단위에 돌입했고 1940년에는 1,190,444명으로 백만 명 단위가 되었다. 그런데 일본정부의 '국세(國勢) 조사' 결과에 따른 통계에서 보면 이 보다 약간 더 많은 숫자가 나타나고 있다. 예를 들어 1920년 경보국 조사결과가 30,189명이었던 것이 비해 '국세조사' 결과는 40,755명, 1930년에는 298,091명에 대해 419,009명, 1940년에는 1,190,444명에 대해 1,241,315명으로 나타났다. 이것은 실제로 일본에 거류하는 조선인이 경보국의 조사결과보다는 많았다는 것을 말해주고 있다. 1911년부터 1944년까지 매년 조사결과를 내놓은 경보국 통계를 중심으로, 재일동포 인구 추이에서 나타나는 특징을 살펴보면 대체로 다음과 같다. (1) 전반적으로 증가세를 유지했다. (2) 1910년대 전반기 증가세는 다른 시기에 비해 상대적으로 완만했으나 1910년대 후반기부터 1920년대 후반기까지는 급격한 증가를 보였다. (3) 1930년을 전후하여 증가세가 둔화되었다. (4) 1930년대 중반부터 다시 증가세가 두드러졌다. (5) 1939년 이후 1944년까지 5년간에 걸쳐 100만 명 이상이나 폭발적으로 증가했다.

일제강점기 재일동포는 일본제국 신민으로서 일본인과 국적을 동일하게 유지했으며 일본 내에 거주하는 일본인과 동일하게 참정권을 행사할 수 있었다. 하지만 민법상으로는 식민지 지역 출신자로서 일본인과는 다른 법적 체계 아래 놓였다. 즉 일본인이 '내지'에 본적을 두며 '호적법'의 적용을 받았던 것에 비해, 조선인은 조선에 본적을 두는 자로 '조선호적령'의 적용을 받았다. 그리고 '내지'와 식민지와의 사이에는 혼인과 양자 입적 이외에는 지역간 본적의 이동이 금지되어 있어서 일본인과 식민지인 간의 차별 체계는 계속 유지될 수 있었다. '일시동인', '내선일체' 등 식민지 동화를 위한 이념이나 슬로건을 제시한 것과는 달리, 이처럼 현실적으로 일본정부는 '내지'와 식민지 사이에 차별적인 법적 위계질서를 유지하고 있었던 것이다. 이에 따라 재일동포는 객관적으로 일본신민이면서도 일본인과는 다른 차별적인 법적 지위에 놓인 '왜곡된 형태의 국민'으로 인식되었다. 전쟁 말기 식민지와 일본 본토 사이에 제도적 통합이 진전된 것처럼 보인 것도 식민지 지역에 일본 본토에 버금가는 권리가 부여되어서가 아니라, 반대로 일본 본토의 정치권 권리 상황이 식민지 수준으로 추락했기 때문임은 재론의 여지가 없다.

_5_
일제강점기 재일동포의 정치적 대응 양상

일제강점기의 재일동포 사회를 언급할 경우 재일동포 단체의 정치적 성향을 논하게 된다. 이러한 재일동포 단체의 정치적 성향은 일본제국의 국민체 통치에 대한 대응 양상으로 나타났다. 조직적 성향은 다양한데다가 시기와 경우에 따라서도 달라지기 때문에 일률적으로 어느 단체의 성격을 간단히 단정해버리는 것은 무모한 일이 되기 쉽다. 이러한 비판을 무릅쓰고 여기서는 재일동포 조직의 정치적 성향을 '충성(loyalty)'과 '이의제기(voice)'라고 하는 대응 양상을 가지고 분류해보기로 한다.

'충성'의 대응으로는, 일본의 중앙 혹은 지방관청에 의해 설립된 단체로 1924년에 오사카(大阪)에서 결성된 「내선협화회(內鮮協和會)」를 필두로 하여 1920년대와 30년대에 일본 각지에 만들어진 협화회 단체들과 1940년대에 중앙과 지방조직으로 만들어진 「흥생회(興生會)」가 있다. 또한 일본의 중앙 혹은 지방관청의 지원을 받으면서 조선인들에 의해 만들어진 단체로, 1921년에 조직된 「상애회(相愛會)」와 1937년에 조직된 「오사카계명회(大阪啓明會)」 등이 있다.

또한 '이의제기'의 대응으로는, 재일동포 유학생들에 의한 1919년 2 · 8 독립선언과 같이 '국가체' 독립을 전제로 하는 운동과 함께, 1920년대와 30년대에 일본의 노동운동이나 대중운동과 연계되어 나타난 사회주의적 움직임을 들 수 있다. 식민지 시기의 재일동포 사회의 대응은 전반적으로 날이 갈수록 구성원들의 정주 성향이 높아지면서 일본사회에 대한 동화가 진전되었고, '이의제기' 대응에 있어서도 '국가체'의 독립보다는 사회의 변혁을 추구하는 방향으로 발전했다고 할 수 있다.

1937년 7월의 중일전쟁 반발과 함께 중국본토에서의 전선이 확대됨에 따라, 일본제국은 병력과 산업노동력의 보충을 위해 식민지 조선인들을 동원했다. 1938년 2월의 칙령에 의한 「조선인 육군특별지원병제」를 비롯하여, 1943년 10월부터 「조선인학도특별지원병제」, 나아가 1944년 4월부터 「조선징병령」을 실시하여 조선인을 전쟁터에 강제로 투입시켰다. 일본제국신민으로서의 '충성'을 강요하고 침략전쟁을 수행하게 한 것이다.

전쟁이 끝날 때까지의 조선인 징병자 수에 대한 실태는 정확히 알려지고 있지 않으나, 총독부의 보고 자료와 일본정부의 공개 자료에 의하면, 1944년 12월까지의 만20세의 입대 적령기 청년을 약 22만 명으로 보고 그 중의 절반을 초등교육 이상의 교육이수자로서 우선적으로 징집하고, 그 나머지는 교육훈련을 시키고 나서 징집할 계획이었다고 되어 있다. 또한 조선총독부의 또 다른 보고 자료인 「제86회 제국의회 설명자료」에 따르면, 1939년부터 1944년 5월까지 군무원으로 총 88,241명이 조선으로부터 징집되었으며, 그 중에 일본에 배치된 자는 33,143명이었다고 되어 있다.

한편 1939년 7월 내무성과 후생성의 차관명의에 의한 통첩 「조선인 노무자 내지(內地) 이주에 관한 건」에 의하여, '모집' 방법에 의한 조선인 노무자의 이입이 시작되었으며, 태평양전쟁 중이던 1942년 2월 각료회의에서 결정된 「조선인 노무자 활용에 관한 방책」에 기초하여, 조선총독부의 「조선인 내지 이입 알선 요강」이 만들어지고, '관알선' 방식에 의한 조선인 노무자의 일본이입이 단행되었다. 나아가 1944년에 들어서는 「반도인 노무자의 이입에 관한 건」 등 두 차례에 걸친 각료회의 결정을 거쳐, 같은 해 9월부터 '일반징용' 방식에 의한 조선인 노무자의 이입이 추진되었다.

전쟁이 끝날 때까지의 조선인 노무자 이입자 규모에 대한 실태는 정확히 알려지지 않고 있다. 조선총독부는 1939년부터 1944년까지 총 634,093명을 일본에 이입했다고 발표했으나, 일본의 공안당국통계에 의한 1944년 말 재일동포 수 1,936,843명에 비추어 볼 때, 총독부의 발표보다 훨씬 더 많은 조선인 단신 노동자들이 이 시기에 강제적 혹은 반강제적으로 일본에 이입되었을 것으로 추측할 수 있다. 이미 1938년까지 이미 일본에 들어와 있어 어느 정도 정주성을 띠고 있던 재일동포들이 1939년 7월의 「국민징병령」에 의한 노동동원의 적용대상이 되었고, 여기에 새로 전시 노동자로서 강제 이입되어 고향으로의 귀환만을 기대하고 있던 당시 '뉴카머' 조선인들과 함께 공통으로 일본에서의 전시체제를 경험하게 되었다.

조선총독부는 1939년 이후 한반도 내의 각 직장이나 집회소, 교회 등에 「황국신민의 서사(誓詞)」를 붙이고, 조선인들에게도 이것을 제창하도록 강요했다. 그리고 매월 1일을 「흥아봉공일(興亞奉公日)」로 지정하여, 전쟁터에 나간 군인들의 승리를 기원하고, "귀축미영(鬼畜米英)을 토벌할 것" 등을 선서하게 하였으며, 신사참배를 강요했다. 일본패전 당시 한반도에는 73개소의 신사와 157명의 사제(司祭)가 존재했으며, 전쟁 말기 서울(京城)의 중앙신사에 참배하는 조선인이 1년에 190만 명에 달했다고 하는 기록이 있다. 이와 함께 일본정부는 조선인의 '충성' 강요와 함께 그 대가로 조선인 관리의 임용 확대와 근무가봉 지급의 실시를 비롯하여, 조선인에 대한 일본 국민으로서의 대우 조짐을 맛보여 주기도 했다. 그 전형적인 예가 국민학교 의무교육 정책과 참정권 부여 정책이라고 할 수 있다.

일본은 1886년(6년제로는 1906년)부터 초등교육을 의무화 했지만, 조선에 있어서는 패전의 시기가 거의 다가온 시점에서 징병제 실시에 대한 무마책으로 초등교육의 의무제도가 고려되었다. 그러나 이 정책은 1946년 4월부터 실시할 계획이었던 까닭에 실제로 실행되지 않았다. 또한 참정권 부여 정책으로서는, 중의원 선거법 개정을 통해 나타났는데, 그 법률안은 1944년 말에 입안되어 이듬해 1월의 정기의회에 상정되어 가결되었다. 이 개정안에 따라 조선총독부의 내각 10명 중 7명을 조선인에게 할당하게 되었고, 일본에서와 같이 국세를 15엔(円) 이상 납부하는 조선인에게도 선거권과 피선거권을 부여하기로 되어 있었다. 한반도를 전쟁물자의 공급기지로 하고 노동력을 동원하는 조건으로 조선인에게 참정권을 부여함으로써, 소위 '유사(類似) 국민화'를 기도했던 것인데, 이것도 조기 패전에 따라 실행으로 옮겨지지 않았다.

한편 일찍이 1920년대부터 재일동포에게 동화정책이 실시되었다. 사상, 감정, 언어, 문화 등 일상생활의 영역에 이르기까지 재일동포들을 일본인화 하려고 했던 것으로서, 국민대우의 전제로서 조선 민족으로서의 아이덴티티를 포기하도록 요구하는 것이었다. 이것이 대다수 재일동포에게 일본국민으로서의 경험을 갖게 하는 기능으로 작용했음도 부인할 수 없다. 전반적으로 재일동포의 정치적 대응에서 적극성이 나타나지 않은 가운데, 일본제국의 지배체제에 대하여 정치적 아이덴티티를 명확히 표출했던 소수의 사람들이 있었다. 소위 반체제운동가와 전쟁협력자들이다.

태평양전쟁이 시작되어 일본의 전쟁양태가 불리하게 전개되어 감에 따라, 한반도의 해방을 확신하고 갖가지 방법으로 반체제운동을 전개한 사람들이 있다. 일찍이 태평양전쟁이 발발한 다음날인 12월 9일에, 재일동포 중에서 민족주의자와 공산주의자로 지목된 124명이 일본정부의 「비상조치」에 의해 검거된 것을 비롯하여, 「평안그룹」, 「민족부흥회」, 「계림

동지회」, 「동맹회」, 「마르크스주의연구회」, 「독립혈맹」, 「조선독립청년당」, 「조선독립연맹」 등 소수 조선인에 의한 비밀결사 조직이 발각되었으며, 그 밖에 조선인 노동자들이 노동쟁의 등의 방법으로 일제에 저항했던 까닭에 치안유지법 위반자로서 대거 검거되었다. 다만 지배층의 조선인 동원 및 단속의 기본설비가 철저하게 갖추어져 있었던 것과는 대조적으로, 반체제 운동가의 조선인 동원의 기본설비는 전혀 허용되지 않았기 때문에, 조직적이고 계속적인 저항 운동으로 이어지기가 어려웠다.

한편 일본의 동화정책에 대해서 일본국민으로 대우받기 위해 조선인으로서의 아이덴티티를 포기할 것을 적극적으로 주장하고 교육에 나선 사람들이 있다. 해방 후 소위 「친일분자」로 지목되는 인사들이다. 누구보다도 신분적으로 일본제국의 동화정책에 대해 적극적으로 협력할 수밖에 없던 계층에는, 왕족, 공족(公族) 그리고 귀족이 있었다. 일본패전 시점에 생존해 있던 조선인 왕족과 공족은 총 16명으로 기록되고 있다.

_6_
오늘날의 재일동포사회

오늘날 재일동포 사회의 가장 큰 특징으로서는 특별영주권자가 계속 감소하는 현상이 말해주는 바와 같이 역사적으로 형성되어 온 재일동포 민족의식이 점차 사라지고 있다는 점을 꼽을 수 있다. 커뮤니티 형성 과정에서 민족의식의 원천이 되었던 일본사회로부터의 차별이 오늘날에도 사라지지 않고 있는 상황에서 일어나고 있는 현상이다. 여기에다가 젊은 세대의 동포들이 개별적인 아이덴티티로서 정보의 세계화 추세에 따라 '탈(脫)국민국가'적 인식을 강조하거나 더 나아가 정치적 귀속의식을 부정하고 '디아스포라'적 인식을 강조하는 움직임이 유행처럼 나타나고 있다.

오늘날 재일동포 사회의 동향으로서는 전반적인 민족성 약화 현상과 함께 민단계 재일동포의 지방참정권 요구 운동의 약화, 한국의 재외국민 참정권 운동의 도입, '납치' 문제로 인한 「총련」(재일본조선인총연합회)계 재일동포의 감소 현상 등이 주목을 받고 있다. 일본정부가 1985년에 국적법을 종전의 부계 혈통 중심주의에서 부모 양계 혈통주의로 개정하고부터 일본 국적취득이 용이해진데다가 여기에 재일교포 1세에 비하여 2·3세대 이후에는 민족의식이나 역사의식이 희박해져 가고 있어, 앞으로 점차 그 수가 더욱 감소해 갈 것으로 보인다. 그럼에도 불구하고 최근까지 대한민국 국적을 고수하면서 일본에 대한 지방참정권을 요구하거나, 「조선적」을 유지하는 가운데 「총련」 조직을 수호하고자 노력하는 조직적인 운동이 있는 실상도 간과할 수 없다.

재일동포의 인구 현황에 관한 공식적인 통계로는 한국의 외교부 통계와 일본의 법무성 통계를 꼽을 수 있다. 한국 외교부의 통계는 지난 2010년 외교부 재외동포과가 공개한 국가별 재외동포현황 가운데 일본지역의 재외동포 현황을 소개하고자 한다. 외교부는 이 자료가 해외에 주재하는 한국의 재외공관(대사관, 총영사관, 분관 또는 출장소)에서 작성한 공관별 재외동포현황을 2010년 12월을 기준으로 하여 취합하고 정리한 것이라고 설명했다. 주재국의 인구 관련 통계자료, 한인회 등 동포단체 조사자료, 재외국민등록부 등 공관 민원 처리기록 직접조사 등을 근거로 하여 산출한 추정치라는 것이다.[19] 다만 이 가운데 '거주국 시민권자' 즉 일본의 국적을 가지고 있는 재일동포의 수치(326,671)는 신빙성이 희박할 뿐 아니라 그 근거도 명확하지 않기 때문에 통계자료로서 의미를 부여하기가 어렵다.

재외동포 인구통계 (외교부, 2010년 통계)

국가별	체류자			영주권 보유자 (D)	재외국민 합계 (E=C+D)	거주국 시민권자 (F)	재외동포 총계 (G=E+F)
	일반체류자 (A)	유학생 (B)	소계 (C=A+B)				
세계	1,317,554	329,579	1,647,133	1,148,891	2,796,024	4,472,747	7,268,771
일본	96,146	20,362	116,508	461,627	578,135	326,671	904,806

결과적으로 여타 외국에서와 같이 일본 국적을 소지한 동포까지 포함하여 전체적인 동포의 통계를 파악하기는 어렵고 일반적인 방법이지만 국적을 통한 '재일한국·조선인'의 통계를 재일동포의 부분집합으로서 파악할 수밖에 없다. 이것은 일본정부가 일본국민에 관하여 민족별 통계를 정리하고 있지 않기 때문이다. 이러한 이유로 한국정부는 재일동포의 통계로서 일본정부가 발표하고 있는 일본의 국적별 외국인 현황에 의

19) 외교부. 재외동포현황(2011), http://www.mofa.go.kr/travel/overseascitizen.

존하고 있으면서도 재일동포 전체상을 파악조차 하지 못하고 있는 것이다. 재일동포 최대의 민족단체 민단도 재일동포의 통계로서 일본 법무성의 외국인 통계를 그대로 인용하고 있다.[20] 다만 대한민국 국민등록자 통계로 제시하고 있는 수치(예를 들어 2012년 347,360명)는 재일동포의 통계로서는 말할 것도 없이 재일한국인(대한민국의 재외국민) 통계로서도 의미를 갖지 못한다.

그렇다고 하여 일본정부가 한국적 소지자와 조선적 소지자를 구분하여 파악하고 있지도 않다. 이 문제에 관하여 2008년 3월 당시 민주당 소속 참의원 의원 가와가미 요시히로(川上義博)는 질문서를 통해 일본정부에 대해 '한국적'과 '조선적'을 함께 통계로 잡는 이유가 무엇이며 왜 따로 파악하고 있지 않은지 물은 적이 있다. 이에 대해 법무성이 답변한 자료에 따르면, '한국적'은 국적을 표시하는 용어로 사용되고 있지만 '조선적'은 하등 국적 표기로서 사용되고 있지 않고 한반도 출신자를 의미하는 용어로 사용되고 있기 때문에 자칫 외국인등록자 집계에서 이를 따로 분리하게 되면 '조선적' 통계를 북한 국적자로 오해할 수 있는 소지를 제공하기 쉬운 까닭에 한국과 조선을 구분하지 않고 집계하여 발표하고 있다고 했다. 또한 1950년부터 한국과 조선을 따로 집계해 왔으나, 1975년판 재류 외국인 통계 작성을 위하여 집계 작업을 하면서부터는 각 지방으로부터 구분 없이 등록자 수에 관한 보고를 받고 있기 때문에 중앙정부가 '한국적'과 '조선적'에 관한 통일된 인구 통계를 파악하고 있지 않다고 답변했다.

아무튼 이러한 문제점에 불구하고, 현 시점에서는 일본정부(법무성)의 외국인 통계가 재일동포의 인구 통계를 밝히는 데 가장 유효한 자료가

20) 在日本大韓民国民団. http://www.mindan.org/shokai/toukei.html/年度別人口推移.

되고 있는 것은 재론의 여지가 없다. 2013년 9월에 발표된 일본 법무성의 외국인등록자 통계에 따르면, 2012년 12월 말 시점의 재일외국인 전체 수는 2,033,656명이며 이 가운데 '한국 · 조선' 출신자 수는 총 530,401명으로 나타났다.[21]

일본의 자격별 2012년 외국인등록자수

	총수	교수	예술	종교	보도	투자경영	법률회계	의료	연구	교육	기술	인문지식국제업무
전체 (2012년)	2,033,656	7,787	438	4,051	223	**12,609**	159	**412**	1,970	10,121	42,273	**69,721**
한국 · 조선 (2012년)	530,401	943	42	945	48	**2,941**	6	**39**	196	93	5,367	**9,755**

	기업내전근	흥행	기능	기능실습	문화활동	유학	단기체재	연수	가족체재	특정활동
전체 (2012년)	**14,867**	1,646	**33,863**	**151,471**	**2,320**	180,919	-	1,804	**120,693**	20,159
한국 · 조선 (2012년)	1,750	305	1,394	66	250	18,643	-	27	15,117	**5,027**

	영주자	일본인의배우자	영주자의배우자	정주자	특별영주자	미취득자	기타
전체 (2012년)	**624,501**	162,332	**22,946**	165,001	381,364	-	-
한국 · 조선 (2012년)	**62,522**	17,017	2,429	7,774	377,350	-	-

전후에 들어 가장 많은 '한국 · 조선' 출신자 수를 기록한 것이 1992년 말이었고 그때는 693,050명이었다. 그 후로 이들의 수가 매년 줄어드는 반면에 중국 국적자가 계속 늘어 왔다. 이와 같이 '한국 · 조선' 출신자 수가 계속 감소하고 있는 것은 무엇보다도 해마다 특별영주권자 수가 큰 폭으로 줄어들고 있기 때문이다. 우리가 과거에 흔히 역사적 존재로서 '재일동포 60만'을 논할 때는 특별영주자를 지칭한 것이었다. 이러한 관

21) 法務省. http://www.moj.go.jp/housei/toukei/toukei_ichiran_touroku.html/在留外国人統計/2012年 12月末/国籍地域別在留資格(在留目的)別在留外国人.

점을 오늘날에 적용한다면 '재일동포 30만 시대'에 살고 있다고 할 수 있으며, 여기에 일반영주자를 포함시킨다고 해도 '재일동포 40만 시대'에 와 있다고 할 수 있다.

이와 같이 오늘날 재일동포 사회의 변화 가운데 가장 두드러지게 나타나는 것은 이른바 '탈민족' 현상이다. 특히 특별영주자는 일본패전 이전부터 일본에 거류했던 한반도 혹은 대만 출신자, 또는 그의 자손으로서, 그 역사적 배경을 고려하여 법률에 의거하여 특별하게 안정된 거주 자격을 부여받은 사람들이다. 이들은 특례조치에 의해 퇴거 강제나 재입국 허가 등에 있어서 일반영주권자보다 완화된 규제 조치를 받게 되어 있다. 우리가 흔히 역사적 의미의 재일동포와 그 후손을 말할 때는 이처럼 몇 세대에 걸쳐 일본사회에 뿌리를 내리고 거주해 오고 있는 특별영주자를 지칭하는 것이다.

2000년대 재일동포 영주자 수의 변화

	2000년	2001년	2002년	2003년	2004년	2005년	2006년
일반영주자	31,955	34,624	37,121	39,807	42,960	45,184	47,679
특별영주자	507,429	495,986	485,180	471,756	461,460	447,805	438,974
계	539,384	530,610	522,301	511,563	504,420	492,989	486,653
	2007년	2008년	2009년	2010년	2011년	2012년	
일반영주자	49,914	53,106	56,171	58,082	60,262	62,522	
특별영주자	426,207	416,309	405,571	5,367395,234	9,755385,232	377,350	
계	476,121	469,415	461,742	453,316	445,494	439,872	

일반영주권자가 매년 2~3천 명 증가하고 있는 반면에 특별영주권자는 매년 1만 명 가량 줄어들고 있는 것을 알 수 있다. 이처럼 특별영주권자

가 감소하는 것은 일본 사회 전반에 걸친 출생률 감소와 같은 자연 감소 요인과 전혀 무관하지는 않다. 그러나 무엇보다도 1985년부터 일본의 국적법이 종래의 부계혈통주의에서 부모양계주의로 개정되면서 일본국적 취득이 용이해진 까닭에 재일동포 어린이가 대폭 감소하고 있기 때문이다. 1985년 한 해에 재일동포 젊은이들 사이에 결혼한 부부가 2,404쌍에 불과했던 것에 비해, 배우자로서 일본 국적자를 선택한 사람이 6,147명(남 2,525명, 여 3,622명)이었던 것으로 나타났다. 오늘날에 이르기까지 해마다 재일동포끼리 결혼하는 수는 감소하고 있는 반면에 일본국적자와 결혼하는 동포 젊은이들이 많아지고 있다.

또한 한국적이나 조선적으로부터 일본국적으로 귀화하는 사람이 계속 나오는 것도 특별영주자 감소의 중요한 요인이 되고 있다. 1952년에 재일동포 232명이 일본 국적을 취득한 것을 시작으로 점차 대체로 귀화하는 사람의 수가 늘어났다. 그러다가 1995년부터는 그 수가 1만 명을 넘기 시작했다. 일본국적을 선택하는 이유로는 무엇보다도 일본에서 생활하는데 외국인으로서 생활의 불편을 느끼기 때문이며, 이 외에도 일본정부에 의한 귀화 요건의 완화, 계속되는 한반도의 분단 상황, 북한의 체제 문제와 북일 관계의 악화, 한반도 국가 정책에 추종하는 재일민족단체의 문제점 등을 이유로 들 수 있다.

일본에 귀화하는 움직임을 한반도 국가에 대한 소속감으로부터 탈피하여 일본 국가로 귀속하려는 움직임이라고 일률적으로 보는 것은 맞지 않다. 하지만 이렇게 계속되는 특별영주자 감소 현상이 재일동포 사회에 역사적으로 형성되어 온 민족의식, 즉 본국지향적 정체성을 전반적으로 쇠퇴시키고 있는 것임에는 틀림없다. 재일동포의 역사에서 민족의식의 원천이 되었던 일본사회로부터의 차별이 여전히 사라지지 않은 상황에서, 새로운 세대의 아이덴티티로서 정보화 · 세계화 추세에 따라 국민국가로부터 이탈하고자 하는 인식을 강조하거나, 더욱 더 나아가 정치적 귀속의식을 부정하는 '디아스포라'적 인식을 강조하는 움직임 등이 나타나고 있는 현상은 분명히 한반도 거주 동포와의 공감대가 줄어들고 있다는 것을 잘 말해 주고 있다.

_7_
2014 세계한인회장대회 일본분과회의

2014년 10월 6일부터 8일까지 서울 그랜드호텔에서 세계한인회장대회가 열렸다. 이 대회는 한국 외교부 산하 재외동포재단이 주최하여 2000년부터 개최해 오고 있는 연례행사다. 이제까지는 보통 6월에서 8월 사이에 행사를 개최해 왔고 정부 주도의 이벤트 중심으로 순서를 진행해 왔다. 그런데 2014년에는 종래의 방식을 바꾸어 재외동포재단은 이 행사를 10월 5일 '세계한인의 날'에 맞추어 개최했으며 둘째 날에 지역별 분과회의 프로그램을 통하여 각 지역에서 한국을 방문한 동포 지도자들이 서로 얼굴을 익히고 지역 현안에 관하여 의견을 나누게 했다. 이때 필자는 일본지역의 사회와 회의결과 정리를 담당했다. 재일동포 지도자들은 여타 지역에 비해 참가자도 많았고 프로그램 일정에 맞게 질서정연한 회의 결과를 보였다.

재외동포재단은 11월 7일 오전에 「한인회를 중심으로 한 동포단체 간 네트워크 강화」라고 하는 공통주제를 제시하고 토론하게 했으며 오후에는 지역별 주제로 토의하게 했다. 재일동포 지도자는 총 40명 정도가 회의 자리에 참석했다. 민단 중앙단장의 형식적인 인사말은 생략하고 토론회 도중에 민단의 공식적인 입장을 전달하는 과정에서 자연스럽게 단장이 나와 대표 발언을 하게 했다. 전반적으로 형식적이거나 의례적인 토론에 구속되는 일이 없었고 가능한 참가자들이 돌아가면서 자신의 의견과 함께 자신이 속한 기관의 공식적인 입장을 설명하는 형태로 이루어졌다.

오전의 공통 주제에 대해서는 네트워크 강화를 해야 하는 범위가 어디까지인지, 즉 재일동포 단체들끼리의 관계를 말하는지, 아니면 다른 해외지역이 단체와의 관계를 말하는지 모호하다는 문제 제기가 있었다. 이에 따라 참가자들의 의견을 모아 재일동포 사회에 문제를 집약시켜 민단과 한인회 사이의 네트워크 강화를 논의하기로 했다. 논의 과정에서 주로 민단 지도자들이 발언을 많이 했는데, 한국사회에 민단과 한인회가 마치 갈등이라도 하는 것처럼 알려져 있는데 실제로는 그런 일이 없으며 지방별로 두 단체가 친목을 도모하는 일이 많다고 하며 사례를 들어 설명했다.

오후 회의에서는 지역별 주제를 가지고 토의를 진행했다. 제1주제, 「오늘날 일본사회에 일어나고 있는 혐한 움직임에 대한 대응 방안」에 대하여 민단과 한인회가 대체로 공통된 의견으로서 조용하면서도 강력하게 그리고 단호하게 대처해야 한다고 주장했다. 특히 일본 사회 일부의 이민족 헤이트 스피치 반대에 관한 유엔 결의안 촉구 운동과 관련하여, 민단측 참가자는 2014년에 민단 인권위원들이 제네바의 유엔기구를 방문하여 일본사회의 이민족 배격 움직임을 고발한 운동을 상세하게 보고했다. 미국의 동포사회를 중심으로 일본군위안부 소녀상이 확대되어가는 현상에 대해서는 대체로 민단측이 자제하기를 희망하는 의사를 나타낸 반면, 일부 한인회 인사의 경우에는 더욱 더 적극적인 활동을 해도 좋다고 하는 의사를 표현하기도 했다.

아울러 오후 세션의 두 번째 주제, 「구정주자와 신정주자 사이의 협력 방안」에 대해서는 전반적으로 민단과 한인회가 양 단체의 현실성을 인정하고 협조해야 한다는 데 일치했다. 이 과정에서 일부 지방 한인회의 경우 민단과의 갈등이 보이기 이전부터 이미 단체가 결성되어 활동을 하고 있었다고 하며 한인회의 연혁을 설명하고 존재를 강조하는 장면도 있었다. 민단에서는 중앙본부 부단장을 중심으로 하여 단체의 공식적인 이견이 개진되었는데 민단은 한인회 멤버들을 적극 수용하고 화합하겠다고 하는 입장을 천명했다.

2014 세계한인회장대회 일본분과회의

전반적으로 일본분과회의에서는 오전부터 오후까지 참석자의 이동이 거의 없이 주어진 시간을 약간 초과하면서까지 회의를 진행했다. 민단과 한인회 사이의 의견 차이가 감지되기는 했지만 의견충돌로 이어지지는 않았다. 전반적으로 화기애애한 분위기 가운데 토론회가 진행되었으며 민단과 한인회가 상대 단체에 대한 배려를 하면서 의견을 개진하였고 참가자 개인의 사적인 견해도 제시되기는 했으나 전체적으로 민단과 한인회의 공식적인 입장을 확인하는 시간이 훨씬 많았다.

다만 애초 예상했던 것과는 달리 회의 사용 언어에서 일본어가 많이 쓰였기 때문에 회의를 정리하는 데 약간의 차질이 발생했다. 한인회 대표의 경우에는 우리말 사용에 문제가 없었으나, 민단 대표의 경우에는 우리말을 이해하지 못하는 사람들이 많아 토론회의 거의 절반을 일본어로 진행해야 하는 문제가 발생했다. 한인회와 민단 대표들은 이러한 문제를 인식하고 통역이 없는 가운데 비교적 천천히 한국어와 일본어를 사용하여 의견을 개진했다.

사회자는 회의 언어로 한국어와 일본어가 교차하여 사용되는 만큼 발언자들의 의견을 축약하여 발언자가 사용한 언어와 다른 언어로 정리하는 역할을 수행했으며, 발언 시간과 전체 시간을 통제하고 관리하는 역할을 수행했다. 전반적으로 우호적이고 진지하게 토론이 진행되었다고 본다. 중요한 순간마다 민단의 중앙본부가 공식적인 견해를 제시하고 이에 지방본부와 한인회가 수긍하는 모습을 보임으로써 수준 높은 토론회가 이루어졌다고 평가할 수 있다.

토론 내용에 있어서 오전의 공통주제를 다루는 과정에서 재일동포의 현안으로 청소년들의 병역문제와 국적문제가 제기되었다. 이 문제로 인하여 정체성 찾기에 있어서 한국국적 청소년들이 오히려 일본국적 청소년보다도 상대적으로 더욱 고국을 찾기가 어렵다고 하는 현실적인 문제점이 부각되었다. 이것은 다른 지역에서 볼 수 없는 재일동포의 긴급한 문제가 아닐 수 없다. 특히 현행법상 국적 선택의 기간과 병역법 저촉 기간이 맞지 않다고 하는 문제가 제기되었으며 한국정부가 이 문제에 관하여 신중히 고려해 달라는 현실적인 요청이 나오기도 했다. 민단을 중심으로 하는 재일동포 사회에서 자녀들의 병역 문제에 관하여 심도 있는 논의가 전개되고 있다고 하는 것을 말해주고 있었다.

또한 지역별 주제에 있어서 일본사회 일부의 타민족에 대한 헤이트 스피치에 대하여 인도적인 입장에서 국제사회에 이 문제를 알리고 일본정부의 규제를 촉구한 것을 민단의 중요한 운동으로 규정했다. 경색된 한일 외교관계는 재일동포 사회에 악영향을 끼치고 있다는 점을 모두 강조했으며 다만 이에 대한 접근에 있어서 민단과 한인회 사이에 약간의 간극이 보였지만 각자의 입장에서 할 수 있는 일의 성격이 다르다는 것으로 의견이 마무리 되었다. 이러한 견해는 구정주자 신정주자 간의 회합 방안으로도 이어졌다.

전반적으로 한일관계 악화와 일본사회 동화에 따라 재일동포 청소년 혹은 민족단체 구성원 숫자가 줄어들고 있다고 하는 공통의 위기를 인식하고 민단과 한인회가 중앙과 지방에서 화합하는 움직임을 사례로 들어 강조한 것은 이번 토론회를 건설적으로 마무리하는 데 중요한 역할을 수행했다. 각 단체의 정통성 주장보다는 내외의 시련을 내세워 서로 화합하자고 하는 의견을 제시했다. 내용면에서도 매우 생산적인 토론회가 되었다고 평가한다.

_8_
한국정부 민단지원금 지급방식의 변경

2015년도 예산안이 확정되면서 민단에 비상이 걸렸다. 민단에 배정된 내년도 예산안은 2014년과 마찬가지로 80억 원 규모로 변함이 없지만 한국정부의 지급 방식이 크게 달라졌기 때문이다. 우선 민단중앙에서 집행할 수 있는 예산이 대폭 줄었다. 이제까지 한국정부는 지원금 총액의 80%를 민단중앙에게 지급해 왔고 20%는 각 지역 공관을 통해 민단 지방조직에 지급해 왔다. 따라서 민단중앙은 한국정부에서 지원 받는 예산 가운데 40%를 직접 집행하고 나머지 40%를 각 지방의 조직에 배분해 왔다.

그런데 한국정부가 이 같은 지원금 지급방식을 2015년부터 크게 바꾸기로 했다. 결과적으로 지원금 총액의 40%를 민단중앙 조직에 지급하고 나머지 60%를 각 지역 외교 공관이 민단지방 조직에 지급하게 된 것이다. 이것은 각 지방조직에 대한 통솔 권한이 중앙조직으로부터 한국정부로 대폭 이전되었다는 것을 의미한다. 특히 각 지방의 총영사관이 민단조직에 대하여 강력한 통제력을 행사할 수 있게 되었다. 이렇게 지급방식을 변경한 이유로서 정부는 중앙조직의 전횡을 방지하려는 취지에서였다고 설명하고 있다. 즉 민단의 중앙조직이 한국정부로부터의 지원금을 곧 바로 지방조직에 배분하지 않고 조직의 관행으로서 지방조직이 상납해야 하는 민단회비와 상쇄해 왔다는 것이다. 따라서 앞으로 민단중앙의 통솔력이 대폭 약화될 것이 분명해 보인다.

또한 한국정부는 민단중앙에 대한 지원금 지급에 일본사회에서 법인화를 추진하여 투명하게 재정을 운용해야 한다는 조건을 붙였다. 법인화를 위해 노력하지 않으면 40%의 지원금도 앞으로 보류할 수 있다는 단서를 달아놓은 것이다. 법인화의 목적이 조직 운영을 투명하게 하고 조직의 사유화를 막기 위한 것이라는 데 이견이 없다. 민단 조직이 일본에 있는 만큼 한국정부가 예산 사용 상황을 검토하기도 어렵고 법인이 아니다 보니 법인카드도 없으며 감사 대상이 되지 못했기 때문이다. 또한 법인 자격을 갖지 않기 때문에 지방 조직 등이 보유한 자산을 민단 간부 개인의 명의로 등기 처분해야 하는 문제도 있어 자산의 사유화 위험이 있다고 하는 것이 지적되어 왔다.

국회에서의 예산 질의와 국정감사 등을 계기로 법인화 필요성이 제기되자 한국 정부는 민단중앙에 일본 법인으로 등록하는 방안을 검토하라고 주문했다. 이에 따라 실제로 2014년 12월 민단중앙 간부들과 주일 한국대사관 당국자들은 민단 법인화를 위한 대책 회의를 갖고 법인화 준비 작업을 실시한 것으로 보도되고 있다. 관련 변호사와 세무사도 이 자리에 배석하여 '일반 사단법인'이나 '일반 재단법인' 등 법인화의 형태별 장단점 등에 대한 검토도 진행된 것으로 알려지고 있다.

그러나 민단 내부에서는 만일 법인으로 등록할 경우 일본정부의 감독을 받게 되어 민족단체로서의 정체성이 약화되고 민단의 조직 활동에 제약이 생길 수 있다는 우려의 목소리가 나오고 있다. 더욱이 최근 한일간 외교관계가 악화되고 있는 상황에서 일본정부가 민단에 대한 감독 권한을 행사하게 되면 한국정부 예산으로 집행하는 사업 내용에까지도 간섭이 미칠 수 있다는 비판이 제기되고 있다. 이제까지 민단이 내부 감사 기능 강화를 통하여 조직의 투명성을 제고해 왔고 굳이 법인화 노력을 해오지 않은 것은 민족단체로서의 특수한 이유가 있었기 때문이라고 방어하고 있다.

민단의 활동(2014년 12월)

필자는 민단의 경영의 투명성 제고는 반드시 필요한 것이지만 법인화 작업은 시기상조라고 생각한다. 여타 단체에 비해 민단은 민족단체로서의 역사성이 강하기 때문이다. 비록 조직이 약화되고 있지만 여전히 민단은 재일동포 사회의 구심점이 되고 있고 역사적인 경위를 가진 특별영주권자를 대표적으로 끌어안고 있는 단체임에 틀림없다. 다만 이러한 민단의 역사적 특성이 앞으로도 계속하여 인정받아야만 한다고 생각하지는 않는다. 현재 특별영주권자들이 30만 명 이상 생존해 있는 상황에서 그리고 일본사회가 보수 우경화 되고 있는 상황에서 아직은 이르다고보는 것이다. 민단을 일반 법인화 하는 행위는 재일동포의 역사적 특수성을 인정하지 않고 일반화 하는 일이다. 민단의 역사적 특수성을 인정하기 때문에 한국정부가 지원금을 지급하고 있고 우리가 민단의 이념적 성격이나 조직 구조에 대해 왈가왈부하고 있는 것이다.

최근 한일간 외교관계의 악화와 함께 일본사회에서 이민족을 배격하자고 하는 헤이트 스피치가 빈번하게 일어나고 있다. 급격하게 험한 분위기가 고조되고 있는 가운데 한류 업체의 매출액이 급격하게 감소하는 등 재일동포 사회의 경제적 피해가 심각한 것으로 알려지고 있다. 여기에다가 민족적 정체성을 유지하고자 하는 재일동포의 경우 일본사회의 민족차별 움직임으로 인한 심리적인 피해가 매우 큰 것으로 알려지고 있다. 이러한 불미스러운 현상에 대해 민단은 재일동포 변호사들과 인권옹호위원회를 결성하여 국제적으로 유엔 인종차별철폐위원회에 민족차별 실태를 호소하는 한편, 일본사회에서도 헤이트 스피치를 규제하는 법률을 제정하기 위한 조직 운동을 전개하고 있다. 이와 함께 민단은 부단하게 그리고 다양하게 일본주민과의 풀뿌리 교류활동을 전개함으로써 혐한 분위기를 완화하고 한일간 협력 분위기를 유지하는 데 주력하고 있다.

민단은 현재 2주에 걸쳐 한 차례씩 민단신문을 발행하면서 조직의 활동과 함께 한일교류 움직임을 재일동포 사회에 널리 알리고 있다. 최근 2014년 12월 10일자 민단신문에 보도된 기사만을 보더라도 한일교류의 움직임이 얼마나 뿌리 깊게 유지되고 있는지 잘 알 수 있다. 민단이 조직을 들어 개최한 한일교류 행사로, 청년회 도쿄본부 주최의 「다문화 공생을 위한 시민공개강좌」(11.30), 미야기현(宮城縣) 본부 주최의 「한국어 변론대회」(11.15), 이와테현(岩手縣) 본부 주최의 「김치강습회」(11.22), 오카야마현(岡山縣) 본부 주최의 「국제결혼에 관한 심포지엄」(11.16), 민단 한식네트협의회 주최의 「제3회 전국 김치그랑프리 대회」(12.6), 에히메현(愛媛縣) 본부와 고치현(高知縣) 본부 주최의 「어린이 모여라, 민화극의 공연」(12.21~23) 등이 각각 소개되었다.

_9_
오기문 초대 민단부인회 회장 별세

오늘날 점차 재일동포 1세가 사라지고 있는 가운데 민단을 빛낸 재일동포 1세 한 분이 또 사라졌다. 2014년 6월 29일 재일민단 부인회 중앙본부의 초대 회장을 맡았던 오기문(呉基文) 씨가 102세 나이로 별세한 것이다. 고인은 1911년 5월 3일 경상북도 고령군에서 출생했다. 1928년 2월 신혼 남편을 따라 도일하여 도쿄에 생활 터전을 잡았다. 해방 후 신탁통치 반대 운동을 계기로 보수 성향의 재일동포 단체에 몸을 담게 된다. 1946년 1월 결성된 건동(재일본신조선건설동맹)의 발기 위원을 맡았고 같은 해 2월 이 동맹의 초대 부녀 부장에 취임했다. 일본의 3의사 유골봉환 위원으로 활동했으며 1946년 10월에 민단이 발족하면서 초대 부녀 부장이 되었다.

1947년 8월 재일본대한부인회 도쿄 본부의 초대 회장, 1949년 6월에는 대한부인회 중앙본부 결성 준비위원장으로부터 초대 회장에 선임되었다. 1950년에 한국전쟁이 발발하자 고국의 피난민 구제운동과 위문품 보내기 등에 적극 나서 헌신하는 모습을 보였다. 1967년 7월까지 부인회 중앙본부 회장을 7기에 걸쳐 맡아서 부인회 조직을 육성 발전시키고 조국의 경제발전을 지원하는 데에도 진력했다. 그 후에도 부인회 중앙 본부 명예회장, 1993년부터는 고문이 됐다. 1976년부터는 민단 중앙 본부의 고문도 역임했다. 이에 따라 그 공을 인정받아 1996년에 대한민국 국민훈장 무궁화장을 수장했다.

오기문 씨는 1998년에 한국에서 회고록을 출간했다. 비록 정규교육의

오기문 회장의 부인회 활동 (1947과 1953년)

혜택을 그다지 받지 못했으나 그녀는 한국의 빈곤하고 가부장적인 비합리적 문화와 일본의 다양한 민족차별을 겪으면서도 조국과 재일동포사회를 위해 헌신한 인물이다. 그녀는 회고록 후기 첫 머리에서 24세 때 빈천한 일본 생활에서 장남이 태어나자마자 남편은 죽고 백발의 시부모와 이복 자녀 1남 3녀 등 여덟 식구를 부양해야 했다고 젊은 시절의 시련을 기록하고 있다. 이것은 그녀가 성인이 되어 얼마나 모진 고초와 역경을 만났는지를 단적으로 표현하고 있다. 1928년에 남편을 따라 도쿄로 거처를 옮겼으나 학업을 계속하고자 하는 뜻을 이루지 못하고 대신 가난한 이웃 동포들을 구제하는 일에 뛰어들었다. 해방직후 박열(朴烈)이 주도하는 우파적 신탁통치 반대 운동에 가담하면서 그녀는 전후 민족단체 활동을 시작했다. 건동의 3의사 유골봉환 위원으로서 유골과 함께 일본을 떠나 한반도로 들어왔으나 일본으로 되돌아갈 때에는 밀선을 타고 들어가야 했다.

한국전쟁이 발발하자 그녀는 민단 부인회 회장으로서 모금운동을 통해 본국 이재민 구호사업에 나섰으며 한국에 들어와 전쟁미망인을 위한 구호품으로 재봉틀과 편물기계를 전달했고 전방부대를 순회하며 장병들을 위문했다. 이 일로 그녀는 1953년 11월 이승만 대통령을 접견하기도 했다. 이때 이승만 대통령이 그녀에게 개인적인 소원을 묻자 그녀는 재일동포에 대해 여권 발급을 원활하게 해 줄 것을 요청했다고 한다. 그녀는 이승만 정권 시절에 한국에 올 때마다 한국정부로부터 철도 무임승차권을 교부받는 등 민족주의 활동가로 인정을 받게 되면서 더욱 더 재일동포의 조직 활동에 매진하게 된다. 1954년에 한글학교 '한국모자학원'을 설립하는가 하면 재일동포 북송반대운동에도 적극 참여했다. 그녀는 1997년에 한국에 귀국하여 고향에서 양로원을 운영하면서 사할린 귀국동포들을 비롯한 노인들과 함께 말년을 보냈다.

그녀는 회고록 후기에서 자신의 소원과 포부를 기록하면서, 세계평화, 대조구국, 남북통일, 국태민안, 인류행복을 위하여 '세계평화의 제(祭)'를 꼭 지내고 싶다고 했다. 국제적으로 남북통일, 민족화합과 번성을 위하고, 애국선열들과 전쟁피해자들을 위해 제사를 정성껏 올리고 싶다고 했다.

Ⅶ. 부산과 후쿠오카의 지역간 국제교류

이 글은 日本대학 법학부에서 2014년 10월 4일에 발표한 보고서 「釜山広域市と福岡市の地域間交流」를 한국어로 번역하고 수정한 것이다.

_1_
부산과 후쿠오카 교류에 관한 연구

필자는 2014년 1월부터 일본대학 법학부의 공동연구원으로 활동하고 있다. 야마다 미쓰야(山田光矢) 교수를 연구책임자로 하여 4명이 한 팀을 이루어 국경도시 사이의 국제교류에 관한 연구조사를 실시하는 가운데 필자는 부산과 후쿠오카의 지역간 교류를 담당해 오고 있다. 2014년에 연구팀이 부산에서 두 차례 회합을 가졌으며 쓰시마와 도쿄에서 각각 한 차례씩 회합을 가졌다.

오늘날 한일양국의 외교관계가 경색되어 있음에도 불구하고 부산과 후쿠오카 사이의 지방자치 단체 사이의 교류나 특히 양 도시 사이의 민간교류는 착실하게 진행되고 있다. 무엇보다도 두 도시는 지리적 인접성과 경제적 필요 때문에 지역 간 교류가 끊이지 않고 일어나고 있으며 수많은 다양한 행사와 프로그램이 거의 매일 뉴스를 통해 일반에게 알려지고 있다. 근래에 들어 일본인의 한국 관광객이 줄어들고 있지만, 1990년대부터 시작된 양 도시 사이의 공무원 상호 파견을 비롯한 행정 교류는 여전히 계속되고 있고 지난 2008년부터는 '초광역경제권'(Mega-regional Economic Area) 구상의 실현을 위한 경제협력협의회가 결성되어 지금도 활발하게 활동하고 있다. 또한 양 도시 사이에는 기업 간 비즈니스 교류뿐만 아니라 시민단체와 대학의 민간교류도 활발한 편이다.

부산과 후쿠오카와의 교류에 관한 선행 연구는 1990년대부터 다양한 연구가 진행되고 있다. 선행 연구를 크게 나누어 보면, (1) 선박과 항공의 인적 교류에 대한 연구, (2) 문화 행사 등 문화 교류에 대한 연구, 그리고 (3) 초광역 경제권 구상과 주로 물적 교류에 대한 연구로 나누어 볼 수 있다. 그 중에서 주목할 만한 연구 성과를 거론한다면, 인적 교류에 대한 연구로서는 Park, Jong-Hyun(1995)[1]을 필두로 하여 Chishaki, Takeshi 등(2009)[2], 후쿠오카 아시아 도시 연구소(2010)[3], 성은희(2010)[4] 등의 연구을 꼽을 수 있다. 두 도시간 문화 교류에 대한 연구로서는 그다지 눈에 띄지 않지만 2006년 차세대 육성을 테마로 한 장제국의 연구[5]와 2009년 문화교류를 다룬 후쿠오카시 교육위원회의 연구[6]를 꼽을 수 있다. 그리고 경제적 교류에 관한 연구로는 1995년 박인호가 「한일해협경제권」이라는 구상을 제창한 이후 여러 분야에서 연구가 이루어지고 있다.[7] 특히 경제적 교류에 대한 연구에서는 한국어에 의한 연구가 많이 보인다. 일본의 연구로서는 규슈대학의 한국경제연구회가 편집하는 논문집에 발표된 Takagi, Naoto(2009)[8]와 Kabu, Takayoshi(2012)[9]의 연구는 부산과 후쿠오카 지역 간 경제 교류의 실체에 관한 풍부한 정보를 제공하고 있다.

---

1) Park, Jong-Hyun, 「航空旅客の流動からみた国際的都市システム: 日本の地方都市とアジア諸都市との結合関係, 福岡に注目して」, 『経済地理学年報』 41巻 2号, 1995年.

2) 樗木武・野口誠・小牧重己, 「博多・釜山間における国際船舶利用客の変動構造について: 福岡・釜山日常交流圏の形成に関する研究(1)(小特集 博多港の物流と人流)」, 『都市政策研究』6号, 2008年.

3) 福岡アジア都市研究所, 『福岡・釜山間高速船利用客観光動向調査: 福岡・釜山を中心とする日韓連携社会の形成に関する調査研究』, 福岡アジア都市研究所, 2010年.

4) 成恩希, 「日韓 Cruise産業発展のための共同協力方案: 福岡・釜山を中心として」, 『東アジア研究』11号, 2010年.

5) 장제국, 「부산-후쿠오카 전략적 파트너십 구축을 통한 차세대 육성: 부산의 인재유출 방지 측면을 중심으로」, 『지역사회』 54권, 2006년.

6) 福岡市教育委員会, 『もっと知りたい福岡・釜山: 福岡市と釜山広域市の交流誌』, 福岡市教育委員会, 2009年.

7) 朴仁鎬, 「'韓日海峡経済圏'と釜山・九州」, 『九州経済調査月報』 49巻 2号, 1995年.

8) 高木直人, 「福岡・釜山連携と超広域経済圏」, 『韓国経済研究』 8号, 2009年.

9) 加峯隆義, 「福岡・釜山と英仏ドーバー海峡: 海峡を越えた地域間交流」, 『韓国経済研究』 11号, 2012年.

필자는 여기에서 선행 연구를 바탕으로 하여, 첫째 최근의 통계에 따라 두 도시간 교류 현황을 총체적으로 파악하고 지역 간 교류의 현황과 한계에 대해서 개략적으로 언급하고자 한다. 둘째는 양 도시 사이의 행정교류 상황을 소개한다. 특히 협력사업 추진위원회 회의 자료에서 담겨 있는 사업을 중심으로 행정 교류의 실태를 소개한다. 셋째는 사단법인 부산한일문화교류협회를 실례로 들어 부산에서 시민단체 차원에서의 교류의 실상을 소개하고자 한다. 이 협회는 1987년 11월 결성된 이후 후쿠오카시와 청소년 교류 "ASIAN FRIEND"의 발행 · 문화 행사 공동 개최 등 다양한 민간 교류를 앞서고 있다. 2014년 일본대학 법학부의 연구팀이 다 같이 이 협회를 한 차례 방문한 적이 있는데, 필자는 그 후에 다시 이 협회를 찾는 임원과 실제 프로그램에 관한 인터뷰를 실시했다. 그 인터뷰 결과를 기초로 하여 부산과 후쿠오카 사이에서 전개되는 민간교류의 현황을 기술하고자 한다. 또한 넷째로는 필자가 몸담고 있는 영산대학교가 실시하고 있는 일본필드학기 프로그램을 실례로 하여, 대학 수준에서의 국제교류 실태를 소개하고자 한다. 영산대학교 일어학과는 학과 재학생을 대상으로 하여 2013년 봄부터 2개월간 후쿠오카에 머물게 하면서 수업의 일환으로 시장 조사와 민간 교류를 추진해 오고 있다. 학생들의 반응도 좋고 교육효과도 뛰어나다. 때마침 필자가 2014년 4월부터 6월까지 인솔 교수로 이 프로그램에 종사한 경험도 있어 몸소 체험한 바를 소개하고자 한다.

_2_
부산과 후쿠오카의 경제 규모

지리적으로 가까운 부산과 후쿠오카 사이에서 양 지역의 사람들이 언제부터 교류를 시작했는지 파악하기 어려울 만큼 상호 교류의 역사는 매우 깊다. 현대에 들어 부산광역시와 후쿠오카시가 정식으로 자매도시 협정을 맺은 것은 2007년 2월 2일의 일이다. 부산광역시 국제협력과의 자료에 따르면 1987년 구와바라 게이이치(桑原敬一) 후쿠오카시 시장이 부산을 방문했을 때, 처음으로 양 도시 사이에 자매도시 결연을 맺자고 하는 뜻을 밝혔다고 되어 있다. 그 이후 1989년까지 7차례에 걸쳐 후쿠오카시 부시장, 시의회 의장, 의원단이 부산을 방문하여 자매도시 협정 체결을 요청했다고 한다.

이에 따라 부산광역시는 1989년에 당시 내무부에 후쿠오카와의 자매도시 협정을 승인하도록 요청했다. 그런데 내무부는 외국 도시와 자매결연 협정은 불가능하다고 하며 행정교류를 위한 상호합의문 교환 정도라면 가능하다는 유권해석을 내렸다. 그 결과 1989년 당시 안상영 부산광역시 시장이 후쿠오카시를 방문하여 합의문을 전달하기에 이르렀다. 그 후 한국의 민주화와 지방자치제도의 발달로 인해 한국에서도 국제 자매도시 협정체결에 대한 장애물이 없어졌고 마침내 2007년 두 도시 사이에 자매도시 결연협정이 맺어졌다.

협정 체결 후 두 도시 사이에서는 행정기관을 중심으로 하여 인적·물적 교류를 확대하려고 하는 움직임이 활발해졌다. 가장 전형적인 움직임으로 나타난 것은 2008년 3월 부산광역시가 '초광역경제권' 형성을 추진해 보자고 제안했고, 그 해 10월에 후쿠오카시에서 양 도시 사이의 행정기관 · 상공회의소 · 경제계에 의한 「경제협력협의회」가 설립되기에 이른 것이다. 부산광역시는 이때부터 부산발전연구원과 규슈경제조사협회와 함께 공동연구를 비롯한 여러 분야에서 전문가 회의와 실무자 회의를 주도해 나갔다. 이에 따라 2009년 8월에 '초광역권경제권' 형성을 위한 4개의 기본 방향, 9개의 전략, 그리고 23개 세부 추진 사업과 64의 당면 과제가 정리되었다.

이와 함께 부산광역시는 2008년 12월 기획 연구 팀을 발족시켰고 2010년 2월 『부산 · 후쿠오카 초광역경제권 형성 촉진에 관한 연구』와 그 『요약보고서』를 모두 한국어 자료로 발표하기에 이르렀다. 이 연구보고서 서문에는 연구팀의 구성과 연구조사 과정이 정리되어 있다. 부산발전연구원 선임연구위원을 책임자로 하여 이 연구원 내부의 연구자 5명과 외부로부터의 공동연구자 10명이 1년 남짓 기간을 이용하여 대규모 기초연구에 돌입했다는 것이다.

또한 『요약보고서』에는 양 도시의 경제규모에 관한 통계를 내고 있는데, 그 가운데 한국과 일본에서 양 도시가 차지하는 경제 규모가 전체의 2.9%이며, 생산액은 1.9%에 불과하다고 되어 있다. 이 통계 작성을 위해서 연구팀은 일본어에 의한 자료로 일본내각부의 『현민경제계산연보』, 경제산업성의 『공업통계표 』, 모지(門司)세관의 『규슈경제권의 무역』, 총무성의 『일본통계연감』, 규슈경제조사협회의 『도설규슈경제』 등을 참고했고, 한국어 자료로서는 한국통계청의 『한국통계연감』 등을 참고했다고 했다. 『요약보고서』에 나타나 있는 통계로서, 2005년과 2006년에 걸친 부산과 후쿠오카의 경제규모는 다음과 같다.

부산과 후쿠오카의 경제규모(2005년과 2006년)

	면적 (㎢)	2005년 인구		2005년 총생산액		2006년 공업출하액		2006년 무역액			
		규모 (천명)	구성 (%)	규모 (억불)	구성 (%)	규모 (억불)	구성 (%)	규모 (억불)	구성 (%)	수출액 (%)	수입액 (%)
한국 +일본	477,601	176,550	100	57,232	100	36,236	100	18,331	100	9,578	8,753
한국	99,678	48,782	27.6	8,073	14.1	9,779	27.0	6,348	34.6	3,255	3,094
일본	377,923	127,768	72.4	49,159	85.9	26,457	73.0	11,982	65.4	6,323	5,659
부산 +福岡	1,106	5,039	2.9	1,090	1.9	376	1.0	449	2.4	248	201
부산	765	3,638	2.1	457	0.8	326	0.9	167	0.9	81	86
福岡	341	1,401	0.8	633	1.1	50	0.1	281	1.5	167	114

_3_ 부산과 후쿠오카의 교류 현황

앞에서 제시한 통계는 2005년과 2006년의 통계이지만, 10년 가까이 지난 오늘날에도 한국 · 일본에서 차지하는 부산 · 후쿠오카의 경제 규모의 비율은 그다지 변하지 않았을 것으로 생각한다. 부산광역시와 후쿠오카시가 손잡고 '초광역경제권' 구상 운운하는 것은 한국 · 일본 전체에 차지하는 경제규모의 크기 때문이 아니다. 그 보다는 오히려 한일 양국의 경제가 지나치게 수도권에 집중되어 있고 지방 경제는 중앙으로부터 소외되고 있다는 현실인식에서 이러한 구상이 나오게 된 것이 아닌가 생각된다. 즉 지역경제의 위기상황 인식과 중앙경제권에 대한 콤플렉스에서 탈피하겠다는 공동 염원에서 나온 것으로 이해된다.

그럼에도 불구하고 현실적으로 중앙정부의 지원이나 보조에 의존할 수밖에 없는 지방정부의 입장으로서는 이런 콤플렉스를 그대로 적극적으로 통계로 제시할 수는 없고 그저 상대방의 도시에 대해 협력을 통한 경제규모의 확장을 호소하는 '상호 위로'에 그치는 것 아닌가 하고 생각된다. 즉 지역경제가 처한 위기에 대해 서로 분명히 인식하고 있음에도 불구하고 본국 중앙정부와의 관계를 중시할 수밖에 없는 상황을 반영하고 있다.

아무래도 국내 중심의 경제운영을 우선할 수밖에는 없는 상황에서 '초광역경제'권 구상은 필사적인 구호가 될 수 없다고 하는, 적극성을 결여하고 있다고 하는 한계를 갖고 있다는 것이다. 이런 상황에서는 양 도시가 아무리 지역간 교류의 중요성을 자주 주장하고 있다고 하더라도 한일 양국의 불편한 외교관계에 구멍을 뚫을 정도의 돌파구를 기대하기는 어렵다. 따라서 현실에서는 한일 양국의 외교 관계를 추종하는 수준에서 양 도시의 교류가 머물러 있는 것이 아닌가 생각된다.

오늘날 한일 양국 사이의 인적 · 물적 교류의 실상을 알리는 통계로는 주일대한민국대사관의 홈페이지나 재한일본대사관 홈페이지의 통계 자료를 들 수 있다. 무엇보다 이러한 자료는 공식적 성격을 띠고 있다는 것과 비교적 새로운 통계를 제시하는 유효성과 적시성을 지니고 있기 때문이다. 다만 이 자료에서 지역간 교류의 실체를 직접 읽어내는 일은 불가능하다. 따라서 부산발전연구원이 제시한 2005년 2006년 통계는 상대적으로 큰 의미를 지니고 있다고 생각한다.

2013년 한국의 대일 수출액은 347억 달러였고 대일 수입 규모는 600억 달러였다. 양국 사이의 2013년 교역액은 947억 달러였다. 부산 · 후쿠오카 지역간 교역의 구성이 2.4% 안팎이라면 2013년의 부산과 후쿠오카 지역간 교역은 약 23억 달러가 되고 있다고 추측할 수 있다. 최근 한국과 일본의 교역량이 점차 줄어들고 있는 것과 관련하여 자연스럽게 부산과 후쿠오카 사이의 교역량도 줄어들고 있다고 생각한다. 2014년에 들어서는 8월까지의 통계를 살펴보면 한국 · 일본의 교역액이 2013년 같은 시기와 비교하여 16%나 줄어든 573억 달러에 지나지 않았다. 이러한 양국간 교역 감소는 바로 부산 · 후쿠오카 지역 간 교역에도 적신호를 보이고 있다고 할 수 있다. 10년 전에 나온 '초광역경제권' 구상은 좀처럼 실현 가능성이 희박하다고 하는 어려운 현실에 직면하고 있는 것이다.

다만 이런 경제적 · 물적 교류와 달리, 인적 교류 면에서는 다소 다른 양상을 발견할 수 있다. 인적 교류의 규모를 지역간 수준으로 좁히는 것은 어려운 일이며 그다지 큰 의미를 갖지도 않는다. 거기에서 한국관광공사와 일본관광국이 제시하고 있는 양국간 여행자 통계에서 양 도시간의 인적 교류 규모를 추론할 수 있다. 2013년 한국인의 일본 여행은 2012년에 비해 20% 늘어난 246만 명이었던 것에 비해, 2013년 일본인의 한국 여행은 2012년에 비해 22% 줄어든 275만 명이었다. 인적 교류는 역사 인식이나 영토 문제와 상관없이 이루어지고 있다고 보기는 어렵다. 이러한 이유로 근래에 들어 국가나 지방 차원에서 장기 체류라든지 행사를 위한 인적 교류는 매우 줄었다고 생각된다. 반면에 한국인의 일본 여행이 증가하고 있는 것과 같이, 외환 시세의 변동에 따른 단기 체류의 움직임은 역사 인식이나 영토 문제로부터 크게 영향을 받지 않는다는 측면도 있다는 것을 말해 주고 있다. 2013년의 여행자 통계에서 보면 대략 1월부터 7월까지 전반기에는 한국인의 일본 여행자가 일본인보다 많았고, 8월부터 12월까지는 일본인의 한국 여행자가 상대적으로 많았다는 것을 알 수 있다.

다음은 부산과 후쿠오카의 인적 · 물적 교류를 가능하게 하는 비행기와 선박의 운행 현황에 관하여 언급하고자 한다. 2014년 10월 현재, 부산(김해)과 후쿠오카를 연결하는 비행기 편은 아시아나항공과 에어부산이 하루 3편씩 매일 왕복 운행하고 있으며 일본항공과 대한항공은 하루 2편씩 매일 왕복 운행을 하고 있다. 소요 시간은 일단 55분으로 되고 있지만, 실제로는 이륙에서 착륙까지의 시간이 50분도 채 걸리지 않는다.

또한 부산광역시 국제협력과에서 제공받은 「부산항 국제여객선 운행 현황」에는 오늘날 부산과 후쿠오카 사이의 선박 운항 실태를 잘 정리하고 있다. 2014년 10월 현재 부산항에서는 국제선박으로 5개의 항로를 가지고 있으며 6개 선박회사의 선박 13척이 승객들을 실어 나르고 있다. 이 가운데 부산과 후쿠오카 사이의 항로에는 4개 회사의 선박 9척이 운항 중이다. 주로 한국의 미래고속과 일본의 규슈고속선 회사가 공동 운행하는 여객 전용 쾌속선이 여객 수요를 충당하고 있는 실정이다. 현재 미래고속은 3척의 선박을, 규슈고속선 회사는 4척의 선박을 각각 운행하고 있다. 3월부터 10월까지 승객의 많은 시기에는 두 회사는 공동 배선으로 증편을 하고 있고 그때마다 출발 시각을 바꿔가며 운행하는 유연성을 보이고 있다.

부산발 후쿠오카행 비행기편(2014년 10월)

편명 / 항공회사	출발시각	도착시각	소요시간	운행일
JL5264 일본항공	09:15	10:05	50分	매일
	09:00	09:50	50分	매일
KE783 대한항공	09:15	10:05	50分	매일
	09:00	09:50	50分	매일
OZ9732 아시아나항공	10:00	10:50	50分	매일
BX142 에어부산	10:00	10:50	50分	매일
	10:00	10:50	50分	매일
OZ9736 이시아나항공	14:20	15:15	55分	매일
BX146 에어부산	14:20	15:15	55分	매일
JL5266 일본항공	17:55	18:45	50分	매일
	17:50	18:40	50分	매일
KE797 대한항공	17:55	18:45	50分	매일
	17:50	18:40	50分	매일
OZ9734 아시아나항공	18:00	18:50	50分	매일
BX144 에어부산	18:00	18:50	50分	매일

후쿠오카발 부산행 비행기편(2014년 10월)

편명 / 항공회사	출발시각	도착시각	소요시간	운행일
JL5265 일본항공	11:05	12:00	55分	매일
	10:50	11:45	55分	매일
KE784 대한항공	11:05	12:00	55分	매일
	10:50	11:45	55分	매일
OZ9731 아시아나항공	11:40	12:35	55分	매일
BX141 에어부산	11:40	12:35	55分	매일
	11:40	12:35	55分	매일
OZ9735 아시아나항공	16:10	17:05	55分	매일
BX145 에어부산	16:10	17:05	55分	매일
OZ9733 아시아나항공	19:40	20:30	50分	매일
BX143 에어부산	19:40	20:30	50分	매일
JL5267 일본항공	19:45	20:40	55分	매일
	19:40	20:35	55分	매일
KE798 대한항공	19:45	20:40	55分	매일
	19:40	20:35	55分	매일

이와 함께 부산과 후쿠오카 사이의 항로에는 1990년부터 운행하기 시작한 화객선 New-Camellia호가 정원 522명으로 현재도 주 7회 왕복 운행 중이다. 또한 1999년부터 운행을 시작한 여객 전용선 Dream호는 정원 279명으로 주 6회 운행하고 있다. 또 쓰시마 섬의 이즈하라(厳原)를 경유하는 쾌속선 Kobee는 정원 222명으로, 히타카쓰(比田勝)를 경유하는 쾌속선 Beetle은 정원 200명으로 하루 1차례 또는 2차례씩 운행되고 있다.

부산항 후쿠오카항 왕래 선박(2013년 11월)

선박회사	선박명	선적	종류	운항형태	취항	운행시간
고려훼리	New Camellia	일본	화객선	주7회, 월1회 토요휴항	1990	14시간
JR규슈고속선	Beetle	일본	쾌속선	1일4회, 성수기 증선 (히타카츠(比田勝) 경유 있음)	2001	2시간 55분
	Beetle 2	일본	쾌속선		1991	2시간 55분
	Beetle 3	일본	쾌속선		1998	2시간 55분
	Beetle 5	일본	쾌속선		2003	2시간 55분
미래고속	Kobee	한국	쾌속선	1일3회, 성수기 증선 (이즈하라(厳原) 경유 있음)	2002	2시간 55분
	Kobee 3	한국	쾌속선		2002	2시간 55분
	Kobee 5	한국	쾌속선		2004	2시간 55분
대아고속해운	Dream	한국	쾌속선	주6회	1999	3시간 15분

_4_
부산과 후쿠오카의 행정교류

2007년 2월 자매도시 결연협정을 체결한 이후 부산광역시와 후쿠오카시는 빈번하게 행정교류를 실시해 왔다. 행정교류라고 하면 양 도시 공무원 간의 다양한 교류를 가리키며 이렇게 볼 경우 장기간에 걸친 공무원 교류는 물론 단기간의 교류에 이르기까지 수없이 많을 것으로 생각할 수 있다. 부산광역시 국제협력과의 업무보고 자료「국제 자매결연도시간 교류추진 상황」에 따르면 행정 교류업무로서 2008년에 25건, 2009년에 35건, 2010년에 22건, 2011년에 25건, 2012년에 21건, 2013년에 29건을 실시했다고 되어 있다.

필자는 일본대학 법학부 연구팀의 일원으로 2014년 1월 13일 오전 중에 부산광역시 국제협력과를 방문하여 국제교류의 상황에 대한 보고를 들었다. 그리고 10월의 발표를 앞두고 9월 16일 오후에 또 다시 국제협력과를 개별적으로 방문하여 부산광역시가 가장 소개하고 싶은 사업을 선정하여 구체적으로 그 내용을 설명하도록 요청했다. 이와 함께 부산광역시의 국제교류 현황에 관한 자료를 제공받았다. 이때 국제교류과 관계자는 2014년 한 해 동안 실시한 후쿠오카시와의 행정 교류에 대해 다음과 같은 행사들을 거론하고 일일이 그 내용을 설명했다.

이처럼 양 도시 사이의 행정 교류 가운데 부산 · 후쿠오카 '초광역경제권' 형성 사업은 실행과제를 설정하고 하나하나 실행하고 있다는데 의미가 크다. 이것은 한국과 일본 사이의 다른 지역에서는 볼 수 없는 대표적인 지역 간 국제교류 프로그램이 되고 있다. 때마침 2014년 9월 2일에는 후쿠오카시에서 제6회 협력사업추진위원회 합동회의가 열렸다. 필자는 9월 16일 오후에 부산광역시 시청 안에 있는 '부산 · 후쿠오카 경제협력 사무소'를 방문하여 소장으로부터 9월 2일에 열린 회의의 자료를 제공받았다. 여기서는 부산 · 후쿠오카 간의 행정 교류를 중심으로 하여 이 자료의 내용을 소개하고자 한다.

부산광역시와 후쿠오카시의 행정교류(2014년1월~9월)

행사명	시기	개최지	행사 내용
부산 · 福岡 초광역경제권 형성사업	1월	부산	부산국제게임 · IT 심포지움 등
부산 · 福岡 초광역경제권 형성사업	1-3 월	福岡	한국 영화 2 편 상영
부산시민공원 내 福岡정원 조성	2월	부산	福岡 시민대표단 부산방문
제4회 Business CEO Forum	5월	福岡	양 도시 CEO 등 140명 참가
福岡 행정부시장 부산 방문	5월	부산	시민공원 개소식 참가
福岡 국제교류 관계자 부산 방문	5월	부산	국제과장과 담당자
동아시아경제교류추진기구회의	7월	부산	한일중 9 개도시에서 제조업자 40명 참가
부산 · 福岡대학생 인턴십	7월	福岡	부산지역 대학생 12명, 福岡에 파견
福岡에 17차 공무원 파견	8월	福岡	국제협력과 소속 공무원 1명 파견
한일중 자매도시 청년캠프	8월	부산	3국 자매우호도시 거주자 10명 캠프 참가
자매도시 차세대 리더캠프	8월	부산	자매도시 거주 대학생 20명을 초청
부산 · 福岡 초광역경제권 형성사업	8월	부산	글로벌인재육성분야, 학생교사 100명 캠프참가
제2회 자매도시 아동그림 전시회	8-10월	부산	부산 · 上海 · 福岡 등, 그림 300점을 순회 전시
부산 · 福岡 대학생 인턴십	9월	부산	일본인 학생 10명을 초청, 인턴십 캠프
부산 · 福岡 초광역경제권 형성사업	9월	福岡	제6회협력사업추진위원회, 2015년사업 협의
부산 · 福岡 초광역경제권 형성사업	8-12월	福岡	부산지역 대학생 6명, 인턴십 교류
부산 · 福岡 Forum 제9차회의	9월	부산	부산시장 · 福岡시장 등 27명 참가
福岡 시장 등 부산 방문	9월	부산	高島宗一郎 시장 등 5명, 부산 방문

양 도시의 경제협력 추진 체계로서는 '부산 · 후쿠오카 경제협력협의회'와 '부산 · 후쿠오카 협력사업 추진위원회'를 들 수 있다. '부산 · 후쿠오카 경제협력협의회'는 2008년 10월 후쿠오카시에서 설립 총회를 열었고 이듬해 8월에는 부산광역시에서 제2차 협의회를 열었다. 이런 협의회 모임이 양 도시 경제협력 추진 체계의 기초를 만든 것이다. 그리고 '부산 · 후쿠오카 협력사업 추진위원회'는 실무 추진 조직으로서, 협력 사업 추진 상황의 파악, 평가, 사업 계획의 책정 등을 담당한다. 이 위원회에는 행정기관과 관련 단체나 기관 등 5기관에서 6명씩 두 도시에 각각 구성되어 있다. 위원회는 2010년 2월 부산광역시에서 제1차 합동회의가 열렸고 이후 제2차 회의는 그 해 8월 후쿠오카시에서 열렸으며 제3차 회의는 2011년 8월 부산에서, 제4차 회의는 2012년 8월 후쿠오카에서, 제5차 회의는 2013년 8월 부산에서, 그리고 제6차 회의는 2014년 9월 후쿠오카에서 각각 열렸다.

추진 조직 중에서 가장 괄목할 만한 일은 2010년 8월에 양 도시의 시청 건물에 '경제협력사무소'를 마련한 것이다. 오늘날 '경제협력사무소'는 실내에 TV회의시스템을 설치하고 있으며 직원 2명이 협력 사업에 대한 종합적인 지원 기능을 수행하고 있다. 협력 사업 과제로서는 2009년 제2차 협의회 때 4대 기본 방향, 9개 전략, 23개 세부 추진 사업, 64개 과제가 선정되었다. 2010년 2월 제2차 위원회에서 12대 중점 과제가 확정되었고 2010년 8월 제3차 위원회에서는 14대 중점 과제가 확정되었다. 그리고 2012년 8월 제4차 위원회에서는 중점 분야로서 5개 분야가 선정됐다. 양 도시의 협력 사업 중에서 매년 꾸준히 이루어지고 있는 계속 추진 과제로는 (1) 산업지원기관 및 연구기관교류, (2) 경제협력사무소의 상호 운영, (3) 비즈니스 CEO FORUM의 개최, (4) 무역 상담회 개최, (5) 부산 · 규슈 투자지원회와의 연계 · 협력 강화 등이 있다. 2013년과 2014년에 걸쳐 양 도시가 5개 중점 분야를 수행한 실적은 다음과 같다.

○ 전시 컨벤션 분야

- 공동 프로모션 실시(2013년 6월 인천, 춘천, 2013년 12월 시모노세키, 2014년 5월 서울, 2014년 7월 오사카)
- 홍콩 발착으로 후쿠오카 · 부산을 동시에 순회하는 패키지 상품의 완성(2013년 11월)
- 공동 관광 설명회 실시(2013년 11월 홍콩에서 실시)

○ 게임 영상 분야

- 시네마 익스체인지의 추진(2013년 12월 부산에서 4편 상영, 2014년 1월부터 후쿠오카에서 3편 상영)

○ 수산 분야

- TV회의 시스템을 활용한 정보의 교환(2013년 12월)
- 양 도시 수산 시장 상황에 대한 의견 교환

○ 글로벌 인재 육성 분야

- 부산 글로벌 빌리지 하계 캠프에 후쿠오카시의 중학생 100명이 참여(2013년 8월)
- 부산시 대학생이 후쿠오카 인턴십에 참가(2013년 10명)
- 부산 학생 · 교사가 후쿠오카를 방문, 수업 참여, 생활 체험(2013년 1월)
- 후쿠오카의 학생 · 교사가 부산을 방문, 수업 참여, 문화시설 등 방문(2014년 8월)

○ 디자인, 패션 분야

- 제5회 후쿠오카 아시아 콜렉션 참여(2013년 3월)
- 제6회 후쿠오카 아시아 콜렉션 참여(2014년 3월)
- FACo in BUSAN FASHION WEEK 개최(2013년 10월)

- 후쿠오카 · 부산 디자인 상담회 in 후쿠오카 개최(2013년 11월)
- 후쿠오카 · 부산 디자인 상담회 in 부산 개최(2014년 3월)
- 후쿠오카 · 부산 디자인 교류 사업(워크숍) 개최(2014년 5월)

2014년 9월 12일부터 13일까지 부산에서 열린 '제9차 부산 · 후쿠오카 FORUM'의 자료를 보면 두 도시 행정 교류의 주역이 누구인가가 잘 드러난다. 첫째 날에 열린 환영 리셉션에서는 이장호 BS금융 고문이 부산시측의 스폰서로서 환영사를 읽었다. 이어 부산측 내빈으로 서병수 부산광역시장과 이해동 부산광역시 의회 의장, 후쿠오카측 내빈으로 마쓰이 사다오(松井貞夫) 재부산일본총영사와 이시하라 스스무(石原進) 규슈여객 철도상담역이 각각 축사를 담당했다. FORUM에서는 주로 경과보고와 발표가 나왔지만, 기조연설로 신각수 전 주일한국 대사가 「한일 국교정상화 50주년과 한일관계」라는 제목으로 발제하고, 세션 1에서는 돈석환 KNN사장이 「한일 수교 50주년 부산과 후쿠오카를 생각한다」를, 구보타 이사오(久保田勇夫) 서일본시티은행 이사가 「한일 수교 50주년을 위한 부산 · 후쿠오카의 역할」을 발표했다. 그리고 세션 2에서는 미나미마쓰 유타카(南松裕) 동북아시아 문화학회 회장이 「조선통신사 기록유산 유네스코 한일 공동 등재를 위한 추진 현황과 과제」에 대해, 마쓰바라 다카토시(松原孝俊) 규슈대학 아시아태평양 미래연구센터장이 「근세 동아시아와 조선 통신사: 에도에 조선통신사 퍼레이드가 찾아왔다」를 발표했다.

이런 행사 외에도 근래에 들어 후쿠오카시와 부산광역시가 인터넷 정보의 발신에 공을 들이고 있는 것도 지역 간 행정 교류의 모범적인 사례로 꼽을 수 있다. 특히 후쿠오카시를 발신지로 하여 부산광역시와 후쿠오카시의 교류 상황을 한국어와 일본어로 양국의 사람들에게 알리는 인터넷 카페, FUKUOKA BUSAN CAFE는 매우 다양한 정보를 제공하고 있는 것으로서 앞으로의 국제교류에 방향을 제시하고 있다. 그 중에서도 Trend 페이지는 두 도시 교류와 관련된 최신 정보들을 발신하고 있다. 이 카페는 비즈니스 정보에 관해서는 따로 비즈니스 페이지에서 다루고 있으며 facebook 홈페이지도 만들어 운영하고 있다.

FUKUOKA BUSAN CAFE

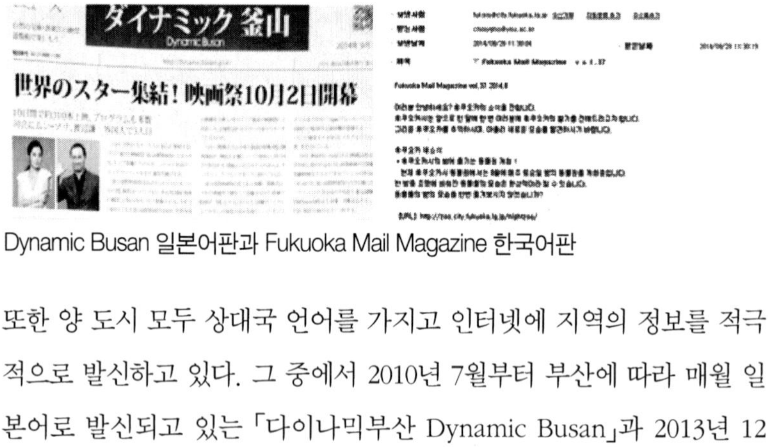

Dynamic Busan 일본어판과 Fukuoka Mail Magazine 한국어판

또한 양 도시 모두 상대국 언어를 가지고 인터넷에 지역의 정보를 적극적으로 발신하고 있다. 그 중에서 2010년 7월부터 부산에 따라 매월 일본어로 발신되고 있는 「다이나믹부산 Dynamic Busan」과 2013년 12월부터 후쿠오카시에 의해 매주 한국어로 발신되고 있는 「후쿠오카시 Fukuoka Mail Magazine」은 지역 간 정보 교류에 행정 측이 개입하고 있는 사례로 주목할 만하다.

_5_
부산과 후쿠오카의 민간교류

국내의 다른 지역과 비교해서 부산광역시에는 가까운 일본과의 민간교류를 하겠다는 단체가 상대적으로 많이 존재하고 있다. 그 가운데 정부의 승인 아래 국제교류를 목적으로 하는 사단법인 가운데, 규모나 사업면에서 가장 활발하게 활동하는 대표적인 단체로 '부산한일문화교류협회'를 들 수 있다. 이 협회의 홈페이지에 따르면 이 단체는 1987년 11월 발족되어 2000년 6월에 정식으로 사단법인으로 등록되었다고 한다. 오늘날에도 이 단체는 일본과의 교류를 목적으로 하여 다양한 사업을 벌이고 있으며 인적 · 문화적 교류, 학술 교육, 문화 강좌, 통역 번역, 일본어능력시험 대행 등에서 풍부한 경험과 실적을 가지고 있다.

필자는 일본대학 법학부의 연구팀과 함께 2014년 7월 25일 오후 '부산한일문화교류협회'를 방문하고 국제교류사업의 개요에 관하여 보고를 들었다. 그리고 발표를 앞두고 9월 12일 오후에 다시 이 단체를 개별적으로 찾아 그동안 실시한 후쿠오카 지역과의 교류 가운데 가장 소개할 만한 사업이 무엇인지를 물었다. 그 때 이 협회는 「한일 어린이 심포지엄」을 들었으며 이 사업에 관한 자료까지 제공했다.

「한일 어린이 심포지엄」은 2003년부터 2012년까지 10년간 기간을 한정하여 단체를 들어 운영해 온 사업이다. 협회의 담당자의 말에 따르면 2015년에는 한국과 일본의 수교 50년을 기념해 이미 이 프로그램에 참가한 적이 있는 사람들의 도움을 받아서 이 사업을 재개해 보겠다고 했다. 지난 10년간 부산과 후쿠오카는 함께 매년 초등학교 4학년부터 6학년까지 학생 10명에서 15명, 그리고 자원봉사자 교사를 모으고, 8월에 사전 학습회와 공동 학습회를 열고, 10월에 심포지엄을 열어왔다.

참가자 모집에 있어서는 부산에서는 사립 초등학교 4~5개교에서 참가자를 선발해 왔지만, 후쿠오카에서는 폭넓은 일반 모집을 통해 참가자를 선발하는 방식을 취한 것으로 알려졌다. 이 사업을 위한 경비는 연평균 2,500만 원 정도가 소요되었는데, 조성금, 단체지원금, 참가비 등으로 조달해 왔다고 한다. 어린이를 대상으로 하는 사업이어서 잡무가 많았던 것은 말할 것도 없고 한일관계 악화에 따라 보조금이 삭감되어 10년간 사업을 지속하는 데 애를 먹었다고 담당자는 회고했다. 반면 10년간 사업의 성과로서 참가자들이 청소년이 되어 국제교류를 계속하고 있어 이 사업의 효과는 충분했다고 매우 높이 평가했다.

매년 심포지엄에 대해서는 한국어와 일본어로 편집된 자료집이 나왔다. 2003년 10월 제1차 심포지엄은 후쿠오카 시청 강당에서 열렸는데 이 행사에는 '부산한일문화교류협회', '후쿠오카 국제교류협회', '일본코리아 시민교류네트워크 후쿠오카' 그리고 후쿠오카시가 공동으로 주최했다. 그때는 일본국제교류기금과 서일본은행 국제재단의 지원을 받았으며, 후쿠오카시 교육 위원회, 아사히신문, 서일본신문, 마이니치신문, 요미우리신문의 지원을 받았다. 2012년 10월 제10차 심포지엄은 '부산한일문화교류회', '부산한일자녀교육연구회' 등 공동주최와 EXPO후원으로 재부

제10차 심포지엄 행사

산일본총영사관, 후쿠오카시, 후쿠오카 국제교류협회, 후쿠오카시 교육위원회, 주후쿠오카 대한민국총영사관 등에서 지원을 받았다. 2012년의 자료집에는 이 심포지엄의 주제곡으로 '너를 만나 깨달은 것'이 실려 있다. 이 노래는 2008년 토론회 참가자들이 서로의 우정의 뜻을 담아 만든 것으로 이 사업의 부드러운 분위기를 후세에도 전하고 있다.

_6_
부산과 후쿠오카의 학생교류

최근 한일 관계 악화와 함께 한국의 대학에서도 일본어와 일본학 등 일본 관련 과목 수강생이 줄어들고 있다. 부산의 대학들도 자연스럽게 이러한 분위기에 큰 영향을 받고 있다. 부산의 대학 가운데 동서대학교는 이런 일본학의 위기에도 굴하지 않고 '한일차세대연구', '국제심포지엄', 대학생 교류 등으로 일본학 진흥을 주도하고 있으며 한국과 일본의 대학교에 긍정적인 자극을 제공하고 있다고 평가할 수 있다. 한일관계의 정체라는 악조건으로 인하여 오히려 동서대학교 일본연구센터의 활약은 일본학 관계자에게 커다란 격려가 되고 있는 것이다. 이 센터가 출간하고 있는 『NEWS LETTER』 제27호(2014년 7월)는 동서대학교가 2014년 5월에 게이오대학이나 중국사회과학원과 함께 「한일중 관계의 현황과 동아시아 협력의 장래」라는 주제로 국제심포지엄을 개최했다고 전했다. 그리고 일본에서 50년간 정도 한일관계를 연구해 온 최서면 국제한국연구원 원장의 특강을 4월에 개최했고, 6월에는 '한일 차세대 학술 포럼'을 개최했다고 전했다.

현재 한국사회에서도 저출산 현상이 급속히 진행되고 있어 지방대학은 입시에서 위기의 쓰나미를 눈앞에 두고 있다. 더구나 한일관계 악화와 함께 일본에 대한 국민적 관심의 저하는 지방대학의 일본학전공 학과들은 존립을 위협하는 악조건이 되고 있다. 이러한 여건 속에서 필자가 속해 있는 영산대학교 일어학과에서는 학과의 경쟁력 향상을 목적으로 2013년 봄부터 후쿠오카에서 필드학기 수업을 시작했다. 필자의 기획으로 도입된 후쿠오카 필드학기 수업에서는 학과 4학년 재학생 가운데 희망자를 대상으로 하여 4월부터 6월까지 후쿠오카에 체재하면서 시장조사, 기업방문, 문화시설방문 등을 실시하고 있다. 마침 필자는 2014년 4월부터 6월까지 2개월간 인솔 교수로 후쿠오카 필드학기 수업에 직접 종사한 바 있다. 2014년에는 대략 다음과 같은 일정으로 후쿠오카 필드학기 수업을 진행했다.

후쿠오카 필드학기 수업 일정(2014년)

주		기간	수업내용	비고
1	국내조사	3월 3일~7일	개강, 수강신청확정	
2	국내조사	3월 10일~14일	팀 구성, 학부형 서신 발송, 지역기업 시장조사 개시	조사아이템 확정 조사방법의 지도
3~5	국내조사	3월 17일~4월 7일	팀별 조사활동 출국 준비, 출발식	현지방문 조사 인터넷 조사
6	출국	4월 8일	부산 출항, 福岡 도착	중간 보고
6~13	福岡조사	4월 8일~5월 30일	일본시장과 고객의견 조사	福岡 시내 매점
14	福岡조사	6월 2일~6월 5일	조사 발표, 귀국 준비	福岡 시내 매점
14	귀국	6월 6일	福岡 출항, 부산 도착	
15~16	결과보고	6월 9일~6월 20일	팀별 결과보고서 작성, 학생평가	기업 평가

○ 조사 내용

- 한국과 일본에서 김 제품 판매 상황과 수요
- 상품의 가격과 등급
- 일본 매장에서의 김 제품 디자인의 특징
- 상품 디자인 시안에 대한 일본인의 호감도

○ 교육 시간(월요일~목요일)

- 10:00-12:00, 일본어 수업과 조사상황 발표토의
- 12:00-13:00, 점심

- 13:00-18:00, 팀별 조사 활동(부산, 후쿠오카)

○ 교육 시간 (금요일)

- 10:00-12:00, 일본어 수업과 조사상황 발표토의
- 12:00-13:00, 점심
- 13:00-18:00, 참가자 전체 기업 방문(부산, 후쿠오카)

○ 주요 협력 기업과 기관

- 한국 지예푸드
- 주부산 일본총영사관
- 후쿠오카 H주식회사
- 후쿠오카 RKB마이니치 방송국
- 후쿠오카 Reganet 텐진
- 아사히맥주 하카타 공장
- 후쿠오카 Hospitable 주식회사
- 주후쿠오카 대한민국총영사관
- 후쿠오카 한국어 교실 '진달래'
- Leopalace 21 후쿠오카점

영산대학교 후쿠오카 필드학기 (2014년)

| 부록 |

2013-2014년 한일관계 관련 기본자료

Ⅰ. 역대 주일 대한민국 대사(부임기간)

1. 김동조(1965. 12 ~ 1967. 10)
2. 엄민영(1967. 10 ~ 1969. 12)
3. 이후락(1970. 1 ~ 1971. 1)
4. 이호(1971. 1 ~ 1974. 1)
5. 김영선(1974. 1 ~ 1979. 2)
6. 김정렴(1979. 2 ~ 1980. 9)
7. 최경록(1980. 9 ~ 1985. 10)
8. 이규호(1985. 11 ~ 1988. 4)
9. 이원경(1988. 4 ~ 1991. 3)
10. 오재희(1991. 3 ~ 1993. 4)
11. 공노명(1993. 4 ~ 1994. 12)
12. 김태지(1995. 2 ~ 1998. 4)
13. 김석규(1998. 5 ~ 2000. 3)
14. 최상용(2000. 3 ~ 2002. 2)
15. 조세형(2002. 2 ~ 2004. 3)
16. 나종일(2004. 3 ~ 2007. 2)
17. 유명환(2007. 3 ~ 2008. 3)
18. 권철현(2008. 4 ~ 2011. 6)
19. 신각수(2011. 6 ~ 2011. 6)
20. 이병기(2013. 6 ~ 2014. 8)
21. 유흥수(2014. 8 ~)

Ⅱ. 주일 대한민국 공관 현황

주일본국 대한민국 대사관(http://jpn-tokyo.mofat.go.kr)

① 주오사카 대한민국 총영사관
② 주후쿠오카 대한민국 총영사관
③ 주요코하마 대한민국 총영사관
④ 주나고야 대한민국 총영사관
⑤ 주삿포로 대한민국 총영사관
⑥ 주센다이 대한민국 총영사관
⑦ 주니가타 대한민국 총영사관
⑧ 주히로시마 대한민국 총영사관
⑨ 주고베 대한민국 출장소
⑩ 주가고시마 대한민국 명예총영사관
⑪ 주시모노세키 대한민국 명예총영사관

Ⅲ. 역대 주한 일본국 대사 (부임기간)

1. 前田利一 (1965. 12 ~ 1965. 12)
2. 吉田健三 (1965. 12 ~ 1966. 3)
3. 木村四郎七 (1966. 3 ~ 1968. 5)

4. 上川洋 (1968. 5 ~ 1968. 7)
5. 金山政英 (1968. 7 ~ 1972. 1)
6. 前田正裕 (1972. 1 ~ 1972. 2)
7. 後宮虎郎 (1972. 2 ~ 1975. 2)
8. 前田利一 (1975. 2 ~ 1975. 3)
9. 西山昭 (1975. 3 ~ 1977. 7)
10. 前田利一 (1977. 7 ~ 1977. 7)
11. 須之部量三(1977. 7 ~ 1981. 4)
12. 村岡邦男 (1981. 5 ~ 1981. 5)
13. 前田利一 (1981. 5 ~ 1984. 12)
14. 谷野作太郎(1984. 12 ~ 1984. 12)
15. 御巫清尙 (1984. 12 ~ 1987. 3)
16. 太田博 (1987. 3 ~ 1 987. 4)
17. 梁井新一 (1987. 4 ~ 1990. 3)
18. 川島純 (1990. 3 ~ 1990. 4)
19. 柳健一 (1990. 4 ~ 1992. 6)
20. 川島純 (1992. 6 ~ 1992. 8)
21. 後藤利雄 (1992. 9 ~ 1994. 8)
22. 茂田宏 (1994. 8 ~ 1994. 8)
23. 山下新太郎(1994. 8 ~ 1997. 10)
24. 小田野展丈(1997. 10 ~ 1997. 10)
25. 小倉和夫 (1997. 10 ~ 2000. 2)
26. 寺田輝介 (2000. 2 ~ 2003. 1)
27. 高野紀元 (2003. 1 ~ 2005. 8)
28. 大島正太郎(2005. 8 ~ 2007. 8)
29. 重家俊範 (2007. 9 ~ 2010. 8)
30. 武藤正敏 (2010. 8 ~ 2012. 9)
31. 別所浩郎 (2012. 9 ~)

Ⅳ. 주한 일본국 공관 현황

주대한민국 일본국 대사관(http://www.kr.emb-japan.go.jp)

① 재부산 일본국 총영사관 ② 재제주 일본국 총영사관

V. 한일간 무역현황

단위:억불, ( )는 전년대비 증감률

	대일수출	대일수입	대일수지	총교역액
2001년	165.1 (▽19.3)	266.3 (▽16.3)	▽101.3	431.4
2002년	151.4 (▽8.3)	298.6 (12.1)	▽147.1	450.0
2003년	172.8 (14.1)	363.1 (21.6)	▽190.4	535.9
2004년	217.0 (25.6)	461.4 (27.1)	▽244.4	678.5
2005년	240.3 (10.7)	484.0 (4.9)	▽243.8	724.3
2006년	265.3 (10.4)	519.2 (7.3)	▽253.9	784.5
2007년	263.7 (▽0.6)	562.5 (8.3)	▽298.8	826.2
2008년	282.5 (7.1)	609.6 (8.4)	▽327.1	892.1
2009년	217.7 (▽22.9)	494 · 3 (▽18.9)	▽276.6	712.0
2010년	281.8 (29.4)	643.0 (30.1)	▽361.2	924.8
2011년	396.8 (40.8)	683.2 (6.3)	▽286.4	1,080.0
2012년	388.0 (▽2.2)	643.6 (▽5.8)	▽255.7	1,031.6
2013년	346.6 (▽10.7)	600.3 (▽6.7)	▽253.7	946.9
2014년	321.8 (▽7.2)	537.7 (▽10.4)	▽215.8	859.5

출처: 한국무역협회

VI. 한일간 출입국 현황

	방한일본인		방일한국인	
	수 (만명)	비중 (%)	수 (만명)	비중 (%)
2001년	237.7	46.2	113.4	23.8
2002년	232.2	43.4	127.2	24.3
2003년	180.2	37.9	145.9	28.0
2004년	244.3	42.0	158.8	25.9
2005년	244.0	40.5	174.7	26.0
2006년	233.9	38.0	211.7	28.9
2007년	223.6	34.7	260.1	31.2
2008년	237.8	34.5	238.2	28.5
2009년	305.3	39.1	158.7	23.4
2010년	300.4	38.6	268.7	28.5
2011년	328.9	37.7	192.0	26.9
2012년	351.9	31.6	231.5	25.2
2013년	274.8	22.6	272.3	24.2
2014년	228.0	16.1	301.6	21.3

출처: 「출입국 · 외국인정책통계연표」, 『法務省出入国管理統計表』

| 부록 |

2013-2014년 한일관계 주요일지

[2013년]

01.03.	서울고등법원, 야스쿠니 방화범 중국인 류창(劉強)의 일본 인도를 거부함
01.04.	일본 외무차관, 주일한국 대사에게 전화를 걸어 한국에 항의함
01.04.	박근혜 대통령 당선자, 일본 총리 특사 누카가 후쿠시로(額賀福志郎) 접견함
01.10.	제12차 한일 외교부 차관 전략대화, 도쿄에서 열림
01.30.	기시다 후미오(岸田文雄) 외무대신, 신각수 주일대사와 면담함
01.31.	아베 총리, 중의원 본회의에서 고노담화 수정에 관한 언급을 회피함
02.05.	외교통상부, 일본정부의 영토주권대책기획조정실 설치에 항의함
02.12.	한일 외교장관, 전화통화로 북한 핵실험에 대한 공조 유지를 확인함
02.14.	박근혜 대통령 당선자, 고노 요헤이(河野洋平) 전 중의원 의장과 면담함
02.20.	한 · 중 · 일 FTA 협상 준비회의가 도쿄에서 열림
02.22.	외교통상부 대변인, 시마네현 '다케시마(竹島)의 날' 행사에 대해 항의함
02.25.	박근혜 대통령, 취임식에 참석한 아소 다로(麻生太郎) 부총리와 면담함
02.28.	외교통상부 대변인, 일본 외무대신의 독도 관련 연설에 유감을 표명함
03.01.	박근혜 대통령, 94주년 3 · 1절 기념식 기념사에서 일본의 역사성찰과 직시를 촉구함
03.06.	박근혜 대통령과 아베 신조(安部晋三) 총리, 전화 통화함

03.12.	제16차 한일 영사국장 회의가 도쿄에서 개최됨
03.14.	신임 윤병세 외교통상부 장관, 기시다 후미오((岸田文雄) 외무대신과 전화 통화함
03.15.	일본 총리, TPP 교섭 참가를 정식으로 표명함
03.26.	한 · 중 · 일 FTA 제1차 협상 회의가 서울에서 열림
03.26.	한국 외교부 대변인, 일본정부의 고교 교과서 검정 통과에 대해 항의함
03.31.	박근혜 대통령, 신임 주일한국대사로 이병기 새누리당 고문을 지명함
04.01.	제4회 21세기 조선통신사 한일우정워크 참가자, 서울을 출발함
04.05.	외교부 대변인, 독도 영유권 주장을 담은 일본 외교청서 발간에 대해 항의함
04.22.	외교부 대변인, 일본 총리의 야스쿠니 공물과 현직 각료의 참배에 대해 유감을 표명함
04.22.	윤병세 외교부 장관, 일본 각료의 야스쿠니 참배에 대한 항의로 방일일정을 취소함
04.23.	일본 총리, 참의원 예산위에서 학문적으로 법적으로 '침략'의 정의가 분명하지 않다고 발언함
04.24.	제45회 한일 경제인회의, 서울에서 열림
04.25.	외교부 제1차관, 일본대사를 불러 최근 일본의 시대역행적 언행에 대한 한국정부의 입장을 표명함
05.03.	한일 환경장관 회의가 기타큐슈시에서 개최됨
05.08.	박 대통령, 한미정상회담에서 일본의 역사인식 필요성을 언급함
05.13.	하시모토 도루(橋下徹) 오사카 시장, 일본군 위안부는 필요했다고 발언함
05.15.	외교부 대변인, 하시모토 오사카 시장의 일본군 위안부 발언을 비판함
05.16.	신각수 주일한국대사, 일본군 위안부 문제의 조기해결을 촉구함

05.21.	제4회 21세기 조선통신사 한일우정워크 참가자, 도쿄에 도착함
05.24.	외교부 동북아시아국, 이나다(稲田) 행정개혁담당대신의 일본군 위안부 발언을 비판함
06.11.	헌법재판소, 친일반민족행위진상규명법이 합헌이라고 판결함
06.14.	이병기 주일한국대사 부임 후 첫 방문지로 도호쿠 지진피해지역을 선택함
06.18.	제14회 세계한인회장대회, 서울에서 열림
07.01.	한일 외교장관회의, 브루나이 반다르세리베가완에서 열림
07.03.	외교부 동북아시아국, 일본 총리의 '침략 여부 판단은 역사가에게' 발언에 유감을 표명함
07.05.	한국외교안보연구소와 일본국제문제연구소, 제28차 한일학술회의를 서울에서 개최함
07.09.	외교부 대변인, 일본이 방위백서에서 독도 영유권 주장한 것에 대해 항의함
07.09.	외교부 국제법률국, 국내외 맞춤형 독도 홍보를 강화해 가겠다고 발표함
07.11.	일본 외무성 사이키 아키타카(齋木昭隆) 신임 사무차관, 서울 외교부를 방문함
07.18.	김규현 외교부 제1차관, 도쿄 외무성을 방문함
07.21.	제23회 일본 참의원 선거 결과, 자민당이 압승함
07.28.	동아시안컵 축구대회 한일전에서 한국 응원단, "역사를 잊은 민족에게 미래는 없다" 대형 현수막 내걸음
07.30.	외교부 동북아시아국, 일본 문부과학상이 한국 응원단에 대해 '민도'를 언급한 것에 대해 유감이라고 논평함
08.02.	외교부 대변인, 일본이 내각부 여론조사를 빙자하여 독도 영유권을 주장한 것에 대해 항의함
08.09.	외교부 동북아시아국, 2013 한·중·일 대학생 외교캠프를 서울, 부산, 경주에서 개최함

08.15.	박 대통령, 8 · 15 경축사에서 일본의 역사문제해결을 촉구함
08.15.	외교부 대변인, 일본 정치인들이 야스쿠니 참배한 것에 대해 유감이라고 논평함
08.20.	일본 대학생 21명으로 구성된 '주일한국대사관 제4기 SNS 리포터단'이 문화와 역사 탐방을 위해 한국을 방문함
08.23.	외교부장관, 일본 민주당 마에하라 세이지(前原誠司) 전 외무대신 등을 접견함
08.26.	박 대통령, 민단 대표단을 접견하고 일본 정치가의 반역사적 행위를 비판함
08.30.	외교부 대변인, 일본군 위안부 문제에 대한 일본정부의 불응에 유감을 표명함
09.05.	한국외교안보연구소와 일본평화안보연구소, "제7차 한일 전략적 협력대화"를 도쿄에서 개최함
09.06.	박 대통령, 독일 메르켈 총리와의 회담에서 일본의 역사인식을 언급함
09.06.	한국정부, 후쿠시마현 등 일본 8개현으로부터 수산물 수입을 전면 금지함
09.23.	외교부, 서울에서 '2013 한 · 일 · 중 공무원 3국 협력 워크숍'을 개최함
09.26.	일본 총리, UN에서 여성지위 향상을 강조했으나 일본군 위안부 문제 언급하지 않음
09.27.	뉴욕에서 열린 한일 외교장관 회담에서 한국은 일본정부의 일본군 위안부 문제 해결을 촉구함
10.01.	한 · 미 · 일 정책기획협의회가 도쿄에서 개최됨
10.04.	APEC 합동각료회의가 인도네시아 발리에서 개최됨
10.15.	외교부 국제경제국, 동북아에너지협력포럼을 대구에서 개최함
10.17.	외교부 대변인, 일본 총리가 야스쿠니에 공물을 보낸 것에 대해 유감이라고 논평함

10.23.	외교부 대변인, 일본 외무성의 독도 동영상 유포에 대해 항의함
11.01.	외교부 대변인, 일본 외무성의 독도 영문 동영상 게재에 대해 재차 항의함
11.01.	광주지법, 미쓰비시중공업의 근로정신대 피해자에 대한 배상을 판결함
11.07.	제8차 한일중 외교 고위급회의(SOM)가 서울에서 개최됨
11.07.	외교부 다자경제외교국, 아시아 태평양 FTA를 위한 워크샵을 서울에서 개최함
11.11.	제12차 한일 고위경제협의회가 도쿄에서 개최됨
11.11.	제11차 ASEM 외교장관회의가 인도 뉴델리에서 개최됨
11.13.	이병기 주일한국대사, 일본 총리를 예방하고 면담함
11.13.	한일 방위차관회의, 2년 만에 서울에서 개최됨
11.19.	한국 국가기록원, 주일한국대사관 개축 때 한국인 강제징용피해자 명부 발견했다고 발표함
11.19.	일본 관방장관, 안중근을 범죄자라고 발언함
11.21.	외교부 대변인 성명을 통해 일본 관방장관의 발언을 비판함
11.29.	일본 총리, 한일 · 일한의원연맹 합동총회 개회식에 참석함
12.11.	외교부 대변인, 일본 외무성의 9개 언어 독도 동영상 게재에 대해 항의함
12.17.	외교부 대변인, 일본 '국가안보전략'에 독도 기술 포함한 것에 대해 항의함
12.18.	제16차 한-일 환경협력 공동위원회가 서울에서 개최됨
12.26.	한국정부 대변인, 일본 총리의 야스쿠니 참배를 비판하는 성명을 발표함

[2014년]

01.10.	제17차 한일 영사국장 회의가 부산에서 개최됨
01.12.	외교부 동북아국, 일본 문부과학성의 중고교 학습지도요령 해설서가 독도 영유권을 명기하는 문제를 둘러싸고 주한일본대사관 정무공사를 불러 한국정부의 입장을 전달함
01.19.	중국 하얼빈역에 '안중근 의사 기념관'이 개관됨
01.20.	외교부 대변인 논평을 통해 일본 관방장관의 안중근 의사 발언을 비판함
01.24.	외교부, 일본어판 독도 홈페이지(dokdo.mofa.go.kr/jp)를 제작하여 공개함
01.24.	버지니아주 상원의회, 동해와 일본해를 병기하는 법안을 통과시킴
01.28.	외교부 대변인 성명을 통해 중고교 교과서 학습지도요령 해설서의 독도 영유권 주장을 비판함
02.10.	김관진 국방장관, 일본의 집단적 자위권은 일본이 결정할 문제라고 발언함
02.12.	무라야마 도미이치(村山富市) 전 총리, 한국 국회에서 강연하며 일본군 위안부 문제 해결을 촉구함
02.22.	외교부 대변인 성명을 통해 시마네현 '다케시마의 날' 행사를 비판함
02.28.	일본 관방장관, 중의원 예산위에서 '고노담화 검증팀 구성' 계획을 발표함
02.28.	외교부 대변인 논평을 통해 일본정부의 '고노담화 검증팀 구성'을 비판함
03.01.	박근혜 대통령, 95주년 3·1절 기념식 기념사에서 일본의 역사직시를 촉구함
03.04.	외교부 대변인 논평을 통해 일본 문부과학성 부대신의 고노담화 부정 언행을 비판함
03.12.	일본 외무성 사이키 아키타카(齋木昭隆) 사무차관, 서울 외교부를 방문함
03.26.	한미일 3국 정상회담이 헤이그에서 개최됨. 박 대통령 취임 후 처음으로 일본총리를 만남
03.30.	외교부 대변인 논평을 통해 일본 관방장관의 안중근 의사 폄훼 발언을 비판함

04.01.	일본 정부, 소비세율을 8%로 인상함
04.04.	외교부 대변인 성명을 통해 독도 영유권을 주장하는 일본 '외교청서'에 유감을 표명함
04.04.	외교부 대변인 성명을 통해 일본 정부가 독도 언급을 강화한 초등학교 교과서를 검정 통과시킨 것을 규탄함
04.16.	일본군위안부 피해자 문제에 관한 한일 국장급 협의가 서울에서 개최됨
04.21.	외교부 대변인 논평을 통해 일본 총리의 야스쿠니 공물과 현직 각료의 참배에 유감을 표명함
05.09.	일본 중의원 본회의, 헌법개정 수속에 관한 국민투표개정안을 통과시킴
05.14.	제46회 한일 경제인회의, 도쿄에서 열림
05.15.	일본군위안부 피해자 문제에 관한 한일 국장급 협의가 도쿄에서 개최됨
05.15.	외교부 대변인 논평을 통해 일본 총리의 개헌 관련 기자회견을 비판함
05.17.	한일중 3국간 투자보장협정이 발효됨
05.22.	한일 북미국장 회의, 도쿄에서 개최됨
05.27.	외교부, 경주에서 '2014 한 · 일 · 중 공무원 3국 협력 워크숍'을 개최함
06.05.	외교부 대변인 논평을 통해 일본 정치인의 독도 주장 집회를 비판함
06.12.	한국외교안보연구소와 일본국제문제연구소, 제29차 한일학술회의를 도쿄에서 개최함
06.12.	외교부 제2차관, 런던에서 열리는 '분쟁 하 성폭력 방지를 위한 국제회의'에서 일본군 위안부 문제에 대한 일본의 반성과 책임을 촉구함
06.20.	외교부 대변인 성명을 통해 일본의 고노담화 검증 결과를 비판함
06.23.	외교부는 주한일본대사를 불러 일본의 고노담화 검증 결과에 항의함
06.27.	외교부는 홈페이지에 일본군위안부 피해자 관련 두 편의 다큐멘터리 영상을 게재함

06.30.	서울에서 열리는 아태에너지서밋(PES)에 고노 다로(河野太郎) 중의원 의원이 참석함
07.01.	외교부 대변인 성명을 통해 일본의 집단적 자위권 용인에 대해 주변국 우려를 불식해야 한다고 언급함
07.03.	외교부 대변인 논평을 통해 일본이 독자적으로 대북제재 일부를 해제하겠다는 방침을 결정한 것과 관련하여 한미일 공조의 틀을 지킬 것을 강조함
07.10.	롯데호텔, 주한일본대사관의 자위대 창설 60주년 행사 대관을 돌연 취소함
07.11.	자위대 창설 60주년 행사가 주한일본대사관에서 개최됨
07.15.	황준국 한반도평화교섭본부장, 도쿄를 방문하여 북핵, 미사일, 등 북일관계 전반에 관한 폭넓은 협의를 가짐
07.22.	차기 주일한국대사로 유흥수 한일친선협회 이사장이 내정됨
07.23.	일본군위안부 피해자 문제 관련 한일 국장급 협의가 서울에서 개최됨
07.24.	시민적 · 정치적 규약위원회, 일본의 제6차 보고서를 심의하고 일본의 인권침해로 간주한다고 하는 최종의견서를 공개함
07.25.	마스조에 요이치(舛添要一) 도쿄 도지사, 박 대통령을 예방함
07.28.	외교부, 미야기현(宮城縣) 소재 일본 고등학교 재학생 20명을 한국으로 초청함
07.29.	외교부, 이시카와 히로타카(石川博崇) 공명당 대표단 국회의원 5명을 한국으로 초청함
08.05.	외교부, 국립외교원에서 중학생 300명을 대상으로 '독도 강좌'를 개최함
08.05.	외교부 대변인 성명을 통해 독도 영유권을 주장하는 일본 방위백서를 비판함
08.06.	UN 인권고등판무관, 일본군 위안부 문제에 대해 일본을 비판함
08.07.	외교부, 국립외교원에서 고등학생 300명을 대상으로 '독도 강좌'를 개최함
08.09.	제15차 ASEAN+3 외교장관회의, 미얀마 네피도에서 개최됨
08.10.	제21차 ARF 외교장관회의, 미얀마 네피도에서 개최됨

08.10.	제4차 EAS 외교장관회의, 미얀마 네피도에서 개최됨
08.12.	외교부, 국립외교원에서 대학생 300명을 대상으로 '독도 강좌'를 개최함
08.13.	외교부 동북아시아국, 2014 한 · 중 · 일 대학생 외교캠프를 부여에서 개최함
08.15.	박 대통령, 8 · 15 경축사에서 미래지향적 대일관계를 강조함
08.15.	외교부 대변인 논평을 통해 일본 정치인들의 야스쿠니 참배와 공물봉납을 비판함
08.17.	민단 인권옹호위원 4명이 제네바의 UN인종차별철폐위원회를 방문하고 일본내 혐한 시위의 실태를 설명함
08.20.	한일 국장급 중동정책협의회가 서울에서 개최됨
08.25.	외교부, '한일중 청년 모의 정상회의'를 서울에서 개최함
08.26.	일본 대학생 21명으로 구성된 '주일한국대사관 제5기 SNS 리포터단'이 문화와 역사 탐방을 위해 한국을 방문함
08.29.	외교부 대변인 논평을 통해 일본군 위안부 문제 헌재 결정 3주년을 맞아 일본정부에 구체적 해결책을 촉구함
09.11.	제9차 한일중 외교 고위급회의(SOM)가 서울에서 개최됨
09.14.	윤병세 외교부 장관, 한일 축제한마당 서울행사에 참석하여 주한일본대사와 면담함
09.16.	일한문화교류기금 방한단 일행이 외교부 장관을 예방함
09.17.	한국외교안보연구소와 일본평화안보연구소, "제8차 한일 전략적 협력대화"를 서울에서 개최함
09.18.	제16차 한일 문화외교국장회의가 도쿄에서 4년 만에 개최됨
09.19.	모리 요시로(森喜朗) 특사, 박 대통령을 예방하고 일본 총리의 친서를 전달함
09.19.	일본군위안부 피해자 문제 관련 한일 국장급 협의가 도쿄에서 개최됨
09.25.	한일 외교장관 회담이 뉴욕 유엔본부에서 개최됨
09.27.	한일축제한마당 2014가 도쿄에서 개최됨

10.01.	제13차 한일 차관급 전략대화가 도쿄에서 개최됨
10.08.	제15회 세계한인회장대회, 서울에서 열림
10.12.	외교부 대변인 논평을 통해 일본 외무성이 자체 홈페이지에서 아시아여성기금의 대국민 호소문을 삭제한 것을 비판함
10.15.	외교부 대변인 논평을 통해 일본 외상이 국회에서 독도 영유권 발언한 것을 비판함
10.16.	박 대통령, 이탈리아 밀라노에서 개최된 제10차 ASEM 정상회의에 참석함
10.17.	외교부 대변인 논평을 통해 일본 총리의 야스쿠니 공물과 정치가의 참배를 비판함
11.04.	외교부, 교류사업으로 한국 대학생 30명을 일본에 파견함
11.06.	가수 이승철, 하네다 공항에서 일본 입국을 거부당함
11.07.	제26차 APEC 합동각료회의가 베이징에서 개최됨
11.03.	박 대통령, 네덜란드 국왕과의 면담에서 일본군 위안부 문제를 언급함
11.13.	대통령, 미얀마 양곤의 ASEAN+3 정상회의에 참석함
11.13.	박 대통령, 동아시아정상회의에서 일본 총리와 조우함
11.18.	외교부 국립외교원, 제7차 한일중 협력포럼을 서울에서 개최함
11.27.	일본군위안부 피해자 문제 관련 한일 국장급 협의가 서울에서 개최됨
11.27.	외교부, 한일중 3국협력 논문 경진대회를 인천 송도에서 개최함
12.01.	일본 경제단체연합회 대표단, 박 대통령을 예방함
12.14.	일본 중의원 선거에서 자민당이 압승함
12.17.	제8차 한일중 3국 외교부 중남미국장 회의가 서울에서 개최됨
12.24.	제3차 아베 내각 출범함
12.29.	사이키 아키타카(齋木昭隆) 사무차관 한국을 방한하여 조태용 외교부 제1차관과 협의함

찾아보기

사항

인명

한일관계의 흐름 2004-2005

Ⅰ. 한일 상호교류 협력의 현실과 한계

1. 한국과 일본은 어느 정도 공동체가 되고 있나
2. 2005년 한일정상회담에 대한 기대와 결과
3. 부산 APEC과 한일관계
4. 한일 자유무역협정의 추진과정과 경제적 효과
5. 초대형 한국 영화, 일본 진출에 대한 기대와 결과
6. 부산에서 보는 한일관계
7. 부산의 '일본인 거리'논란
8. 일본지진피해 복구를 위한 한민족의 지원
9. 벚꽃 콤플렉스 유감
10. 한류와 함께 식민지 비애의 역사도 널리 이해되기를
11. 2005년 한일 역사연구자 회의를 마치고

Ⅱ. 한일관계 역사의 기억

1. 일본 안의 윤봉길
2. 일본인 A급전범 문제
3. 한국인 BC급 전범 문제
4. 사할린 강제동원 한국인 피해자 문제
5. 일제하 강제동원 피해조사의 문제점
6. 징용공 낙서는 연출된 것
7. 한일수교회담 자료 일반공개의 파급효과
8. 제5-6차 한일수교회담 회의록을 읽고
9. 청구권협정 체결 과정
10. 대일청구권 신고 70년대와 오늘날
11. 우리 스스로 청산해야 할 일제 잔재

Ⅲ. 우경화 하는 일본

1. 일본 사회의 우경화가 문제다
2. 자위대 이라크 파견 동의안 일본 중의원 통과
3. 일본의 비상사태 관련법과 한일관계
4. '쇼와의 날' 법안 등 보수적인 입법화 움직임
5. 일본이 UN안보리 상임이사국이 되려면
6. 전후세대 일본정치가의 역사인식
7. 고이즈미 수상 2005년 8월 15일 담화의 특징
8. 고이즈미 야스쿠니 참배에 대한 일본내 연약한 비판
9. 2004-2005년 일본 선거와 고이즈미 정권
10. 고이즈미 3차 내각

한일관계의 흐름 2006-2007

Ⅰ. 한일관계 역사의 기억

1. 한일 해저터널 구상
2. 식민지시기 화폐 속의 인물
3. 제주도에 남은 일본군 시설
4. A급 전범 합사 관련자료
5. 조선인 BC급 전범 문제
6. 조선인 군인 · 군속 공탁금 명부
7. 미국 하원의 '위안부' 결의안
8. 일본 패전 후 첫 귀환선
9. 『요코이야기』의 문제점
10. 전후처리 학술대회
11. 익산과 도쿄의 학술모임
12. 신간 도서『한일교류의 역사』
13. 신간 도서『부관연락선과 부산』

Ⅱ. 한국의 정치사회 변화와 한일관계

1. 노무현 대통령 2006년 연두 기자회견
2. 노무현 대통령 2006년 삼일절 기념사
3. 한일관계에 관한 2006년 4월 대통령 담화
4. 동북아역사재단 발족
5. 강제동원 피해자 지원법안 입법 예고에 즈음하여
6. 강제동원 피해 생존자 지원 문제
7. 강제동원 희생자 지원법 통과
8. 미쓰비시 소송에 대한 부산지법의 판결
9. 해외동포 행사 풍성했던 2007년 10월
10. 2006년 한일 양국 국민의 상호 인식

Ⅲ. 일본의 정치사회 변화와 한일관계

1. 아소(麻生)의 덴노(天皇) 참배 발언
2. 일본 문부성 교과서 검정 결과
3. 외국인 입국자 지문 채취
4. 고이즈미 수상의 2006년 야스쿠니 참배
5. 2006년 2월의 북일 수교교섭 재개
6. '납치' 문제에 대한 일본 정치권의 강경한 태도
7. 김영남 모자 상봉과 '납치' 문제
8. 칼럼 '風考計' 종료에 대한 단상
9. 아베 수상의 보수적 언행
10. 일본의 2007년 참의원 선거
11. 일본의 2007년 8 · 15

한일관계의 흐름 2008-2009

Ⅰ. 한일관계 역사의 기억

1. 해방 전 미군의 한반도 공습
2. 해방 직후 한반도 거주 일본인의 귀환
3. 한일 수교회담 자료에 나타난 독도 교섭
4. 독도 영유권 문제에 관한 한일 간 공방
5. 한일기본조약과 청구권협정
6. 소록도 한센인의 수난과 보상
7. 부산에 건립될 강제동원피해 역사기념관
8. 후세 다쓰지 변호사에 관한 영화
9. 2009년 고베 한일합동연구회

Ⅱ. 한국의 정치사회 변화와 한일관계

1. 이명박 대통령 당선인의 대일관계 발언
2. 신임 주일 대사의 대일관계 과제
3. 한국 정부의 강제동원 피해자 지원
4. 한국 정부의 강제동원 희생자 유골 봉환
5. 한국의 재외국민 선거권 문제
6. 한국의 재외국민 선거법 개정
7. 노무현 전 대통령의 죽음과 한일관계
8. 김대중 전 대통령의 죽음과 한일관계
9. 현행 한국 초등학교 교과서에 나타난 일본

Ⅲ. 일본의 정치사회 변화와 한일관계

1. 일본의 2009년 중의원 선거 결과
2. 야스쿠니신사, 무엇이 문제인가
3. 야스쿠니신사의 A급 전범 분사 문제
4. 야스쿠니신사에 대한 정치가 참배 문제
5. 야스쿠니신사를 대체할 추도시설 문제
6. 일본의 자유주의 사관 교과서 문제
7. 전후처리 관련 일본 사법부의 입장
8. 일본 국민의 한국에 대한 친밀감
9. 교토 조선학교에 대한 일부 일본인의 만행

Ⅳ. 재일동포의 역사와 현실

1. 재일동포 사회 형성과 변천의 역사
2. 재일한국인 선거권 문제
3. 재일동포 현황과 한국 정부의 과제

한일관계의 흐름 2010

Ⅰ. 강제병합 100년과 역사인식

1. 100년 전 합방조약
2. 2010년 8월 일본 총리담화
3. 문화재 반환과 인도
4. 강제동원희생자 유골봉환과 위폐봉안
5. 강제병합 100년 한일 지식인 공동성명
6. 강제병합 100년 한일시민대회
7. 2010년 역사 관련 단체 행사
8. 2010년 한일 양국 국민의 여론조사 결과

Ⅱ. 2010년 전후처리 현황

1. 일본의 전후처리 문제
2. 일본 외무성 문서와 개인청구권
3. 강제동원피해자 후생연금명부
4. 한국의 일제강제동원피해조사법
5. 징용노무자 공탁금 자료
6. 한국인 피징용자 공탁금에 관한 연구 발표
7. 한국인 BC급 전범의 전후
8. 일본의 시베리아 억류자 특별조치법

Ⅲ. 2010년 재일한국인 문제

1. 재일한국인 사회의 변화
2. 재일한국인의 본국 참정권
3. 재일한국인의 일본 지방참정권
4. 재일한국인과 일본사회
5. 재일한국인과 한국사회
6. 조선학교 취학지원금 지급 문제
7. 재일동포 한창우 회장
8. 도노무라 마사루, 『재일조선인 사회의 역사학적 연구』 번역서 서평

Ⅳ. 2010년 한일 양국의 정치경제

1. 하토야마 총리 사퇴
2. 2010년 일본 참의원 선거
3. 천안함 사건에 대한 일본의 반응
4. 연평도 포격 사건과 일본
5. 납치 문제와 북일관계
6. 한일 공동 최대 무역국은 중국
7. 중국의 희토류 수출규제
8. 외환개입을 둘러싼 한일 공방
9. 한일간 인프라 수출 경쟁

한일관계의 흐름 2011-2012